管理思政案例集

（第二辑）

沈绍伟　肖　迪　曲　亮　等著

浙江工商大学出版社
ZHEJIANG GONGSHANG UNIVERSITY PRESS
·杭州·

图书在版编目(CIP)数据

管理思政案例集. 第二辑 / 沈绍伟等著. — 杭州 : 浙江工商大学出版社, 2023.7

ISBN 978-7-5178-5484-5

Ⅰ. ①管… Ⅱ. ①沈… Ⅲ. ①企业管理—案例—高等学校—教材 Ⅳ. ①F279.23

中国国家版本馆 CIP 数据核字(2023)第 090241 号

管理思政案例集(第二辑)

GUANLI SIZHENG ANLI JI(DI-ER JI)

沈绍伟 肖 迪 曲 亮 等著

责任编辑 谭娟娟
责任校对 都青青
封面设计 云水文化
责任印制 包建辉
出版发行 浙江工商大学出版社
(杭州市教工路 198 号 邮政编码 310012)
(E-mail:zjgsupress@163.com)
(网址:http://www.zjgsupress.com)
电话:0571-88904980,88831806(传真)
排 版 杭州朝曦图文设计有限公司
印 刷 浙江全能工艺美术印刷有限公司
开 本 710mm×1000mm 1/16
印 张 22.75
字 数 293 千
版 印 次 2023 年 7 月第 1 版 2023 年 7 月第 1 次印刷
书 号 ISBN 978-7-5178-5484-5
定 价 79.00 元

本著作是以下项目资助成果：

◎共青团中央实践育人工作课题“数字化时代大学生社会实践工作质量评价体系研究”（编号：2022SJLX31）

◎中国青少年研究会研究课题“‘青年农创客’共同富裕带动效应研究：基于浙江经验的扎根研究”（编号：2022B11）

◎浙江省教育厅大学生思想政治教育专项课题“共同富裕视阈下浙江籍大学生返乡就业意愿影响因素研究”（编号：Y203350827）

◎浙江省学生资助调研课题“共同富裕背景下受资助大学生返乡就业意愿与影响因素调查研究”（编号：20220006）

序

高等教育发展水平是一个国家发展水平和发展潜力的重要标志。习近平总书记强调:我国高等教育要紧紧围绕实现“两个一百年”奋斗目标、实现中华民族伟大复兴的中国梦,源源不断培养大批德才兼备的优秀人才。立德树人是高校立身之本。作为高等教育工作者,我们肩负着培养德智体美劳全面发展的社会主义事业建设者和接班人的重大任务,出版《管理思政案例集(第二辑)》的目的,就是要为我国高校管理类课程思政建设贡献绵薄之力。该书既是浙江工商大学思政课程建设的优秀成果,也是浙江工商大学在工商管理学科国家一流专业建设思政教育上的大胆探索,其较为系统地展现了浙江工商大学研究、教育、宣传、实践“四位一体”的新时代思政教育新模式。

在新的时代背景下,思政教学不能再墨守成规和照本宣科,而应该采用新模式、新方法,在潜移默化中让思政元素真正走入学生的心里。近年来,浙江工商大学在课程思政领域积极探索,力争让每一门课程与每一位教师都承担起思政育人的责任。《管理思政案例集(第二辑)》一书是为工商管理学院管理类课程建设精心设计的,为学院的思政教育提供了新思路。本书尝试将中国管理智慧与商科案例教学结合,用中国管理智慧的精要诠释社会主义核心价值观、新发展理念等思政元素的内涵与外延。案例篇幅精练,内容翔实且富有亲和力,注重学生的素质培养和提升。

本书的写作由我主持,肖迪和曲亮协助我做了大量工作。团队成员涵盖工商管理学院一线教师、辅导员及部分研究生、本科生。各案例写作具体分工如下:

《四两拨千斤:友诺动漫的IP“轻”运营之道》,沈绍伟、肖迪、耿钰婷;

《刚柔并济:衣邦人的供应链管理之道》,肖迪、耿钰婷、谢雅、曲亮;

《百年王星记:传承与创新齐飞》,程兆谦、贺思凡;

《跨越山海的联结:TP的跨国虚拟沟通与协作》,胡玮玮、高煜婷;

《京东物流的韧性供应链建设之路》,岑杰、王玲玲;

《如何因应数字化转型:美特好的创新变革之路》,王节祥、张烨、邹凯羽;

《老爸评测:一家信任电商的崛起与危机》,朱良杰、张潇倩;

《双枪科技:讲出一双筷子背后的中国故事》,李元祯、范展翊;

《“绿水青山就是金山银山”:华仕科技业务流程再造与优化之路》,孙琦、高亚亚、徐维东;

《泰普森:新发展格局下传统外向型企业国际化经营之路》,江婷婷、朱承祥、李兆晗、王钰涵;

《知识付费四袋大米:新东方的体面撤退》,林莉、陈曦、周心怡;

《制造业转型的灯塔:研究院的破冰之路》,叶燕华、林伟、童孟薇;

《破而后立,谋定而后动:数据赋能华测精细化管理探索之路》,孙琦、马浚泳、徐维东。

我负责全书的统稿工作,并改写了部分案例。参与案例写作的教师和学生付出了大量的时间和精力,很多案例数易其稿,在此表示感谢!

本书是浙江工商大学工商管理学院对新文科思政课程经验的重要总结归纳,是对浙江工商大学工商管理学科国家一流专业思政体系建设所做的大胆尝试,为进一步丰富和完善浙江工商大学思政课程体系做出了积极贡献。千里之行,始于足下。对新时代中国高校思政教育的探索和实践,浙江工商大学任重而道远。

沈绍伟

癸卯初夏于浙商大墨湖畔

目录

四两拨千斤:友诺动漫的 IP“轻”运营之道

沈绍伟　肖　迪　耿钰婷

一、案例描述

(一)引言

动漫市场的竞争日益激烈,杭州友诺动漫有限公司(以下简称“友诺动漫”)总经理张磊深知仅靠《喏喏族》这一张王牌,难以站稳脚跟。为此,他想到打造新的 IP。可是打造新的 IP 并不容易,需要投入大量资源,自己的企业只是一家小型动漫企业,在资金和人力资源等方面的储备都不足。于是张磊找到公司副总陈程和公司骨干萧红两位得力干将,商讨如何解决资源不足的问题。陈程沉思片刻说:“既然公司资源无法支撑我们做完整的开发,那我们是不是可以只做动漫开发中的关键性环节,如动漫 IP 的设计与开发,把其他环节交给别人做呢?”萧红似乎不太同意,摇摇头道:“这样做不仅会减弱我们对 IP 的掌控力,而且万一找到的合作伙伴不靠谱,那我们的心血就都白费了。”陈程和萧红你一言我一语,争论了很久。张磊听着他们之间的争论,心想开发新的 IP 一定要做,至于陈程说的方法我们也有经验,可还不能大张旗鼓地这样干,而萧红的担忧也不无道理,风险的确很高。至于具体怎么做,张磊暂时还没有答案。

（二）巧出奇兵

1. 投石问路

张磊从大学毕业后就进入了动漫行业工作。2010 年，他已经在这个行业打拼了 5 年，从菜鸟成长为经验丰富的“老兵”，敏锐地察觉到动漫产业正处于爆发式发展的前夜。基于国家对动漫产业的扶持力度不断加大，未来动漫产业可能有超乎想象的发展空间。反复权衡后，张磊毅然辞职，决定白手起家，在动漫行业一显身手。2011 年 1 月，张磊创办的友诺动漫在杭州市滨江区成立，10 位志同道合的朋友踏上了动漫产业的漫漫征程。创业之初，友诺动漫打算从幼儿动漫这一细分领域切入，这是因为幼儿动漫已经发展得比较成熟，风险相对较小。但当时幼儿动漫市场的竞争已经十分激烈，张磊不得不将自己的积蓄不断投入公司的经营中，渐渐感到力不从心，有时甚至连发工资都有困难。开局很艰难，张磊咬着牙坚持，依靠代理《雪孩子》《大婶婆与小聪明》等动漫 IP，慢慢打开了局面。

张磊清楚地知道，仅靠代理现有的 IP 很难有出头之日。为了获得更好的发展机会，张磊陷入苦思：如何在幼儿动漫市场激烈的竞争中脱颖而出？无意间，张磊在浏览新闻报道时了解到，目前很多年轻人大部分时间都用在工作上，工资却不高。他们租着比大学宿舍还窄的出租房，受着老板的气，加着义务的班，不断地被否定，但依然乐观坚定、积极向上，在职场生活中打拼忙碌……这引发了张磊整个创业团队的强烈共鸣。于是，他认为以职场作为创作背景，将目标人群定位于职场年轻人，友诺动漫可以打造出属于自己的动漫 IP，赢得新的发展机遇。为解决资金不足，张磊狠心将自己的房子做了抵押。友诺动漫的所有员工加班加点，仅用 3 个月时间，就开发出第一套原创动漫作品《啫啫族》。

在《啫啫族》开发成功后，张磊举行了一个小型复盘会。会上，他首先表示:“希望大家畅所欲言,认真总结开发IP的经验,以便更好地迎接未来。”

话音刚落,副总陈程激动地说:“张总把自己的房子都抵押了,我们备受鼓舞,主动要求延发薪资,缓解公司资金压力。记得那时,我身兼数职,除了动漫形象设计、动漫制作,还干过后勤工作呢,其他员工也是这样。”

萧红紧接着说:“起初人员不足,我们可以借助业务流程标准化的设计思路,明确团队成员的工作职责,以流水线操作来应对每日定额高压的工作量,进一步降低公司内部运营成本。”类似的讨论进行了很久……

最后,张磊做了总结:“感谢大家的信任和支持,相信《喏喏族》一定会有不错的反响。我觉得这次推出《喏喏族》动漫最重要的经验就是,学会借助外力,弥补自身不足。还记得当时在推出《喏喏族》中的动漫形象之前,有一些小插曲。虽然我们知道职场动画是我们的方向,但是需要好的动漫形象来展现。为了设计出符合大家审美的动漫形象,我们想到了做市场调研,但我们都是门外汉。想了半天,我们把一些辅助性的工作交给专业的公司去做,包括收集资料和调查问卷等,只要和他们对接好需求即可。不久后,第一次的市场反馈回来了,紧接着是第二次、第三次。在市场数据的指导下,我们不断改善设计,终于设计出《喏喏族》中那些受大众喜欢的动漫形象。”

2. 另辟蹊径

《喏喏族》的制作完成鼓舞了整个团队的士气,但该IP能否获得市场认可还是未知数。选择合适的渠道推广IP成了迫在眉睫的事情。张磊首先想到纸媒,凭借优质的内容,《喏喏族》出现在《幽默大师》《青年文摘》《钱江晚报》《河北青年报》等百余家杂志、报纸上。投石问路的效果并不理想,虽然《喏喏族》受到了一些关注,但并没有掀起很大浪花,投入和收获不成正比。事后团队复盘认为,现在年轻人已经很少看纸媒,反响不大在情理之中。

友诺动漫通过调研发现,视频网站、动漫网站等新媒体,已经成为年轻人接触动漫的主要渠道,应该通过线上渠道增加《喏喏族》的曝光量。说干就干,张磊四处奔走,与腾讯动漫、纵横动漫、有妖气、漫客栈、中国动漫网等各大平台洽谈合作事宜。由于内容质量上乘,《喏喏族》受到多个平台的青睐,很快便在各大平台上发布。新的尝试效果很好,线上推广取得成功,超过100家动漫网站对《喏喏族》进行转载,用户点击量超过10万次。张磊尝到了甜头,进一步加强与各大网络媒体的合作,渠道关系变得越发稳定。与此同时,友诺动漫也开始与杭州市政府下属的相关企业进行合作,在华数有线电视频道、杭州市各公共自行车亭信息机、户外LED屏等平台滚动播放《喏喏族》。多管齐下的效果很明显,在一份手机漫画排行榜上,《喏喏族》排名第二,点击量1亿多人次,其中付费点击超过200万人次。

不断刷新的数据极大地鼓舞了友诺动漫创作团队,日渐丰盈的收入缓解了公司资金压力。为了充分开发《喏喏族》,张磊有了将其改编成动画的想法。但是,将漫画的"软内容"上升到动画的"硬技术"并不是件容易的事。由于短期很难组建起自己的动画团队,张磊直接拉来了动画技术外援团队负责动画制作,友诺动漫则负责提供动画画稿。按照张磊的要求,外援团队跳出传统2D动画模式,创新性地采用3D形式,成功实现作品呈现方式的升级。《喏喏族》动画的呈现方式,由静态转变为动态,刺激了粉丝的二次消费。依托前期积累的线上渠道资源,《喏喏族》动画作品同时在多个视频网站播放,每日一更新。虽然每集只有短短的2分钟,但是培养了粉丝的观看习惯,短期内迅速收获了大量粉丝。到2015年,《喏喏族》动画已经创作了500多集,出版漫画图书14部,吸粉无数,这让友诺动漫在行业中崭露头角。

(三)修炼内功

1.自主开发IP

随着动漫市场竞争日益激烈,张磊意识到仅靠《诺诺族》难以实现企业的长期可持续发展,需要打造新的IP。打造新的IP需要投入大量资源,友诺动漫还只是一家小型动漫企业,资金和人力资源等方面均储备不足。于是,抱着试试看的态度,张磊让陈程负责去找靠谱的合作伙伴,萧红做一些辅助性的工作。

功夫不负有心人,在与近10家企业接触后,最终网易漫画表示对合作非常感兴趣。陈程邀请网易漫画杭州地区负责人李总到友诺动漫总部讨论合作事宜。会议伊始,张磊说:“友诺动漫的优势就是拥有源源不断的创意,《喏喏族》的成功是其中之一。但我们人员不足,一共也就‘十几条枪’,所以请李总鼎力相助,一起把蛋糕做大!”李总微笑道:“友诺动漫的大名我早就知道,很期待与您合作。网易漫画是一个动漫平台,可以为你们开发的动漫作品提供播放平台,但在动漫产业链的其他环节我们爱莫能助。不过,我倒是认识一家动漫制作做得不错的工作室,叫多倍乌鸦。如果张总感兴趣,我可以帮忙牵线搭桥。”张磊连连点头回应道:“太好了! 这样我们就可以专注于设计IP,期待我们的作品能早日推出!”

随后友诺动漫与多倍乌鸦一拍即合,很快达成了合作意向。不久之后,由友诺动漫负责IP设计、多倍乌鸦负责制作、网易漫画负责渠道推广的动漫作品《杀手古德》在网易漫画首页与漫迷们见面。该作品在网易漫画连载上线仅半年就圈粉无数,点击量突破2000万人次,长期占据总榜榜首。张磊和李总乘胜追击,按照同样的合作方式推出《白领武馆》,其连载短短2个月点击量就超过300万人次。

2. 挖掘经典IP

友诺动漫在与网易漫画的合作中,体会到专注于开发IP,而不参与具体动漫制作、宣传推广等其他环节的好处:投入资源少,获益多,而且推出新产品的速度快。但是张磊也意识到,开发一个新的IP,需要经历创意产生、反复论证、动漫原型设计等重要环节,这不仅对参与人员的素质要求高,而且最后产出的IP未必能得到漫迷的认可。张磊看到很多IP上市后“翻车”的案例,如长城动漫旗下的《咕噜咕噜美人鱼》《金丝猴神游属相王国》,上映后的票房并不理想,前期投入全都打了水漂。张磊心想:怎样才能尽可能地降低风险呢?我们是否可以“两条腿走路”,在保持原创IP的同时,代理运营市场上的优质动漫IP,并对这些优质动漫IP进行改编,从而保持公司持续的盈利能力呢?

抱着试试看的心态,张磊安排萧红搜集市场上有价值的经典动漫IP。数月之后,萧红整理出一份长名单。张磊一眼便看到了自己小时候看过的动漫《乌龙院》,便详细询问《乌龙院》的情况。萧红答道:“《乌龙院》出自‘台湾漫神’敖幼祥之手,是动画领域的顶级IP,风靡台湾,在大陆也颇有影响力,但在大陆没有哪家公司获得授权,所以我们能看到与《乌龙院》相关的动漫都出自台湾。”张磊心头一喜,说:“《乌龙院》能勾起一大批人小时候的记忆,我们试一下看看能不能拿下它的代理权!”

当萧红联系《乌龙院》作者敖幼祥时,方才得知有好几家大陆公司正与他洽谈合作事宜。张磊深知,自家公司除了拥有丰富的动漫创作经验及前期积累的优质线上渠道之外,并不具有其他优势。因此,出价高于同行,可能是友诺动漫拿下《乌龙院》授权的唯一办法。经过数轮的报价,友诺动漫最终以1000万元拿下《乌龙院》在大陆的改编权和各种衍生品授权,成了《乌龙院》在大陆的独家全版权代理公司。在《乌龙院》品牌授权发布会上,张磊回顾了拿下《乌龙院》全版权代理的艰辛历程。他说:“当初去谈代理运营时,我们也不知道同行出价,于是东拼西凑了900万元的现金。在与敖老师谈的时候我们从低到高直至报价900万元时,依然没有打动他。我咬牙把价格提到1000万元,敖老师这才同意。但是,1000万元对于我们这样的小企业而言,是一笔巨款,尤其是最后100万元的资金缺口,让我几近绝望。没有其他办法,我只想着先拿下来再说。只能到处找投资人,幸好遇到了浙江秘银投资管理有限公司(后简称“秘银投资”)和腾讯视频,所以我还得感谢他们对友诺动漫的投资,真是雪中送炭,帮助我们拿下这样的顶级经典动漫 IP。”

3. 形成 IP 体系

在拿下《乌龙院》代理权后,友诺动漫掌握的动漫 IP 已经达到 8 个,而且还有进一步增长空间。此时,张磊认为有必要对现有 IP 进行系统梳理,明确下一步公司的战略重点,更好地配置资源。于是他召集内部会议,讨论如何对这些 IP 进行分类。会上,提前做好功课的萧红在大屏幕上展示了自己对这些 IP 的初步分类,并向大家说明了分类理由。首先,S 级作品是创作持续时间长、创作投入比较大、粉丝反馈较好、平台及行业反馈较为正向,且开发前景非常广阔的作品,花大力气拿下的《乌龙院》就属于此类 IP,这类作品可以作为接下来的重点发展对象。其次,A+级 IP 在创作持续时间上有所欠缺,与网易漫画联手合作的《杀手古德》属于这一级别,可以作为次重点的发展对象。再次,A 级 IP 积累了一定粉丝数量,但是成长能力有限,如最先开发的《喏喏族》《贫王》《白领武馆》都在这一级别。最后,B 级 IP 上市时间较短,目前粉丝数量有限。A 级和 B 级 IP 可以作为公司未来的战略储备。

听完萧红的汇报,与会人员对 IP 的分类展开了热烈的讨论,最终形成了如图 1 所示的分类金字塔。张磊说:“这个分级是动态调整的,并非一成不变的。我们的短期目标已经很清晰,就是使 S 级和 A+级 IP 的价值最大化!”

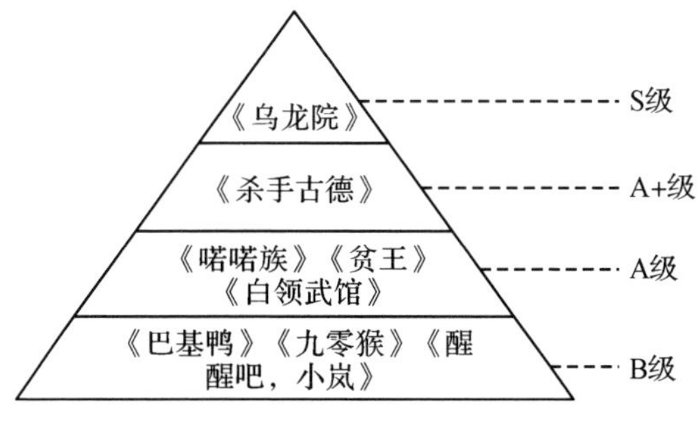

图 1 友诺动漫掌握的动漫 IP 体系

(四)行走江湖

1. 深度开发

一次偶然的阅读,让张磊了解到小米手机通过社群搜集“米粉”对手机改进的建议。他眼前一亮,马上找到陈程,让他搞个线上活动,向友诺动漫粉丝征集开发 IP 创意。活动过程中,张磊在线上当起直播“网红”。他向漫迷们介绍拿下《乌龙院》版权的故事,采用有奖征集方式向广大粉丝征集对《乌龙院》进行深度改编的创意想法。令张磊意想不到的是,这次活动非常成功。在丰厚奖金的刺激下,漫迷们提出了许多很有价值的想法。有的漫迷认为优质的动漫 IP 不仅可以出现在漫画中,也可以衍生到动画、影视作品、游戏等内容产品中;有的漫迷希望能买到和动漫 IP 相关的周边产品,如印有《乌龙院》漫画人物的抱枕、钥匙扣等;另外,有些漫迷的想法非常天马行空,希望友诺动漫打造基于动漫 IP 的主题餐厅、主题客栈等。友诺动漫对漫迷们的建议进行深入的讨论,明确了接下来的战略重点,即以《乌龙院》为核心,借助相关影视作品、动画等唤起粉丝们的记忆,进而再开发相关衍生品。

大家斗志昂扬,张磊心中却有一丝担忧。他清楚地知道友诺动漫的实力,为了拿下《乌龙院》的版权已投入大量资金。于是,他抱着试试看的心态找到了之前帮助友诺动漫拿下《乌龙院》版权的腾讯视频,希望能够继续得到腾讯视频的支持。出人意料的是,腾讯视频爽快地同意继续为友诺动漫注资。腾讯视频姚总说:“我们很看好《乌龙院》这个超级 IP,我们的合作伙伴有了困难,那我们是一定要帮一把的,我们可不能让自己的投资打了水漂呀!而且,送佛送到西,我再给你介绍一个合作伙伴——武汉博润通文化科技股份有限公司(以下简称‘武汉博润通’)。这家企业成立于2010 年,算是老牌动漫企业,在动画制作方面实力不俗,获得过 17 项国家级奖项。有他们的帮助,你们开发动画的时间能够大幅缩短!”

有腾讯视频在中间搭桥引路,友诺动漫很快与武汉博润通建立了合作关系,三方合作联盟确立。友诺动漫提供创意,对《乌龙院》进行改编;武汉博润通负责动画制作;腾讯视频利用其线上渠道优势,进行线上推广和播放。不久,三方合作的第一部动画《乌龙院之活宝传奇》于 2017 年 11 月 1 日在腾讯视频热播,获得广泛好评,并入选 2018 年国家广电总局《优秀国产电视动画片目录》。

回顾和腾讯视频的合作,张磊说:“让我印象最深刻的是,腾讯视频曾想多投一些钱以获得对这个项目的完全控制。我们那时确实缺钱,但这一提议最终还是被我婉拒了。最后整部动画片 4000 万元的投资,腾讯视频占三分之一。这样的合作模式不仅减轻了公司员工的工作压力,而且还不太需要增加新的人员,节省了一大笔人力成本。”张磊明白,只有主动权在自己手里,未来利用《乌龙院》实现更大的目标才有可能。

除了动画,友诺动漫还把《乌龙院》IP 授权给与电影、图书、舞台剧有关的企业,并从中获利颇丰。浙江文艺出版社再版了《乌龙院之活宝传奇》系列;2018 年舞台剧《乌龙院》进行全国巡演;2018 年 8 月 17 日,《新乌龙院之笑闹江湖》真人电影热闹上映,取得票房约 1.4 亿元。

2.跨界合作

为了充分挖掘《乌龙院》的潜在价值,友诺动漫将合作拓展到食品、旅游等行业。在第 14 届中国国际动漫节上,友诺动漫与零食品牌漫菓合作推出“乌龙院”杧果干。产品在展区一亮相,有趣夸张的设计引来了不少人驻足试吃、拍照发朋友圈,其中有不少食品经销商。他们找到漫菓,希望能与漫菓合作。该款杧果干还没有正式上市,订单就已有 20 万份。漫菓负责人方建华满面笑容地对张磊说:“当初你找到我们时,我是抱着试试看的心态,从来没想到做食品的还能和做动漫的有合作。大家这么喜欢这款杧果干,看来我们后面要多多合作!”张磊笑着说:“真是谢谢方总给我们这样一次尝试的机会,让我对《乌龙院》的授权模式坚定了信心,合作愉快!”

随着《乌龙院》IP在各个行业的深入,友诺动漫尝试将旅游融入动漫中,消费者不仅可以买到周边产品,还可以体验住在“乌龙院”的感觉。经过一番考察,张磊看中了无锡(马山)太湖国家旅游度假区灵山小镇中的拈花湾。这里向来有“净空、净土、净水”之称,生态秀美,建筑风格十分符合《乌龙院》的设定。有了目标,可是该找谁合作呢?张磊曾经想与当地政府合作,但未能如愿。后来,一次偶然的机会,张磊看到携程在某网站上投放主题客栈广告,于是尝试联系携程,希望能和携程一道在拈花湾打造以“乌龙院”为主题的客栈。没想到,携程对此很感兴趣。于是,依托携程在旅游行业的丰富经验及营销渠道,“乌龙院”主题客栈应运而生,将漫画中的场景与拈花湾的景致相结合,给游客以完全沉浸式的体验,仿佛置身其中。主题客栈上线后,广受游客青睐,很快成了“网红”打卡地。

不仅如此,2019年10月,乌龙院连锁奶茶“乌龙院茶铺”概念店在CLE中国授权展上亮相,展会期间就获得了超过100名意向加盟客户。同年底,乌龙院第一家奶茶店在上海正式开业,包括西湖景区在内的多地意向加盟商现场考察。

(五)尾声

跨界合作让张磊尝到了IP版权运营的甜头。随着合作伙伴的增加,张磊开始担心萧红之前谈到的问题,《乌龙院》IP会不会因为某个合作伙伴的错误行为,导致整个IP在消费者心中的印象恶化呢?如何管理好这些合作伙伴是未来最先需要面对的难题。不仅如此,友诺动漫发展到现在依然是一家中小型公司,要想让友诺动漫更上一层楼,需要大量的资金、技术和人才,这些资源从哪里来呢?张磊仿佛回到了创业之初,陷入了沉思……

(六)附录

1. 友诺动漫简介①

友诺动漫成立于 2011 年,是集动漫原创和动漫 IP 运营于一体的文创公司,是浙江省创意设计协会会员单位、“浙江省文化+互联网”创新企业、杭州市雏鹰计划企业,曾获中国创新创业大赛浙江赛区文创组初创企业第一名。

友诺动漫在 IP 产业快速发展时,通过对泛娱乐领域的资源整合,以代理运营 S 级 IP《乌龙院》为基础、原创 A+级 IP《杀手古德》为核心、《贫王》为代表的 6 个 A 级和 B 级 IP 为储备,开拓国漫的新型轻运营模式。

公司全版权独家运营著名动漫 IP《乌龙院》,原创作品《杀手古德》长居网易漫画点击总榜第一名,原创、运营的漫画作品《贫王》入选爱奇艺“苍穹计划”,原创动画《乌龙院之活宝传奇》入选国家广电总局《优秀国产电视动画片目录》。在第 29 届浙江省电视“牡丹奖”评选中,友诺动漫的《乌龙院之活宝传奇》动画片作品获奖。

截至目前,友诺动漫原创作品的网络点击量累计超过百亿人次,动画发行遍布全国 140 家电视台。同时,动漫作品开发已覆盖电影院线、网剧、图书、快消品、纪念品、舞台剧、主题餐厅、主题客栈等领域。

2. 友诺动漫的里程碑事件

友诺动漫的里程碑事件如图 2 所示。

① 数据来源:笔者根据调研收集的资料及访谈记录整理。

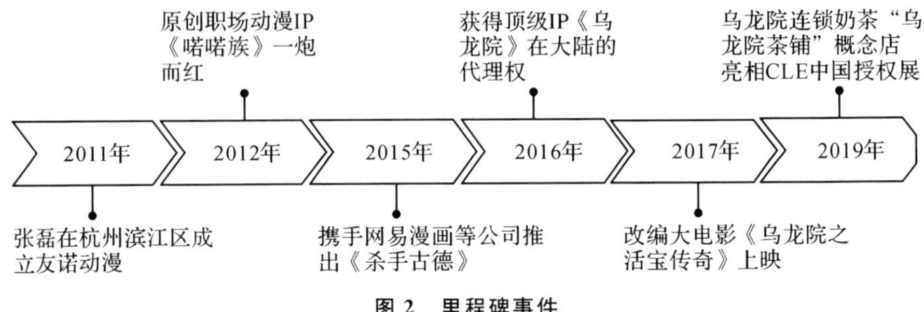

图2 里程碑事件

3. 案例所涉及术语的解释

本案例中涉及部分术语的解释见表1。

表1 相关术语

术语	解释
动漫 IP	IP 是英文 Intellectual Property 的缩写,意为一切来自知识活动领域的权利。动漫 IP,是指由动漫衍生而出的、具有一定影响力和代表性的品牌形象的知识产权。通过这种 IP 的授权或贩卖,如产品贴标、出版、出售发行、改编等版权的买卖可以获得巨大的市场盈利
CLE	中国授权展(China Licensing Expo)由中国玩具和婴童用品协会主办。自 2007 年以来,已成功举办 15 届。CLE 被公认为在中国市场上开展授权业务的最佳商贸平台,为国内外最具影响力、最热门的 IP 授权项目相关方提供了与各行业优秀制造商及零售商面对面深入沟通的机会

二、案例拓展

(一)教学目的与用途

本案例适用于工商管理学科本科生、企业管理研究生、MBA 和 EMBA 等学生使用,也适用于“战略管理”课程中有关价值链和价值链系统等章节和知识点的学习。

本案例以友诺动漫探索出轻资产运营模式这一过程为主线,回顾其如何利用轻资产运营实现扬长避短,解决发展过程中所遇到的资金不足、人才匮乏等问题。通过对本案例的阅读和讨论,旨在使学生掌握价值链分析的相关理论和工具,具体包括:了解价值链的构成要素,掌握价值链分析方法;掌握价值链系统定义及价值链系统优化方法;了解轻资产运营模式及实施该模式需要注意的问题。

友诺动漫作为一家中小型动漫企业,在创业过程中多次面临资源短缺困境,但凭借自身努力及巧借外力克服了,并实现了企业发展,充分体现了浙商“四千精神”中的“想尽千方百计、吃尽千辛万苦”。友诺动漫不是闭门造车,而是善于借助外力实现企业发展,注重创新及资源互补共享,跨界合作推动企业前进,体现了创新、开放和共享新发展理念。

(二)启发思考题

1. 友诺动漫在开发《喏喏族》时,涉及了哪些关键价值链活动?遇到了哪些困难?如何解决这些困难?

2. 友诺动漫在开发《杀手古德》IP 时,涉及哪些关键性价值链活动?其合作伙伴承担了哪些活动?

3. 友诺动漫在代理运营经典 IP《乌龙院》的过程中,如何建立自己的竞争优势?遇到哪些困难?如何解决这些困难?

4. 友诺动漫轻资产运营模式有哪些优点?主要聚焦 IP 设计和代理运营,可能存在哪些风险?如何降低风险?

(三)分析思路

本案例描述了友诺动漫 IP 轻资产运营过程及涉及的各项具体活动,帮助学生掌握价值链和价值链系统分析方法。在此基础上,进一步让学生了解中小型企业轻资产运营模式的策略和方法,以及运营过程中需要注意的问题。

本案例的分析思路主要基于启发思考题展开。首先,通过第一个思考题引导学生,让学生了解价值链的具体活动;其次,通过第二个思考题,让学生理解如何区分关键价值活动和一般价值活动,为后面的轻资产运营相关理论的学习奠定基础;再次,通过第三个思考题让学生掌握价值链分析方法,以及明确地引导学生掌握轻资产运营模式是弥补价值链薄弱环节、建立竞争优势的有效方法;最后,通过开放性的第四个思考题让学生了解轻资产运营的利弊,以及掌握防范轻资产运营风险的方法。具体分析思路与步骤如图 3 所示。

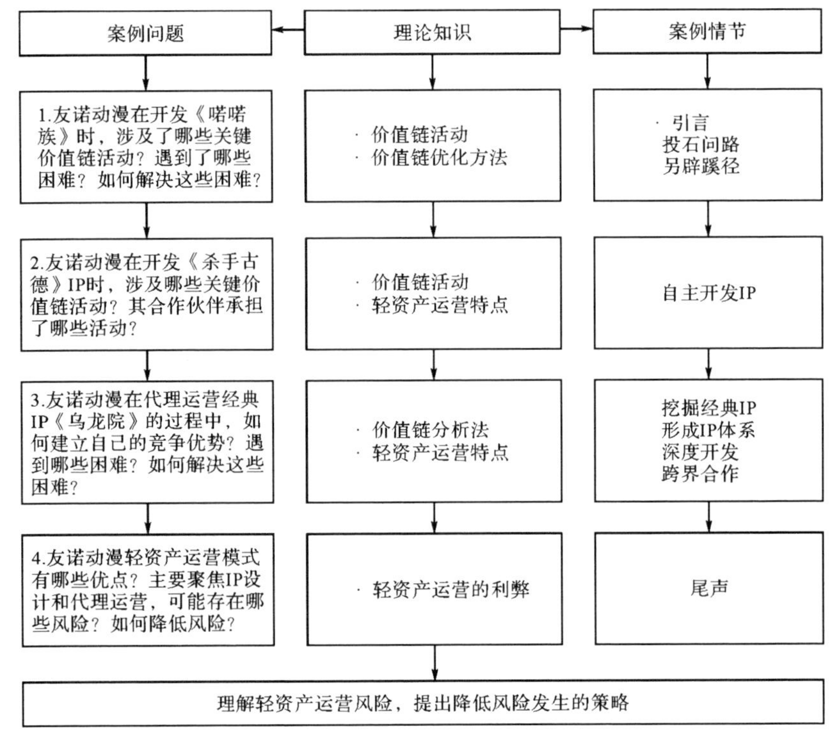

图 3 案例分析思路与步骤

创业之初,友诺动漫是一家小微型动漫企业,资金、人才等关键资源比较匮乏,后来把握住自身价值链的关键性活动,不断增强关键价值链活动实力,准确定位自己在价值系统中的角色,通过与外部企业合作,最终建立起独特的轻资产运营模式,实现"四两拨千斤"的效果。探讨此类企业实现轻资产运营过程中的方法和经验,可为我国多数小微企业实现轻资产运营提供有益借鉴。教师在教学过程中可引导学生围绕这一主题进行重点讨论。

(四)理论依据及分析

1. 友诺动漫在开发《喏喏族》时,涉及了哪些关键性活动?遇到了哪些困难?如何解决这些困难?

【理论依据】

(1)价值链活动。迈克尔·波特在《竞争优势》一书中引入“价值链”这一概念。波特认为,企业每项生产经营活动都是其创造价值的经济活动。企业所有互不相同但又相互关联的生产经营活动,构成创造价值的一个动态过程,即价值链。价值链日益成为分析公司资源与能力情况的理论框架。价值链分析,即对企业活动进行分解,通过考虑这些单个活动本身及相互关系来确定企业的竞争优势。

价值链分析将企业的生产经营活动分为基本活动和支持活动两大类(见图 4)。基本活动,又称主体活动,是指生产经营的实质性活动,一般可以分为内部后勤、生产经营、外部后勤、市场销售和服务。这些活动与商品实体的加工流转直接相关,是企业的基本增值活动,并且每一项活动可根据具体产业和企业战略再进一步细分成若干项活动。

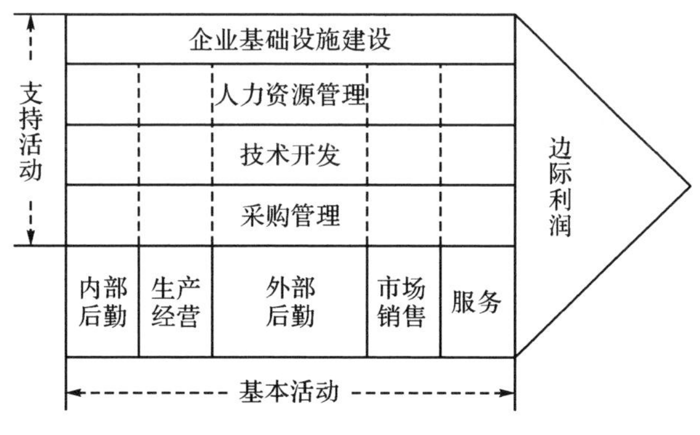

图 4　价值链分析

内部后勤,又称进货物流,是指与产品投入有关的进货、仓储和分配等活动,如原材料的装卸、入库、盘存、运输及退回等。

生产经营,是指将投入转化为最终产品的活动,如机器加工、装配、包装等。

外部后勤,又称出货物流,是指与产品的库存、产品配送给购买者有关的活动,如最终产品的入库、接受订单、送货等。

市场销售,是指促进和引导购买者购买企业产品的活动,如发布广告、定价、确定销售渠道等。

服务,是指与保持和提高产品价值有关的活动,如培训、修理、零部件供应和产品调试等。

支持活动,又称辅助活动,是指用以支持基本活动而且内部之间又相互支持的活动,包括采购管理、技术开发、人力资源管理和企业基础设施建设等。

采购管理,广义的采购管理既包括对原材料的采购与管理,也包括对其他资源的购买与管理,如企业聘请其他公司进行广告策划、市场预测、管理信息系统设计、法律咨询等。

技术开发,是指可以改进企业产品和工序的一系列技术活动,包括生产性技术和非生产性技术。企业每项生产经营活动都包含技术,只不过技术的性质、开发的程度和使用的范围不同而已。有的技术属于生产方面的工程技术,有的技术属于通信方面的信息技术,还有的技术属于领导决策技术。这些技术的开发不仅仅与企业最终产品直接相关,而且支持着企业全部的活动,是判断企业竞争实力的重要因素。

人力资源管理,是指对企业职工的招聘、雇用、培训、提拔和退休等各项活动的管理。这些活动支持着企业中每项基本活动和支持活动,以及整个价值链。人力资源管理在调动职工生产经营积极性方面起着重要作用,进而影响企业竞争实力。

企业基础设施建设,是指企业的组织结构、惯例、控制系统及文化等的形成。企业高层管理人员在这方面发挥重要作用,因此被视作基础设施的一部分。企业基础设施建设与其他支持活动有所不同,它一般用来支撑整个价值链的运行,即所有其他的价值创造活动都通过基础设施进行。在多元经营的企业中,公司总部和经营单位有各自的基础设施。

(2)价值链优化。企业价值链优化过程实际上是对企业战略环节重新定位的过程,以构造一种有别于竞争对手的新盈利模式,使企业拥有独特的竞争优势,来应对市场上的竞争对手。企业价值链优化的前提是通过整合企业内外部资源,形成比较优势或核心能力。这种能力使企业的各项活动直接以价值创造为导向,对企业资源进行组织、运用、协调和控制,从而形成整个业务流程。价值链优化的主要路径有两种:

第一,胡大立等(2001)提出用价值链分析法来获得成本优势,通过控制成本驱动因素来获得成本优势,且技术创新是降低成本的重要途径。

第二,余伟萍等(2003)认为,企业能充分运用外包、合作或企业联盟等方式完成价值链上的非关键性活动,而专注于自己的核心业务,从而构筑企业核心竞争能力。

【案例分析】

首先,通过对此题第 1 小问的讨论,让学生了解价值链活动的概貌,为后续分析友诺动漫开发《喏喏族》中涉及的关键性价值链活动及价值链弱势环节的优化做铺垫,也为分析友诺动漫各个 IP 开发中涉及的价值链活动打下基础。教师可以从迈克尔·波特在《竞争优势》一书中提出的基本活动和支持活动两个方面,引导学生思考该公司在开发《喏喏族》时所涉及的价值链活动(见表 2)。

表 2　友诺动漫的价值链活动

活动		说明
基本活动	生产经营	友诺动漫在开发设计《喏喏族》后，再进入漫画和动画的制作环节，这一过程属于生产经营活动
	市场销售	友诺动漫前期通过《幽默大师》《青年文摘》《钱江晚报》《河北青年报》等传统纸质媒体进行宣传销售，后期则选择对接国内各大动漫网站进行授权操作，使《喏喏族》登上视频网站的推荐首页，这属于市场销售活动
支持活动	人力资源管理	对开发《喏喏族》的 10 人工作团队的管理，属于人力资源管理
	技术开发	友诺动漫前期开发针对职场的动漫 IP《喏喏族》，后期将传统的 2D 动画改成 3D 形式，均属于技术开发活动

其次，教师引导学生分析友诺动漫在开发《喏喏族》IP 中的关键价值活动后，还应引导学生根据案例找到友诺动漫价值链活动的不足之处，回答本题的第 2 小问(见表 3)。

表 3　友诺动漫价值链活动的不足及优化措施

基础活动	不足之处	优化措施
市场销售	友诺动漫前期通过传统纸质媒体宣传时，效果不是很好	借助新媒体大力拓展网络空间，加大与腾讯动漫、纵横动漫等平台的合作，积极维护与各大网络媒体的合作关系
人力资源管理	开发《喏喏族》时的团队成员仅 10 人，多数身兼数职，人力资源较为薄弱	通过流程标准化的设计思路，明确团队成员的工作职责
技术开发	在开发 3D 动画时遇到了技术瓶颈	把制造业流水线生产方式应用到动漫开发中，实现该行业的技术创新；与外部企业合作，解决 3D 技术开发难题

最后，教师可以根据上述理论，引导学生思考并回答此题的第 3 小问。

2. 友诺动漫在开发《杀手古德》IP 时,涉及哪些关键性价值链活动?其合作伙伴承担了哪些活动?

【理论依据】

轻资产运营是国际著名管理咨询公司麦肯锡特别推崇的战略。与以自有资本经营相比,以轻资产模式扩张,可以获得更强的盈利能力、更快的速度与更持续的增长力。轻资产运营是一种以价值为驱动的战略,是网络时代与知识经济时代企业战略的新结构。代明(2004)认为,轻资产运营模式有以下显著特征:

(1)非核心业务外包。大多轻资产运营企业会将非核心业务外包出去。

(2)持续关注品牌价值。品牌是无形资产,是企业核心竞争力的集中体现,也是最具价值的轻资产。一般采用轻资产运营模式的企业,会格外关注品牌价值。

(3)注重核心能力培养。企业必须拥有核心能力,而且必须知道自己的核心能力是什么,只有明确了自身的核心专长所在,方知该专注什么、该放弃什么、依托什么去运营、运用什么去扩张。

【案例分析】

与第 1 题类似,教师通过第 2 题第 1 小问帮助学生加深对价值链活动的理解,区分关键性的价值链活动。

关键性的价值链活动。友诺动漫在推出《杀手古德》IP 时,最为关键的是技术开发。友诺动漫在开发原创动漫《喏喏族》时,就已经开始展现出自己的竞争优势;同时,友诺动漫只参与了《杀手古德》IP 的设计开发活动,专注于自己的核心能力培养。所以在这个阶段,对于友诺动漫而言,最重要的价值链活动是技术开发。

在分析第2小问时,基于企业选择外包或者合作均是一般价值链活动,教师要引导学生对友诺动漫在开发《杀手古德》IP时的一般价值链活动进行梳理(见表4)。

表4 友诺动漫开发《杀手古德》IP时的一般价值链活动

一般价值链活动	说明	措施
动漫内容制作	由于受到资金、人力等资源的限制,并且动漫内容制作需要的时间成本太高,对于像友诺动漫这样的小微型动漫企业来说,收入和成本并不太可能成正比	多倍乌鸦负责动漫制作
动漫市场销售	动漫推广和宣传的成本很高,而且推广渠道不太容易建立。与网易漫画合作的一大前提是,网易漫画可以作为宣传推广的渠道,双方各取所需	网易漫画负责后期的市场推广和销售

一般价值链活动梳理结束后,教师可以进一步引出轻资产运营的概念,并介绍轻资产运营的特点。代明(2004)认为,轻资产运营具有非核心业务外包、持续关注品牌价值和注重核心能力培养等特点,教师可基于此引导学生判断友诺动漫采用的商业模式。

(1)友诺动漫将一般价值链活动外包或者交由合作伙伴负责的做法,符合轻资产运营中将非核心业务外包的特点。对于友诺动漫来说,后期的动漫内容制作和渠道推广是一般价值链活动,因此,友诺动漫在开发《杀手古德》IP时将后期的内容制作外包给多倍乌鸦,而渠道推广则交与网易漫画负责。

(2)友诺动漫专注于《杀手古德》IP的设计与研发,这符合轻资产运营中注重核心能力培养的特点。依托《喏喏族》原创动漫的制作,友诺动漫形成了IP设计开发上的优势。在开发《杀手古德》IP时,友诺动漫专注于IP的设计开发,不断强化核心竞争优势,并将部分内容制作外包,实现了资源最大化利用。

综上所述,友诺动漫在开发《杀手古德》IP时初步具备轻资产运营的特点,这为后续分析奠定了基础。

3.友诺动漫在代理运营经典IP《乌龙院》的过程中,如何建立自己的竞争优势?遇到哪些困难?如何解决这些困难?

【理论依据】

价值链分析相关理论。价值链分析的关键是要认识到企业不是机器、货币和人员的随机组合,这些资源如果不能被有效地组织,不能生产出顾客认为有价值的产品或服务,那么将毫无价值。因此,资源分析是一个从资源评估到对资源使用的过程。

企业资源能力的价值链分析步骤如图5所示。

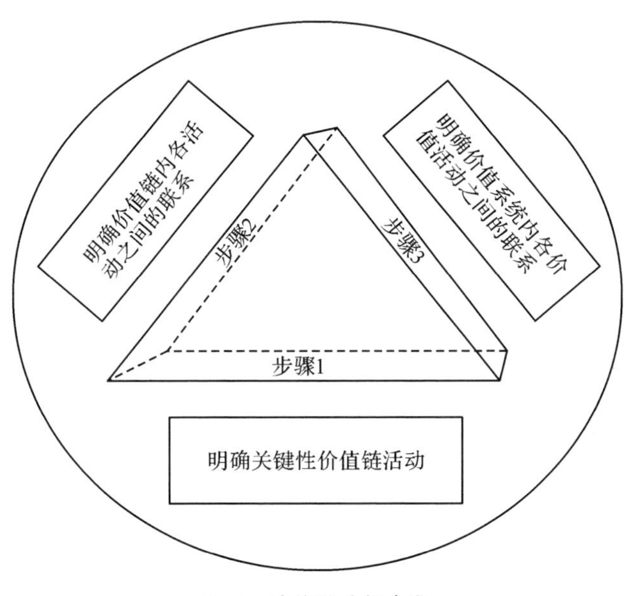

图5　价值链分析步骤

(1)明确关键性价值链活动。虽然价值链中的每项活动都包括基本活动和支持活动,都是企业成功所必经的环节,但是这些活动对企业竞争优势的影响是不同的。在关键性活动的基础上强化竞争优势更可能使企业获得成功。巩固企业竞争优势的关键性活动事实上就是企业独特能力的一部分。

(2)明确价值链内各活动之间的联系。价值链中基本活动之间、基本活动与支持活动之间及支持活动之间存在各种联系,选择或构筑最佳的联系方式对于增强价值创造和战略能力是十分重要的。

(3)明确价值系统内各价值活动之间的联系。价值活动的联系不仅存在于企业价值链内部,而且存在于企业与企业的价值链之间。

【案例分析】

该题第 1 小问需要重点分析,教师要循序渐进地引导学生思考。

第一步:引导学生回顾企业价值链的基本活动和支持活动,并按照重要性对其进行区分。

(1)支持活动。一是采购活动。友诺动漫同多家公司竞争,以高于同行的价格购买《乌龙院》IP 的代理权,为下一步计划奠定了基础。二是技术开发。拿到《乌龙院》IP 的代理权后,友诺动漫对《乌龙院》IP 进行深度改编。改编后的故事情节及动漫形象,则为拍摄动画大电影、建设主题客栈等打下基础。

(2)基本活动。一是财务活动。友诺动漫准备了 900 万元资金向敖幼祥购买《乌龙院》IP 的代理权,但是还不够,需要外部融资。二是基础设施建设。通过内部会议,友诺动漫对所积累的 IP 资源进行梳理,并明确了全公司下一步战略方向,即所有的价值链环节都必须围绕《乌龙院》IP 展开,因此可以将其理解为基础设施。三是市场销售。张磊通过线上粉丝会,以有奖征集的方式征集了不少关于如何利用好《乌龙院》这个经典 IP 的想法和创意,收集了针对《乌龙院》IP消费者的需求信息,这属于市场销售活动的一部分。四是生产经营活动。友诺动漫与腾讯视频、武汉博润通一起拍摄《乌龙院之活宝传奇》大电影,与携程合作打造“乌龙院”主题客栈,等等。

第二步:引导学生明确各项活动之间的联系。友诺动漫围绕《乌龙院》这一经典IP进行的价值活动基本上是按照时间顺序展开的(见图6)。

第一阶段:通过购买市场上优质IP的代理权,获得针对IP进行深度改编的权利,这是对《乌龙院》IP进行全版权运营的基础,但是采购资金不足,后获得腾讯视频和秘银投资的融资,于是采购活动和财务活动之间就构建了联系。

第二阶段:在拿下《乌龙院》IP的代理权后,友诺动漫对掌握的IP进行了分级处理,划出了未来战略重点,即深度开发利用《乌龙院》IP,使其价值最大化。于是,采购活动和基础设施之间建立了联系。

第三阶段:友诺动漫围绕《乌龙院》IP进行技术开发,苦于不知道消费者的喜好,为此通过召开线上粉丝会、有奖征集等方式,收集粉丝的建议,从而产生深度开发利用《乌龙院》IP的创意,将市场销售活动中的部分环节提前。于是,收集消费者信息的市场销售活动就与技术开发联系起来。

第四阶段:对《乌龙院》IP再次改编和设计后,友诺动漫与腾讯视频、武汉博润通一同拍摄《乌龙院之活宝传奇》大电影,与携程合作打造“乌龙院”主题客栈,与漫菓合作推出杧果干。于是,技术开发和生产经营活动之间建立了联系。

以上4个阶段中采用的方式都是友诺动漫在对《乌龙院》IP进行代理和全版权运营过程中,价值链内各种活动之间的最佳联系方式。

第三步:重点引导学生明确价值系统内各价值活动之间的联系,即价值活动之间的联系不仅存在于企业价值链内部,而且存在于企业与企业的价值活动之间。通过案例可知,友诺动漫在拿下《乌龙院》IP的代理权,以及对其进行全版权运营过程中,与外部企业存在紧密的价值活动联系(见图7)。

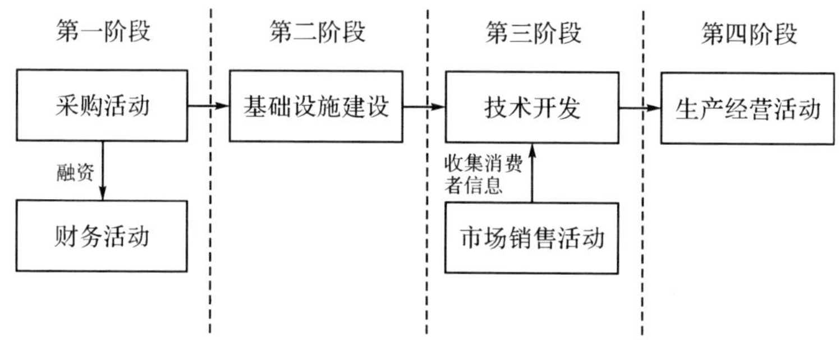

图6　内部价值流程

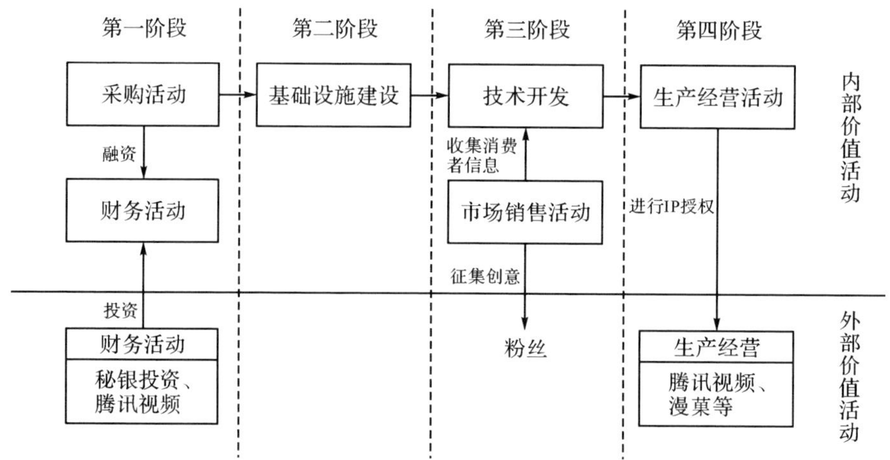

图7　友诺动漫内外部价值系统内各项价值活动之间的联系

友诺动漫在购买《乌龙院》IP的代理权时,因为资金有缺口,所以为引入外部投资而进行财务活动。对于秘银投资、腾讯视频而言,投资是一种财务活动,因此就把针对购买《乌龙院》IP代理权的财务活动与外部企业的财务活动联系起来。

生产经营活动是友诺动漫对外联系最多的活动。具体来说,在生产经营活动中,友诺动漫主要进行改编后《乌龙院》IP的授权。而外部合作伙伴中,腾讯视频提供播放渠道、武汉博润通负责动画制作是生产经营活动,与携程打造“乌龙院”主题客栈和与漫菓合作生产“乌龙院”杧果干,也是生产经营活动。至此,友诺动漫的生产经营活动和其他企业的生产经营活动建立了比较紧密的联系。

综上所述,友诺动漫把关键性价值链活动掌握在自己手中,通过一般价值链活动与其他企业建立了较紧密的联系,从而获得持续性竞争优势。

针对该题第2小问,教师应适当引导学生从案例中总结出友诺动漫在全版权运营《乌龙院》IP时遇到的困难主要包括资金不足、人力匮乏、对其他行业了解不足等,需要着重引出友诺动漫是采用轻资产运营模式来解决这些问题的。因此,教师可以从代明(2004)提出的非核心业务外包、持续关注品牌价值、注重核心能力培养等轻资产运营特点入手,引导学生明白解决这些困难的策略是运用轻资产运营模式。

友诺动漫在拍摄《乌龙院之活宝传奇》时,将动画制作外包给武汉博润通,解决了人力资源、资金限制问题;通过不断改编和授权,使《乌龙院》这个经典IP的品牌价值得到持续提升,符合轻资产运营中持续关注品牌价值的特点;专注于对《乌龙院》IP的改编设计,符合轻资产运营模式中注重核心能力培养的特点,并解决了对其他行业不熟这一难题。

综上所述,友诺动漫经过多年发展,运营模式逐渐清晰,形成了以《乌龙院》等IP代理权为核心,将非核心业务外包,并且同合作伙伴一起持续发挥经典IP品牌价值的轻资产运营模式。

4.友诺动漫轻资产运营模式有哪些优点?主要聚焦IP设计和代理运营,可能存在哪些风险?如何降低风险?

【理论依据】

(1)轻资产运营模式的优点。代明(2004)认为,轻资产运营模式具有

4 个优点:一是降低生产成本,这是轻资产运营最显著的优点。企业将一些重资产环节如技术含量较低的产品、零部件的生产转移给更有成本优势的公司生产,这样不仅节约了大量的基建、设备投资,而且节约了大量的人工费用,极大地降低了生产成本。二是专注于核心业务,有利于提高企业的核心竞争力。企业的发展更大程度上取决于核心业务的成败,轻资产运营企业通过整合企业内外各种资源,将一些很难形成明显竞争力的环节外包,将企业的资金和精力集中于核心业务,如核心技术研发、品牌提升、市场拓展等,从而极大地提升本企业的核心竞争力,使企业在激烈的市场竞争中更长久地立于不败之地。三是提高品牌附加值。轻资产运营企业把精力集中在产品开发和市场拓展上,而不是制造上,以塑造良好的品牌形象,从而大大提高品牌附加值。四是与合作伙伴共同分担风险。轻资产运营企业将制造或非核心技术的研发外包,可以与合作伙伴共同分担风险,使企业更有柔性,更能适应外部环境的变化。

(2)轻资产运营模式的风险。代明(2004)认为,轻资产运营模式存在一定的风险,主要有以下几点:

①产品质量缺乏有效控制。企业重品牌建设、轻产品生产的思维模式,使企业在品牌、市场等方面投入较大精力,忽视或无暇顾及产品的质量,导致产品质量不合格,这很有可能对企业品牌形象产生负面影响。

②形成对外包商的依赖。企业通常为了降低成本,不会选择太多的外包商,一旦形成路径依赖,外包商的谈判地位便会上升,外包的成本可能会大大提高。

③存在损失战略信息的风险。一些企业将业务外包后,尤其是与消费者相关的业务,会让企业与消费者的关系边缘化,无法有效地掌握重要的信息。

④对合作伙伴的外部管理难度加大。轻资产运营意味着,企业只关注价值链中的核心环节,其他环节会寻找相应的合作伙伴负责,一旦合作伙

伴数目变多,有效的外部管理便成为难点。

(3)应对轻资产运营模式风险的举措。代明(2004)认为,为应对轻资产运营可能产生的风险,可以采用两方面措施:一是明确企业的核心竞争力。企业必须真正明确自己的核心竞争力,区分核心业务与非核心业务,将非核心业务转移到企业外部经营,核心业务必须留在企业内部经营,不给合作伙伴接触核心业务的机会。二是引入多个外包商。为避免形成对外包商的依赖,应引入多个外包商,让外包商之间形成一定的竞争,利用外包商之间的竞争得到更多好处;也可以通过实施短期合同达到这一目的。这需要企业斟酌成本、合作关系等因素做出具体的决定。

另外,轻资产运营意味着有很多的合作伙伴,并不限于与外包商的单一合作形式,建立良好的合作伙伴关系有利于规避合作风险。张平(2009)认为,事先的合作机制建设和事后的合作文化培育有利于消除合作风险。合作机制表现为双方合作中的规则,即用规则调节双方的合作关系,常见的合作机制有沟通机制、惩罚机制和争端解决机制。合作文化的本质是团队精神与互利思想的融合,以团队精神追求整体效益最大化,以互利思想谋求共存、共赢、共同发展。另外,双方的相互信任是合作文化的一种体现,而信任则取决于对方给予承诺和履行承诺的能力,其有助于解决存在的问题。希林(2015)认为,合作关系治理也是重要的做法。合作关系治理是基于合作伙伴的期许、信任和声誉而进行的自我约束和规范,这通常出现在长期合作关系中。对合作关系的治理能够很好地减少合作伙伴关系管理过程中的契约和监控成本,并增强同合作伙伴间的合作、共享及相互学习。

【案例分析】

针对该题第 1 小问,教师可根据轻资产运营模式具有降低生产成本、专注于核心业务、提高品牌附加值和与合作伙伴共同分担风险等优点,引导学生思考友诺动漫采用轻资产运营模式的原因。

友诺动漫采用轻资产运营模式,只关注核心业务,把非核心业务外包,有效降低了企业成本。同时,集中力量把核心业务做强。在开发《杀手古德》IP的过程中,把企业有限资源用于IP开发,避免了其他价值活动分散企业资源的窘境;在运营《乌龙院》IP的过程中,专注于IP的改编和授权,不直接参与产品生产环节。将《杀手古德》《乌龙院》等核心IP授权给更多企业,实现"一鱼多吃",提高IP利用效率,加快变现速度。将《乌龙院》IP授权给携程、漫菓等企业,由这些企业负责IP变现,有效降低了开发IP价值的风险。

该题第2小问为开放型题目,教师可以根据轻资产运营模式具有产品质量缺乏有效控制、形成对外包商的依赖、存在损失战略信息的风险和对合作伙伴的外部管理难度加大等问题,引导学生思考友诺动漫在轻资产运营过程中可能遇到的风险。

友诺动漫将《乌龙院》IP授权给合作企业,并不参与产品生产或提供服务,缺乏对产品质量的监督,容易引起消费者对《乌龙院》IP的反感,不利于经典IP持续变现。在开发《乌龙院》IP电影时将动画制作外包给武汉博润通,长此以往,容易形成对特定动漫制作外包商的依赖。在腾讯视频上播放《乌龙院》,则腾讯视频方优先掌握消费者的反馈信息和IP变现渠道,从而使得友诺动漫无法全面掌握消费者对产品的反馈。同时,随着合作伙伴的不断增加,外部管理的难度陡增。

该题第3小问也为开放型题目,教师可以从进一步明确核心业务和引入多个外包商的角度引导学生思考如何降低轻资产运营模式的风险。

友诺动漫需要明确自己的核心业务为IP的设计与开发,要避免合作伙伴进一步接触到核心业务。例如:与强势合作伙伴合作时,应避免让对方控股;将非核心业务外包时,应引入多个外包商;在动漫制作中,针对不同IP引入不同的动漫制作商,避免过度依赖单一制作商。

针对该题第3小问,教师还可以从合作机制、合作文化和合作关系治理等角度引导学生进行探讨。

(1)友诺动漫与合作伙伴的沟通主要体现在企业高层之间,缺乏长效机制。因此,友诺动漫要建立多渠道沟通机制,除了高层之间的对话,还应建立部门之间和员工之间的对话;要建立争端解决机制,避免合作走向分裂;要建立惩罚机制,减少合作过程中的机会主义行为。

(2)友诺动漫与合作伙伴要认同彼此的企业文化,通过宣传改变双方员工的思维、工作和生活的方式,以实现自我管理,同时将考核制度、奖惩机制及人才筛选机制融入企业管理制度中,规范企业和员工的行为,深化合作文化。

(3)友诺动漫需要治理合作关系,从而与合作伙伴形成长期合作关系,如建立专门的合作关系管理部门,定期评估合作关系的稳定性,针对不足加以改善和提高。

(五)关键要点

1.关键知识点

(1)价值链的基本活动和支持活动。

(2)价值链分析法及价值链系统。

(3)轻资产运营模式的特征及利弊。

2.关键能力点

通过了解友诺动漫在创业过程中遇到的各种问题及解决方法,提升对价值链分析与分析问题、解决问题的能力。

(1)价值链分析能力。让学生了解价值活动的分解方法,以及如何提炼价值链活动中的核心活动。

(2)分析问题、解决问题的能力。引导学生关注友诺动漫在实现轻资产运营模式的创业过程中所遇到的问题,以及解决问题的方案,并提出自己的看法和建议。

(六)建议课堂计划

本案例可用于专门的案例讨论课。以下按照时间进度提供课堂计划建议,仅供参考。整个案例讨论课的课堂时间控制在80—90分钟。

课前计划:教师需要制订详细的教学计划,包括案例讨论的形式、步骤及讨论点的时间划分;根据整理的知识点和讨论点及教学计划,制作PPT或者其他多媒体材料;提前2周发放案例材料,给出启发思考题,让学生在课前完成阅读,以对友诺动漫基本情况和创业之初开发的《喏喏族》IP形成初步认识,并对启发思考题有所思考,为正式上课做准备。

课中计划:分为4个部分,具体如表5所示。

表5 课中计划

课中计划	教学内容	时间
课堂前言	教师开场白:对于资金、人力等资源薄弱的小微型动漫初创企业而言,要想在动漫市场站稳脚跟,大家认为需要哪些技巧呢?借此,教师简要介绍案例,带领学生回顾案例内容,展示案例启发思考题。如果授课对象是MBA和EMBA学生,可以邀请一位学生简要介绍自己所在的企业在创业之初所积累的经验和教训	8分钟
分组讨论	教师可以根据课堂实际情况,将学生分组,让每个学生在组内简要交流课前就已经形成的对案例启发思考题的看法。教师此时应当作为旁观者,仔细观察每个小组的讨论情况	12分钟
进行互动	教师可按照故事线、问题线、知识线3个层次分别对各个小组的成员进行提问,邀请小组代表回答问题,并依据讨论结果对案例进行进一步的总结。下面给出每个问题建议的讨论时间:第1题10分钟;第2题8分钟;第3题18分钟;第4题15分钟	51分钟
案例总结	教师借助PPT和板书相结合的方式,对本堂课的知识点进行归纳总结,同时评价小组讨论情况,并结合案例相关内容进行关联性说明	10分钟

课后计划:教师可以根据实际情况,让学生以某家应用轻资产运营模式的企业为例,就其应对轻资产运营模式可能产生的风险为主题撰写分析报告。当然,鼓励学生利用微信群、钉钉群随时提出在写分析报告时产生的问题,教师应及时帮助解决。

本案例课堂教学的黑板计划如图 8 所示。

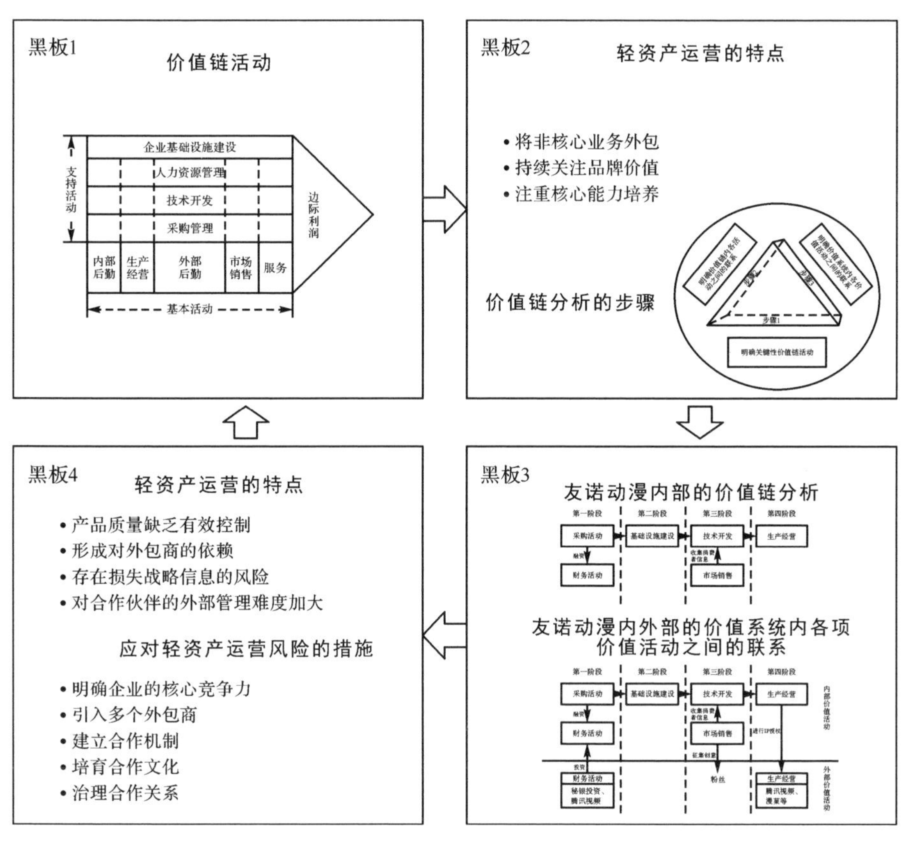

图 8 黑板计划

(七)参考文献

[1] 陈伟. 现代企业价值链管理[M]. 哈尔滨:哈尔滨工业大学出版

社,2015.

[2] 代明.管理新概念与新概念管理[M].北京:中国社会科学出版社,2004.

[3] 胡大立,吴照云.关于优化价值链的几点分析[J].中国工业经济,2001(12):73-76.

[4] 希林.技术创新的战略管理[M].4版.北京:清华大学出版社,2015.

[5] 余伟萍,崔苗.经济全球化下基于企业能力的价值链优化分析[J].中国工业经济,2003(5):42-47.

[6] 张平.合作战略[M].北京:中国经济出版社,2009.

刚柔并济:衣邦人的供应链管理之道

肖　迪　耿钰婷　谢　雅　曲　亮

一、案例描述

(一)引言

“丁零……”急促的电话铃声响起,衣邦人售后服务人员接起电话。“你好,请问我定制的西服怎么还没有到呀?已经超过约定时间10天了,我在平台上还查不到进度!”一位客户打电话来反映产品到货时间晚的情况。“先生您好,很抱歉给您造成不便。我们合作的工厂已经在加班加点赶制衣服,我帮您再催一下订单。”客服耐心地回答道。“拜托快点,怕是赶不上朋友的婚礼了!”“唉,最近怎么回事,老出现订单延迟的问题。”挂断电话后客服小李抱怨道。客服部部长将情况反馈给CEO(首席执行官)方琴。方琴眉头微皱道:“说明我们的定制生产模式已得到消费者认可,需求上来了,这是好事。但产能不足是对我们供应链能力的严峻考验。如果处理不当,客户满意度将大幅下降,甚至导致大量顾客流失。”该如何解决这个难题,方琴陷入了沉思……

(二)初出茅庐

1.与定制结缘

衣邦人创始人方琴是一位“80后”“浙大系”的连续创业者。在浙大攻读硕士期间,方琴创立了一家翻译公司——杭州清朗翻译有限公司。毕业后,方琴参与创办卡当网,从此与定制化产品结下了不解之缘。卡当网为消费者提供容易操作的模块化 DIY 工具箱,消费者可自行设计产品。卡当网有独立生产车间、品控团队和稳定可靠的物流服务,确保 5 个工作日内交货。连续 5 年,卡当网的业绩以每年翻 3 倍的速度上涨,到 2013 年成为细分行业的领头羊。但定制化产品不是消费刚需,市场规模有限,2013 年后卡当网遭遇发展瓶颈。2014 年,方琴离开卡当网,寻找新的创业机会。

随着社会经济发展,人们对生活品质的追求逐渐提升,越来越多的人希望定制彰显个性的服装。相较于其他产品,服装定制在需求频率、价格及市场规模上更具优势。同时,方琴发现东蒙集团、温州庄吉服饰是国外高端定制服装品牌的代工厂。2014 年,她觉得时机成熟,着手打造本土中高端定制服饰品牌——衣邦人。以“人”为核心,衣邦人致力于为消费者打造美好服装定制体验。服装彰显个人气质和性格,适合的服装有助于提升个人形象。“衣邦人”谐音衣“帮”人,通过量体裁衣,打造个性化的服装以提升消费者气质和形象。

2. 横空出世

衣邦人早期服装定制服务流程如图 1 所示。新用户在衣邦人 App、微信公众号和小程序上预约后,便有专业着装顾问免费上门量取客户身体数据,结合顾客气质和职业特点推荐合适的款式和面料。着装顾问配备 iPad 智能顾问终端,便于在与客户沟通过程中获得辅助决策支持,简化或减少审批流程。老客户可以通过衣邦人 App、微信公众号或小程序直接下单定制。如果顾客体形发生变化,专属顾问会重新量取其身体数据。订单确认后,顾客的身体数据直接被发送到与衣邦人合作的智能工厂,工厂自动进行打板、裁片和缝制。服装成品则通过快递直接交付给顾客。

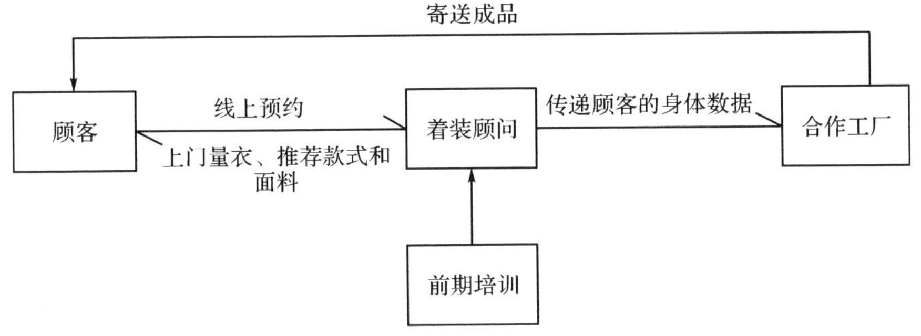

图 1　衣邦人早期服装定制服务流程

传统服装企业依据市场需求和流行趋势预估开展服装的设计和生产活动,按照销售和库存情况确定下一步计划。企业生产什么,消费者就只能购买什么,但容易出现预估不准、库存积压等问题。衣邦人的生产模式为由顾客需求驱动生产制作,用户订多少,工厂就生产多少,无任何库存成本。方琴深知,该模式对企业供应链管理能力有很高要求,中间环节的任何纰漏,都会导致交货延迟甚至供应链中断。与女装相比,男装款式较单一,裁剪工艺简单,标准化程度高,供应链管理难度小。因此,方琴决定从男装入手。

2015 年 8 月 18 日,衣邦人在微信公众号上发布了首篇推文,消费者反响良好,当天阅读量超过 1200 人次,确定定制意向的有 108 人。2016 年,衣邦人完成定制需求 65000 余人次。2017 年春节期间,衣邦人服务客户突破 12 万人。与年平均服务 200 人次的传统服装高定店相比,衣邦人优势明显。

(三)初试锋芒

1. 复盘会议

2017 年春节前夕,衣邦人管理层召开年终总结大会。会上,方琴开门见山地说道:“衣邦人这 3 年来小有成就,稳步发展,但问题也不少,各位有什么想法?”

“前不久,我和着装顾问上门为顾客李先生测量身体数据。他对公司着装顾问的服务态度非常满意,对服装布料的品质赞不绝口。美中不足的是,我们提供的布料花纹、品牌和种类不够丰富,选择余地较小。此外,公司布料采购周期较长,容易延误生产,导致顾客收货时间晚很多。”首席运营官徐叶红说。

“确保顾客需求,需要我们增加面料种类。但如何保证小众面料及时到货,你有什么好的建议吗?”方琴转头问道。

徐总沉思片刻后说:“直接与面料提供商洽谈合作,建立面料直采系统,缩短面料转手周期,做到 10 天内交货。这样既避免中间商赚差价,又可提高我们的价格优势。”

“这个想法很不错。”方琴和其他几位高管一致认同徐总的建议。“辛苦徐总牵头,采购部和信息部通力合作,开发面料直采系统。大家还有其他想法吗?”方琴继续问道。

“那我说说生产情况。公司订单完成还算及时,但品质方面存在不少隐患。与我们合作的工厂的数字化程度较高,我们与他们的沟通交流较少,各个工厂在打板、缝纫方法上存在差异且没有及时消除,导致部分客户购买的同种服装的板型有差异。”生产部周经理说道。

“确实,品质对我们企业来说非常重要。一旦品质得不到保证,消费者对我们产品的信心将大幅下降。你有什么解决方案?”方琴反问道。

周经理仔细想了想,说:“可以组织几个工厂之间的参观学习,大家集体商讨解决方法。布料是统一的,问题在于生产方式的不同。”

“我们和工厂是合作关系,未必指挥得动他们。相互学习短期内有效,却难以为继。我觉得可以利用数字化技术,搭建一个平台,实现智能工厂之间的互联互通,确保生产的统一。”战略发展部副总裁娄巧俊提出建议。

“平台可以有,计算机技术是我们的强项,合作工厂具有一定的数字化水平,可以试一试!”说到老本行,方琴显得异常兴奋。

“这两个问题亟待解决,相关部门写一份详细的策划书,我们下次再交流,争取2018年都能落地!”方琴最后总结说。

2.智能工厂

经过数月奋战,衣邦人陆续建成面料全球直采系统、云裁剪技术系统等,具体如图2所示。这些系统的应用使得衣邦人能够优化自身供应链的运作并赋能各合作方,让消费者享受更丰富的定制选择和更高品质的产品。

云裁剪平台不仅节约工厂生产时间,还保障不同工厂的产品工艺、品质的统一性,让生产加工流程更加可控。通过云裁剪平台,衣邦人更好地赋能供应链合作伙伴。对于从来没有做过定制服装的工厂,云裁剪平台在1个月内完成定制生产线的部署。对于已经有一定按件定制经验的工厂,云裁剪平台可以帮助提升生产效率、节约成本。服装生产所需的物料通过各自的身份编号卡从智能仓库的自动输送带送到裁床自动裁剪,实现数字化板型和裁床的连接,从而实现每道工序工艺的在线化和个性化。通过云裁剪平台,制衣的各环节能实时追踪,有助于进行更好的品控。

衣邦人合作的一家智能工厂的流水线上的每个工位均有编号,通过“六纵四横”的传感器与传送带连接。裁剪后的西服裁片被分装到4个吊挂上,再投放进流水线,并对每个裁片的吊挂进行编码,根据款式、板型、工艺和面料情况,找到相应的加工设备。通过编码,实现产品与设备之间的匹配、产品与产品之间的组装。在合并缝合工位,2个吊挂同时进站;做好的上衣,在入库前会自动配到对应的裤子。

云裁剪技术系统、面料全球直采系统的投入使用,实现了产品与设备、设备与人、人与产品、产品与产品间的信息交流,实现了柔性化生产,使车间生产效率提高5倍,8小时可以生产西服650套,年产20万套,并且西服的生产周期由30天缩短至5—7天。

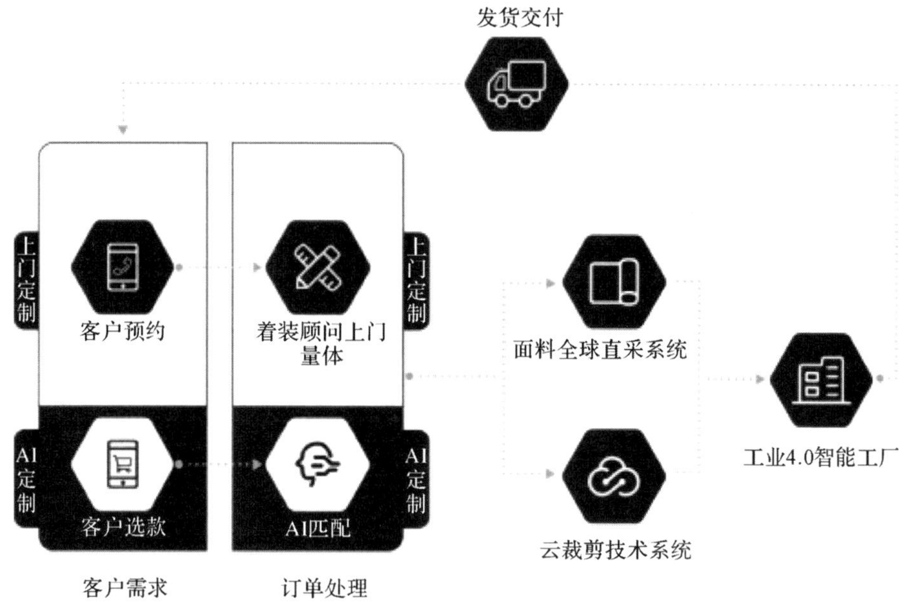

图 2　改进后的衣邦人服务体系

(四)前门遇虎

1.供不应求

2014 年衣邦人成立后,发展得顺风顺水。2017 年,衣邦人有分公司 35 家,服务城市 200 余个,员工超过 600 人,累计服务用户超过 32 万人次。随着公司服务网点的增加,衣邦人的知名度不断提升。2017 年,衣邦人的营业收入超过 6000 万元,在行业内遥遥领先。一切都在往好的方向发展,方琴对未来信心满满,认为 2018 年必将更精彩!

事实并非如此。2018 年初,衣邦人的促销活动正如火如荼地进行,总部功能大厅的数据显示当日预订订单超过 2000 单,是平日的 2 倍。销售总监许骅却连连叹气:“客户是去年同期的 3 倍,我担心合作工厂的生产跟不上啊!”果不其然,许骅陆续接到合作工厂的电话,纷纷表示:“对不起,这么多订单我们赶不出来,客户 7 天收货无法实现。”祸不单行,面料中心负责人紧急来报:“许总,我们没能精准预测这次销量,多数经典款面料的储备量也不足了,这可怎么办啊?”

事情陷入僵局,合作工厂产能不足,面料断供。曾经引以为傲的客户群体,犹如一把利刃,狠狠划开衣邦人的表面荣光,暴露其产能的薄弱。随后,产品交货时间出现不同程度的延误,最长需要等待2个月。一季度累计延误8000余单。

2.分化瓦解,逐个击破

“事情再多也要一件一件处理,”方琴向许骅强调,“产能问题不是一朝一夕就能解决的。与客户坦诚沟通,安抚他们的情绪。不论客户是退单还是等待,公司都给予道歉和补偿。安排专业管理人员和技术团队帮助小供应商解决瓶颈问题,以最快的速度提升产品交付能力。”确定好短期应急方案后,方琴开始思考如何从根本上解决供不应求的问题。

衣邦人借用“互联网+上门量体+工业4.0”的C2M模式,开发了ERP平台。该平台直接对接消费者,动态掌握用户需求,有效解决供应商原材料储备不足的问题。平台收集的数据,可让衣邦人更好地预测未来业绩和调整产品结构。

供给端产品质量较低是新兴企业的痛点,高端服装的制作需要更多优质面料供应商。在做好企业内部数字化运营和面向C端的数字化管理的同时,衣邦人赋予供应商数字化能力。衣邦人设计和开发了供应商开放平台,整合供应商全生命周期管理、采购执行及采购资源,提供从需求、寻源、订单到对账、开票的整体采购业务功能,为供应商打上“强心剂”。该平台打通了衣邦人和供应商之间的信息流、商流、物流和资金流,强化了供应链管理。此外,衣邦人还设计和开发了评分体系,全面评估供应商的生产规模、设备结构、业务范围、产品种类,保障供给端的产品质量。

订单催生产能提升。在加强与温州庄吉服饰、红领集团等大企业合作的同时,衣邦人还提供技术和资金支持,以提升中小企业的数字化水平,扩大生产规模,提高生产效率。随着合作企业的智能转型,形成了以衣邦人为中心的产业生态圈。衣邦人与合作企业间的数字化链接,实现了新零售与新制造的无缝链接。

“真心感谢客户,你们中的多数人选择谅解,并愿意接受延期交付,甚至让你们的朋友成为我们的客户,提高了我们的复购率。”回顾此次危机,方琴在客户答谢会上真诚地说,“坦诚与合作,是公司持续发展的关键。”这是方琴经历爆单危机后最深的感悟。

(五)后门进狼

1.疫情来袭

2020年初,新冠疫情席卷华夏大地。餐饮、旅游、娱乐等行业被迫按下了“暂停键”,衣邦人不可避免地受到影响。首当其冲的是公司的上门量身定制服务,着装顾问团队无法拓展新客户,业务一度受限。工厂停工,春季发布会延期,衣邦人一度被逼到墙角。

年初一晚上,方琴彻夜难眠,担忧衣邦人5年多的心血因疫情而毁。衣邦人的口号是“上门定制就叫衣邦人”。但疫情之下,公司无法开展上门量体定制服务。这是方琴最担心的!

2.塞翁失马

危机中育新机,变局中开新局。面对猝不及防的新冠疫情,方琴想得最多的是如何带领公司渡过难关。“各位,我先发表一下看法,”方琴不疾不徐地说,“疫情来得突然,给公司带来冲击也是必然。但我们不能坐以待毙,眼睁睁地看着大家5年多的心血白费。疫情是把双刃剑,利弊共存,关键看我们怎么应对。”“我赞同方总的看法,”徐总推了推眼镜道,“相比于其他服装企业,我们拥有更多的主动权。首先,我们做的是服装定制,几乎没有库存压力。其次,我们为客户配备私人着装顾问上门量体裁衣,客户黏性比较强,便于公司后续采取行动。最后,我们采取在线复购和上门服务做新客等措施,等疫情缓解后,业务恢复肯定比实体店和商场快。”“你说得对,这是我们为什么要做服装定制的原因。相较于成衣,定制模式让我们拥有更强的韧性和反渗透的能力。”方琴频频点头,“我们接下来的任务就是尽可能地多获取订单。小许,这方面你有什么想法吗?”被提问到的许骅微微一笑,胸有成竹地将团队做出的方案投屏,讲解起来。

“通过上门量体定制服务,我们在国内建立了最大的亚洲人身形数据库,拥有百万级中国男士量体数据,以及120万存量客户资源。”许骅说,“疫情发生得太突然,很多客户还来不及添置新衣。趁其他商家还没反应过来,我们可以做一系列促销策划,激发老客户的购买热情。比如在2月3日推出‘安心宅家陪亲人,足不出户换春装’活动,面向老客户开展特惠预售。老客户基数虽大,但也不会高频次购衣。要想公司走得长久,必须发展新客户。我们打算通过发放‘置衣卡’等促销活动,让老客户带动新客户消费。在产品开发方面,我认为可以利用大数据,设计和开发免量体定制服务的产品。”

“还有一点,”方琴补充道,“在保证员工安全的前提下,我们要积极复工复产。从现在起,公司要想方设法购买防疫物资,每天统计员工的健康状况。一定要跑赢竞争对手!”

衣邦人的路没有走错。疫情期间,衣邦人的业绩一路向好。2020年2月3日至9日间,衣邦人针对老客户推出一系列活动,创造了单日成交额420万元的成绩。为期45天的“置衣卡”促销活动,创造了2500余万元的销售业绩。

(六)尾声

手持“柔性供应链”这一强有力的武器,方琴带领衣邦人一路打怪升级,越过种种坎坷,到达了新的高度。截至 2022 年 3 月,衣邦人已在全国建立 63 个直营定制体验中心,并顺利完成杭州 2022 年第 19 届亚运会首批官方正装服饰的交付工作。在第五届中国服装定制高峰论坛上,方琴指出,衣邦人在发展过程中还进行直播矩阵、私域双顾问、区县合伙人等多个项目,来帮助企业适应目前的经济形势。同时,衣邦人母公司贝嘟科技注册成立了杭州骄娇酒业有限公司,正式筹备进入酒类销售服务领域,从“衣”进入“酒”,致力于围绕核心用户打造增值服务,为顾客提供商务、聚会、宴会、自酌等多方位酒类供应及定制服务。

未来衣邦人将如何保持自己在服装定制行业的领先地位?衣邦人构建柔性供应链的经验是否同样适用酒类领域?杭州骄娇酒业有限公司能否成功延续衣邦人的荣光,脱颖而出?让我们拭目以待!

二、案例拓展

(一)教学目的与用途

本案例主要适用于商科类本科生、硕士生及 MBA 等的“供应链管理”“运营管理”课程中有关大规模定制、供应链管理等方面知识点的教学。

通过学习本案例,学生要掌握大规模定制的概念,理解大规模定制与大规模生产的区别;掌握大规模定制的实现方式;理解大规模制造背景下供应链管理的特点;认识数字化技术对于供应链管理的意义;理解供应链韧性的概念并掌握构建供应链韧性的方法;了解应对供应链危机的方法。

本案例课程思政主要体现在衣邦人的价值观方面,即客户第一,开放、创新、诚信、有温度,而新发展观的理念是创新、协调、绿色、开放、共享,两者都强调“开放”和“创新”。此外,衣邦人的价值观也体现了社会主义核心价值观的“诚信”。

(二)启发思考题

1. 方琴为什么选择进军服装定制行业?对比传统服装产业中的企业与卡当网及衣邦人的运营模式,后者有怎样的特点?

2. 在生产成本增幅不大的情况下,衣邦人如何实现个性化定制?

3. 大规模定制的供应链管理具有怎样的特点?数字化技术在衣邦人的供应链管理中起到了怎样的作用?对其实现低成本个性化定制有怎样的帮助?

4. 2018 年初,爆单危机给衣邦人带来了怎样的挑战?衣邦人是如何优化供应链管理的?

5. 新冠疫情对衣邦人的供应链造成了怎样的冲击?衣邦人是如何应对冲击的?

(三)分析思路

教师可以根据自己的教学目标灵活使用本案例。本案例的分析思路如图 3 所示,仅供参考。

首先,从分析大规模定制概念入手,结合方琴在卡当网和衣邦人两个平台的创业经历,讲解大规模定制与大规模生产的差异;其次,结合衣邦人在用户端和供给端的部署,分析供应链柔性的概念及实现手段,探讨大规模定制的两个核心理念:模块化设计和延迟策略;接着,通过衣邦人的供应链设计,帮助学生理解大规模定制背景下企业供应链管理的特点;再者,通过运用云裁剪平台、智慧工厂、BI 下沉、AI 上升等,帮助学生理解数字化技术如何助力供应链管理;最后,从衣邦人遭遇并解决内外部危机事件出发,帮助学生认识供应链风险管理的概念,引导学生思考企业未来还可以通过哪些措施来提升供应链柔性。

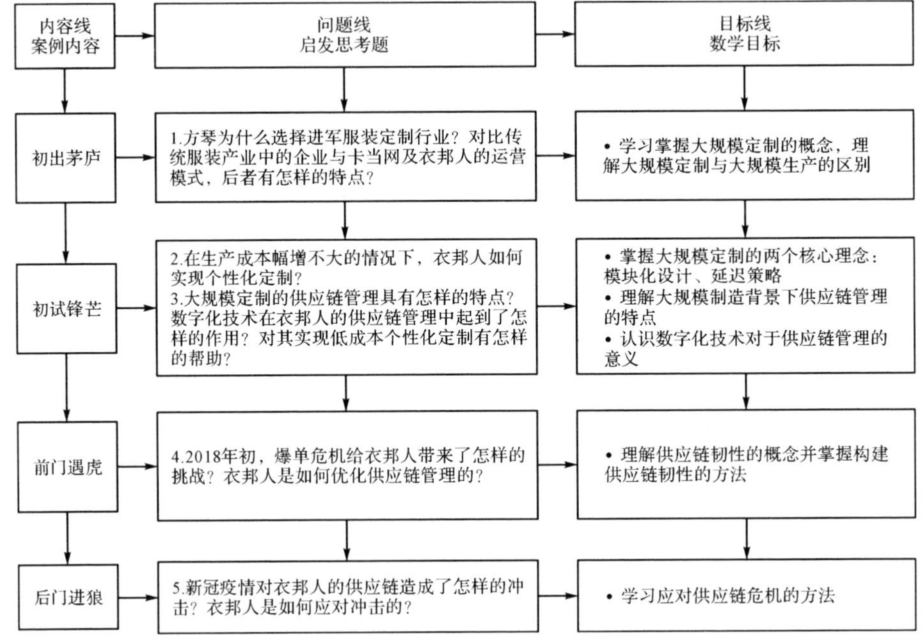

图 3　案例分析思路图

(四)理论依据及分析

1. 方琴为什么选择进军服装定制行业？对比传统服装产业中的企业与卡当网及衣邦人的运营模式，后者有怎样的特点？

【理论依据】

大规模定制。大规模定制是指企业运用现代化的信息技术、新材料技术、柔性技术等高新技术，以大规模生产的成本和速度，为顾客定制产品的一种生产模式。

面向大规模生产的服装供应链与面向大规模定制的服装供应链的具体情况见表 1。

表 1　面向大规模生产的服装供应链与面向大规模定制的服装供应链的比较

供应链特点	面向大规模生产的服装供应链	面向大规模定制的服装供应链
背景	市场稳定,预测和生产的服装可以满足人们的需要	市场竞争加剧,客户需要个性化的服装
中心	以产品为中心	以客户为中心
供应链业务过程	服装制造企业对客户需求进行预测,根据预测结果组织面辅料供应商一起生产服装,然后通过各级分销商推向市场	源头是客户,客户可以根据个性化需求选择、设计自己想要的服装,客户是服装供应链的核心;环绕在核心之外的是服装销售商或服装经营商,他们起到取得信息、维持关系和提供服务等作用;接着是服装制造商,提供采购、制造、运输等服务;最外围的是面辅料供应商,实现对原材料的供应
供应链结构	每批服装有自己的供应链信息流和物流	每件定制服装有自己的供应链信息流和物流
供应链运作的驱动模式	预测生产型:按库存生产	需求拉动型:按订单生产
追求目标	提高供应链效率和降低供应链成本(精益供应链)	快速并低成本地满足客户需求,以敏捷为主(敏捷和精益相结合的供应链)
对信息技术的依赖	强调费用最低。信息流虽然也是供应链的一部分,但更注重产品流和资金流,而把信息流作为伴随产品流的附属产物	信息流是最重要的因素,利用信息技术实现服装企业与客户的沟通、供应链中各企业间的沟通
涉及企业领域	供应、生产、物流和财务	设计、供应、生产、物流、财务和客户服务
经营观念	使企业获利	使客户满意,使供应链各节点企业共同盈利

【案例分析】

方琴为什么进军服装定制行业,是一个开放性问题,教师可引导学生打开思维,畅所欲言。学生关注的焦点可能存在较大差异,如可能从时代背景出发,认为由于社会经济发展,人们对生活品质的更高追求,产生了个性化定制服装的需求;可能关注到创始人的工作经历,认为方琴在卡当网的工作经历使其意识到定制类行业是蓝海市场且使她在进入服装定制行业前积累了丰厚的经验;可能关注到在当前时代背景下,市场上缺少可以链接客户需求和企业供给的信息平台。言之有理即可,但教师需要将学生的关注重心转移到大规模定制上来。

其一,教师通过讲解大规模定制的定义,帮助学生了解衣邦人的大规模定制模式。衣邦人通过营销手段,从衣邦人 App、微信公众号和小程序等渠道获取大量客户订单,形成规模效益,这是其能够采用大规模定制模式的重要基础。其二,为实现以大规模生产的成本和速度为客户定制产品的目标,衣邦人引入云裁剪技术系统、面料全球直采系统等,与具备个性化定制能力的智能工厂合作,进行生产。

就衣邦人运营模式的特点,建议教师通过两两对比来实现教学目的。卡当网是一家提供个性商品定制服务的运用 C2B 模式的电子商务网站,运营模式为先有顾客需求,再有企业生产,秉承的理念是“让生活因定制更多彩”。而衣邦人的运营模式为 C2M 大规模定制模式,即工厂直达消费者,省去库存、总销、分销等中间环节,让用户以较低的价格购买较高品质的产品。

在对比传统服装产业中的企业与衣邦人的运营模式时,建议教师以雅戈尔为例(见表 2),并结合表 1 引导学生在案例中寻找两者差异的证据。

表 2 雅戈尔与衣邦人服装供应链的比较

供应链特点	面向大规模生产的服装供应链(以雅戈尔为例)	面向大规模定制的服装供应链(以衣邦人为例)
中心	以服装产品为中心	以客户需求为中心
供应链业务过程	雅戈尔根据时尚趋势和市场现状先对客户需求进行预测。根据预测结果,雅戈尔自有的供应商、面辅料供应商、生产商及商品物流部之间形成了一条小型的垂直产业链,共享信息,紧密协作	衣邦人通过着装顾问上门量体定制服务,帮助客户设计自己想要的服装。客户是供应链的核心,衣邦人通过面料全球直采系统进行采购,着装顾问将数据传递给智能工厂进行制造,砍去经销商、零售商等冗余环节,成衣直接邮寄到客户处

续　表

供应链特点	面向大规模生产的服装供应链（以雅戈尔为例）	面向大规模定制的服装供应链（以衣邦人为例）
供应链运作的驱动模式	预测生产型:按库存量、客户的即时反馈生产	需求拉动型:按衣邦人公众号、官网上的预约订单生产
追求目标	整合供应链,实现精益化管理,降低运营成本,缩短周转时间,实现快速反应	以尽可能低的成本迅速满足客户需求,打造适应内外部环境动态变化的柔性供应链
对信息技术的依赖	较为依赖,但更多关注物流配送方面,缺乏客户需求收集系统	信息流是最重要的因素。衣邦人利用工厂数据协同系统加强各供应链成员间的信息交流,同时面料全球直采系统、云裁剪技术系统等的上线,帮助衣邦人把控品质,在降低成本的同时提高生产运营效率
经营观念	“装点人生、服务社会”,关注对社会、客户的价值	“高端定制,触手可及”,关注客户满意度、消费便捷性;打造“中国新定制”;使供应链各成员共同盈利

2. 在生产成本增幅不大的情况下,衣邦人如何实现个性化定制?

【理论依据】

(1)模块化设计。模块化设计是指在对一定范围内的具有不同功能或相同功能不同性能、不同规格的产品进行功能分析的基础上,划分并设计出一系列功能模块,通过模块的选择和组合可以构成不同的产品,以满足市场中基于不同需求的设计方法。

服装模块化设计是服装配置设计和变形设计的基础,其基本思想是在全面分析细分市场的客户需求及潜在需求的基础上,将服装分解为相对独立的组成部分,即模块。设计师可以从模块库中挑选所需要的衣片或部件进行组合配置,并进一步根据顾客具体需求进行快速变形设计,最终组成服装产品系列。随着个性化需求的增加,客户对服装定制点的要求从款式、尺寸、装饰的下游逐渐提升至色彩、图案、面料质地的上游。由于定制点的上移,其模块化的复杂程度也会逐渐增加。

模块化设计将产品的多样性和零件的标准化结合在一起,节省设计成本,缩短产品设计周期,是个性化定制设计中的一项重要内容。产品模块划分是实现个性化定制的关键。从客户角度来讲,可以针对企业提供的模块结合自身需求进行再设计;从企业角度来讲,顾客先参与个性化设计,企业才开展生产制造。相比于大批量生产,个性化定制对企业的生产联动性与效率有着更高要求。而使用已划分好的模块,可以简化设计过程,缩短生产时间,促进产品更新。

(2)延迟策略。延迟策略是指将产品的定制活动往后推延,使其尽量在生产供应链的下游展开,进而更大程度地响应客户的需求,按照生产转换点进行定制的策略。延迟策略是针对生产过程设计的,主要依据是在大规模定制的过程中进行重组的思想。模块化设计为延迟策略的实施提供基础,即如果没有标准化的零件和个性化的模块,企业很难基于消费者的个性化需求在供应链的下游展开活动,进而不能满足客户的个性化需求。模块化设计和延迟策略作为大规模定制的两个核心理念,相互结合才能够体现大规模定制的优势和竞争力。

【案例分析】

教师要引导学生深入学习大规模定制的核心,再结合衣邦人的案例帮助学生了解大规模定制模块化设计和延迟策略这两个理念。

衣邦人面向大规模定制的服装供应链分为开发和设计两个阶段。第一阶段,客户根据自己喜欢的风格在基本款式库中选择服装基础款式,再结合着装顾问的建议进入与该款式相关的各个部件库中修改基本款式,通过变化领型、袖型、布料及衣身效果,最终形成需要的自定义款式。第二阶段,着装顾问量取客户身体数据,在尺寸模块中选择最适合顾客的尺寸并通过iPad智能顾问终端将其导入数据平台系统。系统将采集到的数据与数据库中的板型数据进行匹配,再传递到与衣邦人合作的智能工厂进行自动生产。

衣邦人分解定制服装模块,并将服装产品结构模块化和标准化,缩短顾客个性化需求所引发的产品差异生产时间。在获得确定的顾客订单后,差异化制造过程才向下游延伸,并将所需的部件和模块进行有效组合,从而打破生产瓶颈,缩短生产周期,降低生产成本。

3. 大规模定制的供应链管理具有怎样的特点?数字化技术在衣邦人的供应链管理中起到了怎样的作用?对其实现低成本个性化定制有怎样的帮助?

【理论依据】

(1)大规模生产的服装供应链模型与大规模定制的服装供应链模型对比情况见图4。

在大规模生产模式下,服装行业以服装制造企业为核心组织供应链,采用以产品为中心的生产模式,按对市场预测的情况生产服装,并通过各级分销商逐级将服装推向市场。此模式有库存保障,客户可以立即买到服装。大规模生产模式对供应链管理的时间要求不高,维持在一定水平的库存即可。

大规模定制生产模式下,服装是定制的,服装供应链以客户为中心,各节点借助信息技术共享信息,快速响应客户的个性化需求,缩短生产周期,降低成本。

(2)数字化供应链六要诀。埃森哲总结出高价值数字化供应链的六要诀,如图5所示。

易:即简易,是指通过数字化技术(如电子商务式平台与移动端技术)来简化客户与企业的交易模式,确保更具弹性的端到端用户体验,从而提高客户满意度和企业内部运营效率。

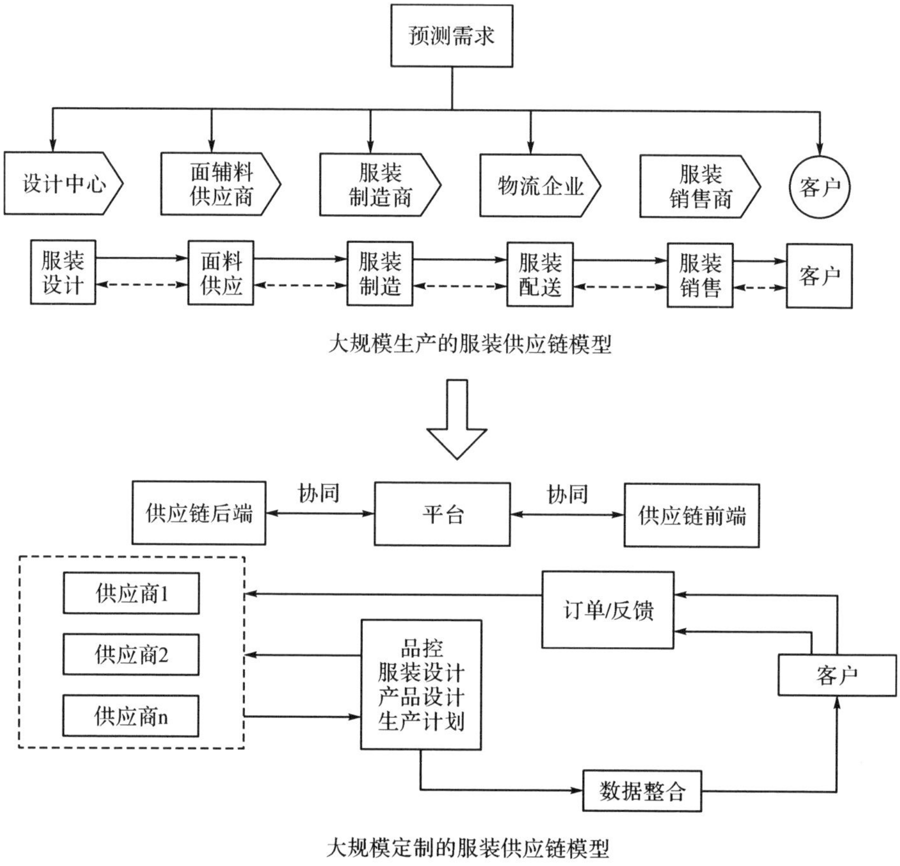

预测需求

设计中心　面辅料供应商　服装制造商　物流企业　服装销售商　客户

服装设计　面料供应　服装制造　服装配送　服装销售　客户

大规模生产的服装供应链模型

供应链后端　协同　平台　协同　供应链前端

供应商1
供应商2
供应商n

订单/反馈

品控
服装设计
产品设计
生产计划

客户

数据整合

大规模定制的服装供应链模型

图4　不同供应链的对比

准:即精准,是指通过数字化技术(如大数据与认知运算)对产品和服务的未来需求进行深入的理解和感知,实现从“描述需求”到“预测需求”的转型,确保所有的合作伙伴都在一个共同的计划体系下运营。

精:即精益,是指运用数字化技术(如云储存与物联网),结合精益生产的理念,不断提升产品质量和运营效率,实现制造和物流体系从自动化到智能化的转型,将成本效能最大化,加速产品创新,打造可靠、高效、低成本、高满意度的生产运营体系。

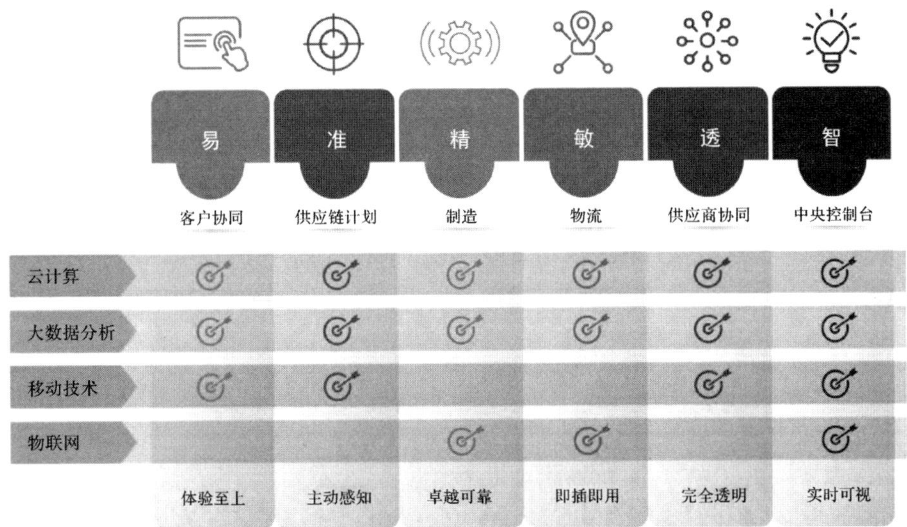

图 5　高价值数字化供应链的六要诀

敏:即敏捷,是指运用数字化技术(如物联网与大数据),建立起即插即用的供应链网络,完成整个供应链从固定到弹性的转型,以应对全球化背景下日益复杂的环境并支持多市场分类,促使企业对端到端运营构建起准确的模型,对成本、服务、风险和持续性等多方面进行优化,在成本和客户满意度之间找到最优的平衡点,打造敏捷、快速响应、持续改进的供应链。

透:即透明,数字化技术(如大数据与云储存)可以帮助企业勾勒出清晰透明的供应体系全景图,展现出与各个关键部件供应商的层级关系,从而识别出关键的供应路径。

智:即智能,是指基于数字化技术(如大数据与物联网)的助益,构建具有实时可视、智能分析、决策执行等 3 层架构能力的新时代智能塔台,并从共享服务中心的视角协调整个供应链,促进供应链完成从分散到集中的转型,实现整个供应链协同、敏捷、一致的智能运营。

【案例分析】

教师带领学生观察与比较大规模生产和大规模定制下的不同供应链模式,总结出衣邦人供应链管理具有3个特点:强调敏捷性和精益性的统一,既追求供应链的敏捷,又追求供应链的精益;需要将客户集成到业务流程中,及时了解客户对定制服装的满意程度,并通过网络跟踪服装定制的全过程;充分集成供应链各组成部分,实现信息共享,以及协同设计、制造和运输等环节,反应迅速。

建议教师引导学生对衣邦人的数字化技术及其作用进行梳理。本案例中数字化技术对衣邦人供应链管理的优化归纳如下:

易:为提高服装定制的便捷性,衣邦人为客户提供衣邦人官网、衣邦人App、微信公众号和小程序等预约渠道,方便客户咨询,有效提高了顾客满意度。同时,衣邦人系统科学地调配着装顾问上门量体,让顾客足不出户享受定制服务。

准:在衣邦人的功能大厅,数据管理人员可实时查询所属移动店铺的经营、顾客复购、回访及需要上门服务等情况,网点主管、公司区域总监能看到更完整的业务数据。衣邦人通过实时的客户端数据反馈分析和统计客户端使用情况与最有价值的服装品类,这有利于企业调整短期战略,提高运营效率。

精:衣邦人推出云裁剪技术系统等,以加强供应链成员间的协作,保证产品工艺、品质的统一。通过这些系统,衣邦人完成智能化生产转型,实现产品与设备、设备与人、人与产品、产品与产品的信息交流,提高生产效率。

透:基于采购管理的需求,衣邦人设计和开发了供应商开放平台,整合需求、寻源、订单、对账、开票等采购业务功能,为供应商打上“强心剂”。该平台打通了衣邦人与供应商的信息流、商流、物流和资金流,让交流过程透明化、可视化,并且强化了供应链管理。

4.2018 年初,爆单危机给衣邦人带来了怎样的挑战?衣邦人是如何优化供应链管理的?

【理论依据】

(1)供应链韧性。供应链韧性是指供应链通过对结构和功能的控制来降低突发扰动概率,抵抗扰动蔓延,以及获得即时有效的恢复和响应能力(见图 6)。处在图 6 中的预测阶段,运营和管理供应链时应预测中断的发生,并对环境中的任何预期和意外变化做好准备,即完全了解干扰的影响,并且必须将其发生的概率降至最低,为紧急情况制订应急计划。处于抵抗力阶段,系统通过完全规避(避免)中断或通过最小化中断发生和恢复开始之间的时间来最小化中断影响。一旦在供应链中检测到可预见或不可预见的干扰,在扩散之前应将其消除,确保运营的连续性。处于恢复和响应阶段,如果干扰可能破坏供应链,则需要根据可用资源立即做出有效响应,以最大限度地减少中断对供应链的负面影响。精心准备的应对措施不仅能够将公司恢复到中断前的状态,而且还能将公司整体上升到可以带来竞争优势的水平。

(2)供应链韧性的构造方法。一是供应链再造。在整条供应链中创建冗余,如拥有多个供应商和备用供应商。二是供应链协作。协作和合作是供应链韧性中的关键原则。研究表明,买方—供应商之间的相互信任行为随着关系弹性的增强而增多。三是强化供应链风险管理文化。任何组织都需要接受供应链风险管理文化,以创建一个有韧性的组织,其中领导力和创新是关键。在组织层面的文化变革过程中,没有领导层的支持和承诺,一切皆有可能失败。创新是企业长期生存和发展的关键要素,其在企业适应和应对环境变化方面发挥着至关重要的作用。

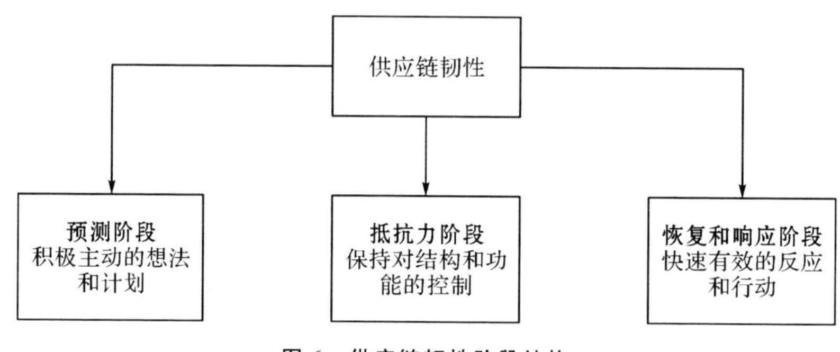

图 6　供应链韧性阶段结构

【案例分析】

2018 年的爆单危机暴露了衣邦人在盲目地、快速地迎合市场时无法保证后端供给的问题。

供应商的供给能力及制造商的生产能力不足的情况下,衣邦人面临两种选择:一是由于无法按时按量向客户供货而损失信誉;二是付出较大代价,即临时找其他供应商,导致成本增加。无论何种情况,顾客都会对衣邦人产生信任危机,导致顾客订单量骤减,供应链被破坏。总之,爆单危机暴露了衣邦人在供应链韧性方面的不足。在预测阶段,衣邦人无法精准预测因营销活动而产生的订单量及相应的面料使用量;在抵抗力阶段,由于面料储备不足、工厂产能不足,衣邦人的订单交付时间频频后延;在恢复和响应阶段,衣邦人一方面加急采购面料,另一方面付出额外代价寻求更多可合作的工厂进行服装生产制造,但由于面料的采购、运输需要时间,尽管衣邦人已针对核心问题采取了一系列措施,但该季度仍延误 8000 多单。

为解决供给端的问题,衣邦人从供应链再造、企业间协作、供应链风险管理文化和技术等方面入手加强了供应链韧性。在供应链再造方面,主要聚焦于面料供应和生产制造。2017 年,衣邦人提出“面料全球直采”战略,寻求与全球优质正装品牌的面料供应商合作,依靠数字化对接和服务赋能供应商来完善供应链的中间环节。同时,专注研发新技术,强化合作服装加工厂的柔性生产能力和数字化管理能力,打造制造端的“智能工厂”。在企业间协作方面,通过 ERP 系统与供应商共享需求计划并协助制订生产计划和备料计划,实现快速反应;通过信息技术改进,提高与供应商信息传递的效率,提升敏捷性。在供应链风险管理文化方面,积极疏导员工的焦虑情绪,鼓励员工与客户坦诚交流并承诺补偿损失,派专业管理人员和技术团队帮助解决小供应商的瓶颈问题;建设 ERP 平台,完善供应商评估体系,加强与可实现大规模个性化定制服装工厂的合作。在技术方面,开发供应商开放平台技术和云裁剪平台技术,以企业供应商全生命周期管理、采购执行及采购资源整合为核心,提供从需求、寻源、订单到对账、开票的整体采购业务功能,为供应商打上“强心剂”,保证供应链稳定和生产高效,进而满足市场需求。

5.新冠疫情对衣邦人的供应链造成了怎样的冲击?衣邦人是如何应对冲击的?

【理论依据】

(1)供应链风险。供应链风险指各成员企业员工的教育层次、国别等因素的不同及供应市场的特征(如市场结构、市场利率的稳定性等)的变化导致供应上的不足而带来的风险。供应链风险通常分为可控制风险(如涉及供应商资格、来源方的产品和服务的风险)和不可控制风险(如涉及恐怖主义行为、严重的劳工停工、自然灾害的风险)。

(2)供应链风险管理。企业需要选择有效的风险识别技术,形成完善的供应链风险列表,并制订风险控制策略。为了使供应链风险最小化,可采用规避、减少、转移和风险分担等方法对其加以控制。依托大规模定制供应链信息平台,建立风险预警信息管理系统是实施风险控制的低成本、实时化和智能化的有效手段。对于供应链运作过程中产生的常规性风险,既要控制供应链各运营过程,又要从供应链整体入手进行系统控制。对于突发事件下产生的不可控制风险,只能使用情景应对策略对供应链进行协调。

【案例分析】

新冠疫情是衣邦人面临的不可控制风险之一,供应商资质、来源方产品和服务等则属于可控制风险。衣邦人建立供应商评估体系,增强对供应商资质的甄别,同时利用数据优势,开发免量体定制服务的产品,稳定产品供给。新冠疫情下,衣邦人的供应链风险来自上游的停工停产,个性化定制的模式下没有可用于周转的存货;同时,上门量体定制服务受到极大冲击,平台接收到的订单量明显减少。

教师在引导学生识别新冠疫情之下衣邦人面临的供应链风险之后,可结合衣邦人的应对方式,引导学生理解和掌握风险应对的相关内容。衣邦人应对新冠疫情采取了 3 项措施:在产品开发方面,凭借所拥有的百万级中国男性量体数据,深入开发免量体定制服务的产品,确保产品市场的供给。在产品销售方面,率先启动预售活动,最大化地挖掘老客户需求,提升老客户复购率。同时开展"置衣卡"等促销活动,以老客户拉动新客户,快速拓展客源,占据市场份额。在供应商关系管理方面,密切关注政策动向和疫情状况,与生产商保持紧密联系,重视全产业链的恢复。供需两端的协调、线上营销和供应商关系的维护等要素的组合,让衣邦人成功应对来自新冠疫情的挑战。

(五)关键要点

1.关键知识点

(1)大规模定制供应链与大规模生产供应链的差异。

(2)大规模定制的两个核心理念:模块化设计和延迟策略。

(3)供应链韧性的3个阶段和构造方法。

(4)供应链风险管理的方法。

2.关键能力点

通过学习衣邦人打造服装大规模定制模式过程中遇到的问题及解决策略,提升逻辑思辨与分析问题、解决问题的能力。

(1)逻辑思辨能力。应注意让学生从过程视角思考大规模定制系统开发的每个阶段需要注意的问题或原则,并了解各阶段之间的联系,形成对大规模定制实施过程整体把握的能力。

(2)分析问题、解决问题的能力。应引导学生关注衣邦人在打造和优化服装大规模定制模式过程中产生问题的原因与解决问题的思路,并提出自己的看法和建议以提高管理决策水平。

(六)建议课堂计划

本案例可以在专门的案例讨论课用来讨论。以下是按照时间进度提供的课堂计划建议,仅供参考。整个案例讨论课的课堂时间控制在80—90分钟。

课前计划:教师需要制订详细的教学计划,包括案例讨论形式、步骤及讨论点的时间划分;根据知识点和讨论点及教学计划制作PPT或者其他多媒体材料;提前2周发放案例材料,给出启发思考题,让学生在课前完成阅读,从而对衣邦人的基本情况和为什么打造服装个性化定制平台形成初步认识,并对启发思考题有所思考,为正式上课做准备。

课中计划:分为4个部分,具体如表3所示。

表3　课中计划

课中计划	教学内容	时间
课堂前言	教师开场白:随着社会经济的发展,大众对生活品质有了更高追求。表现在服装方面为,人们对拥有得体的、能够彰显个人魅力的服装的需求不断增加,那么为不同的客户提供他们所青睐的服装样式是否真的这么容易呢?借此,教师简要介绍案例,让学生回顾案例内容,展示案例启发思考题。如果可能的话,可以邀请一位有此经历的学生简要分享自己租用或购买正装的感受	8分钟
分组讨论	教师可以根据课堂实际情况,将学生分组,让每个学生在组内简要交流课前就已经形成的对案例启发思考题的看法。教师此时应当作为旁观者,仔细观察每个小组的讨论情况	12分钟
进行互动	教师可按照故事线、问题线、知识线3个层次分别对各个小组的成员进行提问,邀请小组代表回答问题,并依据讨论结果对案例进行进一步的总结。下面给出每个问题建议的讨论时间:第1题10分钟;第2题12分钟;第3题12分钟;第4题10分钟;第5题16分钟	60分钟
案例总结	教师借助PPT和板书相结合的方式,对本堂课内容和知识点进行归纳总结,同时评价小组讨论情况,并结合案例相关内容进行关联性说明	10分钟

课后计划:教师可以根据实际情况,让学生采用报告形式,结合其他服装定制企业的资料针对衣邦人的供应链优化提出具体可行的优化方案,为后续章节内容的学习做好铺垫。当然,也鼓励学生利用微信群、钉钉群随时提出在写报告时产生的问题,教师应及时帮助解决。

本案例课堂教学的黑板计划如图7所示。

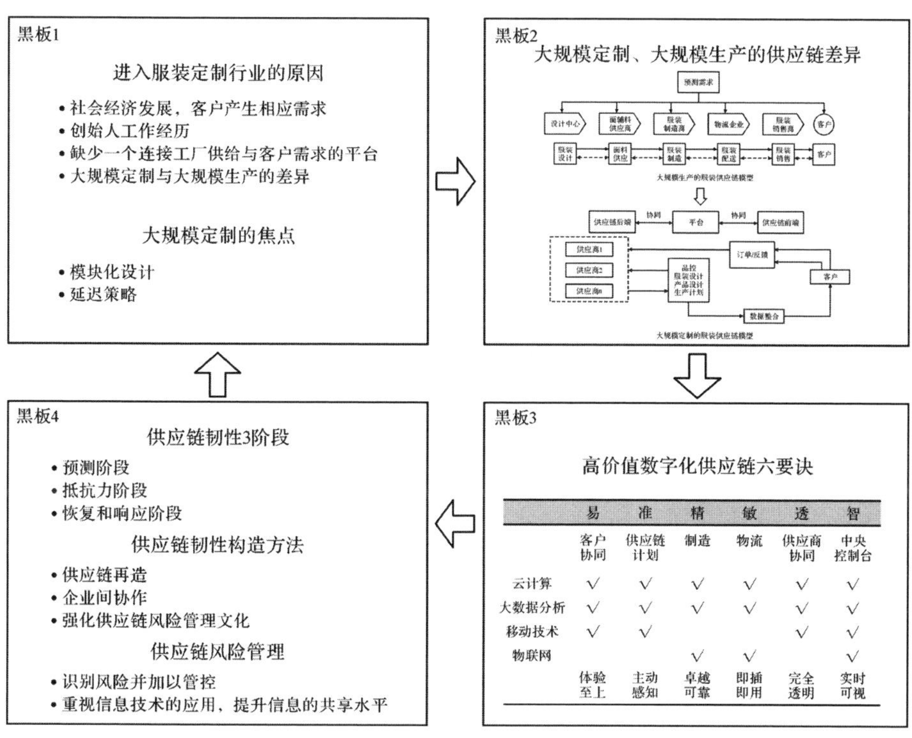

图7　黑板计划

（七）参考文献

[1] 赵宝刚.基于大规模定制的供应链管理[J].中国电力企业管理,2020(9):62-63.

[2] 于颖.基于大规模定制的供应链柔性化管理研究[J].价值工程,2020,39(27):92-93.

[3] 邵晓峰,黄培清,季建华.大规模定制生产模式的研究[J].工业工程与管理,2001(2):13-17.

[4] 周晓东,邹国胜,谢洁飞,等.大规模定制研究综述[J].计算机集成制造系统,2003(12):1045-1052.

[5] 张以彬,陈俊芳.供应链的风险识别框架及其柔性控制策略[J].工业

工程与管理,2008(1):47-52.

[6] 周艳菊,邱莞华,王宗润.供应链风险管理研究进展的综述与分析[J].系统工程,2006(3):1-7.

[7] 吴军,李健,汪寿阳.供应链风险管理中的几个重要问题[J].管理科学学报,2006(6):1-12.

[8] 柳键,叶影霞.供应链风险管理的研究与对策[J].工业技术经济,2007(12):95-98.

[9] 埃森哲.数字化供应链的六大要诀[J].软件和集成电路,2020(1):64-69.

百年王星记:传承与创新齐飞

程兆谦　贺思凡

一、案例描述

(一)引言

2021年9月的一天,阳光明媚。杭州清河坊附近一处院落迎来一群客人,他们来自北京、杭州的几所高校和阿里巴巴研究院,此行目的是调研著名的杭州王星记扇业有限公司(以下简称"王星记")这家中国传统手工制扇行业唯一的"中华老字号"如何传承与创新,并适应新的消费环境,赢得新一代消费者的青睐。

董事长孙亚青、副总经理王建华及市场部几位年轻骨干热情接待,陪同客人参观王星记总部。这个总部可不简单,它是我国第一个中华老字号文化创意产业园,融合了研发、工艺演示、生产销售、商贸旅游和文化交流。

(二)百年历史,薪火相传

中国制扇有三四千年历史,扇子品种丰富,主要分为平扇和折扇两种。宋代以后流行折扇,明清时期浙江、江苏等地盛产折扇,题字作画亦兴于此,并传至国外。王星记是中国折扇制作的集大成者。1875年,制扇名匠王星斋与擅长贴画、洒金技艺的妻子陈英在杭州扇子巷创办王星记扇庄,奉行"精工出细活、料好夺天工"的信条,制作的黑纸扇尤受市场欢迎。黑纸扇雨淋不透,日晒不翘,有"一把扇子半把伞"之美誉。

1893—1901年,王星记先后在上海、北京、沈阳等设立门市,知名度迅速提高,与张子元扇庄、舒莲记扇庄并列杭州扇业三大扇庄。1929年,王星记在首届杭州西湖博览会艺术馆的陈列赛中荣获金奖,声名大振,随后经营业绩超过舒莲记扇庄,一跃成为杭州扇业之首。

此后,王星记经历了风雨飘摇期(1937—1957年)、第二春天时期(1958—1966年)、折腾徘徊期(1967—1976年)、大步前进期(1977—1999年)和继往开来期(2000年至今)等多个历史时期。1994年1月30日,天工艺苑的那场大火差点儿让王星记毁于一旦。其时,王星记驻扎在天工艺苑,实行"前店后厂"的生产经营模式,大火将王星记扇厂的厂房和原材料,包括价值近千万元的名人书画等全部烧毁。重创之后,王星记经历17次厂房搬迁,陷入前所未有的经营困境。1999年,王星记扇厂的产值规模仅为100余万元,职工50余名,还要承担170余名退休工人的医药费。

当时,王星记第四代檀香扇传人孙亚青厂长兼技艺总监,肩负振兴王星记的重任。上任后,孙亚青积极采取措施改善经营状况,降低生产成本,提高市场份额,当年销售额就达到700万元,第二年便扭亏为盈。

2000年公司改制后,孙亚青担任公司董事长和总经理。她大力推进产品创新,新品和精品迭出,同时利用展会积极推广,加强精细化管理,使企业快速发展,至2022年产值已达3000余万元,销售额达3500万元,并得到国内外众多荣誉称号,如制扇技艺(王星记扇)获评国家级非物质文化遗产,"王星记"被国家市场监督管理总局认定为"中国驰名商标",公司被联合国教科文组织授予"工艺与民间艺术之都"传承基地称号。

(三)以产品为基,筑立业之本

作为全国制扇行业唯一的"中华老字号",王星记董事长孙亚青时刻感到责任重大。她为王星记确立的发展方向是"以制扇经营为核心竞争力,将中华几千余年的扇艺缔造成为符合新时代、新市场的文化产品”。产品是企业的立身之本,因此,绝不能马虎。王星记奉行“精工出细活、料好夺天工”的信条,旨在“做精、做优、做特色”。

王星记将传统与现代巧妙融合,产品以传统文化为底蕴,加以符合现代消费者需求和审美的外观和包装设计,让人耳目一新。例如,与腾讯动漫合作,打造基于热门IP《狐妖小红娘》的联名款“摇曳生风续缘扇”,并亮相于第十五届中国国际动漫节杭州场,除此之外,王星记还在展台内开启扇艺体验活动专场,展现传统文化的魅力;2019年的端午佳节,“百年·蝶变”中国扇文化暨王星记品牌推介专场在中国扇博物馆盛大开启,王星记以端午为话题,打造“端午扇市”,营造复古氛围,让百年前的王星记“重现”;2019年中秋节前夕,王星记与西泠印社、采芝斋联名推出了国风礼盒,将印有西泠印社名人书法的白纸扇与月饼组合,营造了独具中国韵味的节日氛围;2020年盛夏,王星记推出“圣君执剑”主题纸扇礼盒,祈福国泰民安。

此外,王星记积极跨界开发新品。王星记开发出新款扇艺单品——装饰扇艺画,应用于室内装饰,将扇子这一实用性物品融入家居装饰之中。装饰扇艺是在寻常扇的基础上进行创新和再加工,将花卉、虫鸟等素材装点于扇上,基于独一无二的创意做出充满诗情画意的扇艺装饰品。

企业若与时代脱节,则寸步难行。王星记守正创新,积极与新时代融合,接收年轻人的信号,旨在将自身百年文化底蕴和传统技艺传递出去,将新时代新潮流与传统技艺文化完美融合。

(四)以文化为笔,述万卷华章

党的十九大报告中指出,要“讲好中国故事”。正如费孝通先生所言:“美美与共,天下大同。”中国以自身之泱泱,一直坚守大国担当,书写着精彩华章,力图与世界各国交相辉映,共添天下风光。王星记作为“中华老字号”,在讲述中华精彩华章方面义不容辞。

2012 年,王星记举办中国首届扇艺文化节,以“扇艺中国 · 礼扇世界”为创新主题,以王星记扇文化风采为引领,揭开了中华人民共和国成立以来中国扇业首次全行业文化交流活动的序幕。王星记扇子选材精致、工艺精湛、过程繁复,让人无比震撼,难怪很多人说制扇技艺是集雕刻、绘画、书法、编织、编结、装裱、髹漆、竹编等多种工艺于一体的综合性传统手工技艺,具有很高的艺术价值。

制扇的每一道工序都需静心定气,手法精细,员工须有长时间的经验积累。拉花是檀香扇制作中最重要的工艺环节,操作者用直径 3 mm 的钢丝在薄薄的檀香扇骨上拉出形状各异的孔眼,组成精美的镂空图案。镂空越多,操作难度越大。孙亚青专注檀香扇和拉花 10 余年,最终成为王星记非遗技艺传承人。

王星记充分发挥品牌、工艺优势,在一些重大的活动现场表现出色。2016 年,举世瞩目的 G20 峰会在杭州举行,孙亚青认为一定要抓住这个机会“充分发挥老字号文化和技艺优势,讲好中国故事,讲好杭州故事”。她迅速组建由企业内工艺美术大师、刺绣工艺大师及外部设计专家组成的精英设计团队,设计并提交了 8 款扇品样稿,全部中标。中标纸扇以梅、兰、竹为主要图案,富有中国风韵、杭州特色;选材讲究,市玉水磨扇骨选用 6 年以上冬竹,镂空雕刻扇骨选用 6 年以上淡水竹。供给 G20 杭州峰会需 3 万多把扇子,由王星记员工奋战 30 多天制成,制骨、检验、成型、折面、做色、收折、砂磨等工序,完全手工操作(详见图 1)。孙亚青亲自检查每一把扇子,确保件件是精品。

孙亚青说:“别人觉得我们没有设备,其他企业都有,一把扇子完全可以用机器做出来,我说我们要保存手工制造,否则怎么称得上是非物质文化遗产,我们身上还肩负着传承民族品牌的责任,我们用的料都是纯天然的。”

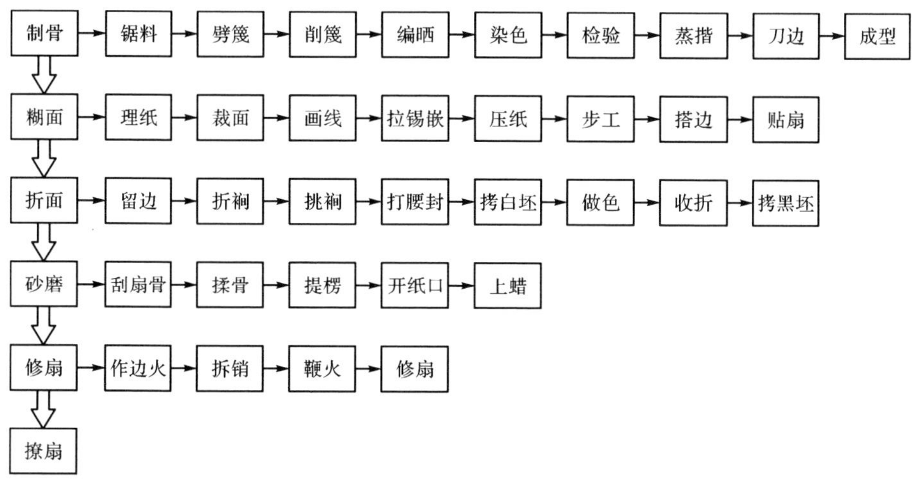

图1 中标纸扇制作工艺流程图

随后,“最忆是杭州”丝绸礼扇手包套装面世,包括王星记扇子和万事利真丝手包手帕。G20杭州峰会后,这个售价千余元的套装成了“爆款”,王星记“借春风,迎新生”。此外,王星记通过对外开放博物馆、制扇工坊等,开办线下制扇体验课程,邀请大师现场教授制扇技艺,既传播了扇艺文化,又拉近了消费群体与品牌的距离。

但王星记员工年龄普遍较大,大多工作15年以上,年轻人很少,只在拉花工位上看到一个20多岁的小姑娘正在学习。副总王建华明确提出这个问题:

“扇子的传承分为师徒传承和师生传承,但不论哪一种传承形式,重要的都是人才,老字号企业的人才培养上是很耗费时间的,学员来学拉花,来学技艺,只能慢慢地培养成大师,像我们孙总,45年才成为大师。我们这个行业,人才既培养难,又留住难,因为企业净效益不高,导致经济效益不高、收入不高,收入不高就导致人才难培养、难留住。”

王星记采用各种方式培养和吸引人才,如与浙江旅游职业学院合作开发专业课程;设立大师工作室,目前王星记拥有多位国家级非遗代表性传承人,国家级、省级、市级工艺美术大师,高级工艺美术师,并积极争取国家、浙江省、杭州市各级奖励政策。在大师之下,王星记也设置了职称路与技能路两条职业发展路径,并有与之配套的薪酬体系。王建华提出期望:“在这段学习过程中是不是可以有一定的政策鼓励?这关乎年轻人能不能留这么长时间。”

然而,对于王星记来说,单凭企业的力量似乎还不够,孙亚青就提到了人才梯队问题,需要储备后续力量,才能让王星记这个老字号有持续创新的能力。老字号因为受限于经济实力,在引进高端的营销人才、营销团队上更是极其乏力,这对于企业参与市场竞争无疑是非常不利的。

(五)以营销为媒,传千载佳话

老字号所面临的“年代感”与“距离感”是其融入新时代的重大障碍,而“国风”“国潮”“国货”等词已成为新时代消费者心中的抉择点之一。老字号品牌如何在新时代中焕发新生并走入年轻消费者的心,王星记给出了自己的答案。

王星记身为百年老字号品牌,历经风风雨雨,王星斋的创建史、“一把扇子半把伞”称号的由来、扇艺背后的故事等都是极具韵味的,然而如何将文化与精神内涵传播出去才是最令人头痛的。互联网时代处处有机遇,也处处有危机。王星记的文化部负责人在谈论互联网时代时说:“我们一直在走弯路,我们也会去找社会上比较有优势的一些年轻品牌合作,我们跟他们合作也是看重他们重视创新,他们也是愿意走国潮风的,那正好是我们王星记所欠缺的。但要找这种平台合作是非常难的,不是说我们今天去找他们合作,他们就会选择我们,他们也会结合自身的客户需求来甄选我们。所以我觉得对我们来说,最大的难处是市场上很多品牌还没有看到我们的闪光点,没有去挖掘与我们品牌持续合作的需求点。同时,在电子商务这一部分,我觉得在品牌形象方面,可能跟我们市场上的宣传确实有些差距。”

王星记积极寻找合适平台,旨在打造不一样的王星记。近年来,直播成为宣传品牌和拓宽消费面最快速、最便捷的方式,王星记自然没有闲着。2017 年,孙亚青做客浙江之声,把“扇里乾坤”娓娓道来;其后,王星记邀请知名网红直播扇艺体验,观看人数达到 400 万人次;2018 年,千牛头条直播间走进王星记,直播阿里巴巴全球领导力学院(Alibaba Global Leadership Academy, AGLA)学员探访王星记;2020 年,王星记代表做客京东直播,讲述扇艺故事和制扇技艺;同年,王星记参与首届非遗购物节,通过京东直播传播扇艺知识;同年 8 月 11 日,孙亚青做客百度百科首档中日非遗传承人纪实直播。此外,王星记紧跟时代潮流,走进抖音讲述王星记故事,传播扇艺文化。王星记抖音和淘宝平台账号如图 2 所示。

图 2　王星记抖音账号和淘宝平台账号

然而电子商务沃土带来的不仅是茁壮成长的机会,也有“滥竽充数”者,他们都说自己是非遗传承人,自己的产品是非遗产品,由于线上销售,消费者接触不到实物产品,无法辨别真假。另外,作为老字号品牌的王星记坚持手工制作,生产效率难以提高,而假冒产品多采用机械生产方式,效率高且成本低。

传统文化艺术产品在商业化过程中,通常会遇到文化内涵与盈利之间的平衡问题。老字号在传承与创新之间艰难摇摆,而孙亚青董事长却说:“应该去引领时尚,在挖掘传统的同时引领时尚,这是我们老字号当下在探讨与摸索的事情。我不能不去碰触,尽管我看不习惯,但还是要接受。年轻人喜欢快,喜欢个性,成为时尚的引领风向标还是蛮好的。在开发新产品的时候,我时常要求设计师增加时尚元素。比如一把扇子既可以和时装配套,也可以是摆件。扇子里的小物件可以拿来当配饰,也可以送人。现在我们也在摸索中,我们要将文化内涵时代化,首先要让新时代的匠人活下去。”

(六)尾声

展望未来,百年王星记是否能够延续其辉煌之路,是否能够继续向前发展,尚不得而知。但不可否认,这一刻王星记是成功的,且极具魅力。

二、案例拓展

(一)教学目的与用途

本案例适用于“品牌管理”“市场营销”课程中“品牌管理、品牌营销”等主题章节的教学。教学对象包括工商管理专业本科生、MBA、EMBA等。要求学生在案例研讨之前,通过前期课程的积累或预习新课程掌握品牌管理、品牌传承、品牌创新、传承和创新悖论管理相关概念和理论。

本案例的核心知识点是老字号品牌传承与创新的悖论管理。通过本案例教学,帮助学生了解品牌活化的路径,认识到品牌活化背后传承与创新的悖论难题,以及企业如何在创新与传承之间做出选择。

本案例描述了王星记通过讲述传统文化故事,赋予产品文化价值,平衡传承与创新的悖论关系。通过案例学习,引导学生感受传统文化的魅力,增强文化自信,思考如何才能在不失文化底蕴的同时又能适应时代发展,培养学生创新思维。

(二)启发思考题

1. 王星记在发展过程中采用哪些“手段”来保持“活力”?

2. 王星记在品牌活化的过程中传承了什么?创新了什么?

3. 王星记是如何处理传承与创新之间的悖论关系的?在创新和传承之间是怎样进行抉择的?

4. 未来王星记可能会遇到哪些挑战?您有何建议?

(三)分析思路

本案例分析围绕老字号品牌传承与创新的悖论管理进行。王星记在品牌活化方面做得可圈可点,但仍然面临是创新还是传承的两难选择。

问题线和理论线的核心逻辑是品牌活化是否能够解决老字号品牌悖论难题?老字号品牌的悖论关系体现在哪些方面?应该通过什么样的方式解决悖论难题?案例分析框架如图3所示。

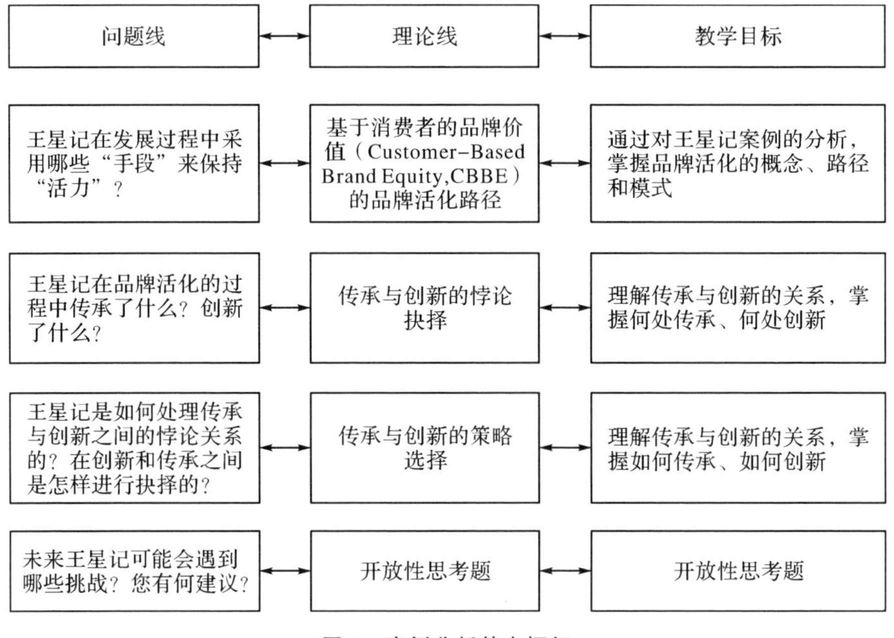

图 3　案例分析基本框架

(四)理论依据及分析

1. 王星记在发展过程中采用哪些“手段”来保持“活力”?

【理论依据】

品牌活化。品牌活化是指通过“寻根”的方式重新获取失去的品牌资产,再通过一系列营销手段,不断向消费者传递品牌信息,从而扭转品牌的衰退趋势。Keller(1999)从消费者认知心理出发,基于 CBBE 理论建立了品牌活化的基本框架,主要包括两个方面,即寻找失去的品牌资产来源和识别并建立新的品牌资产来源。同时,Keller 提出品牌活化主要有拓展品牌意识和改善品牌形象两条路径,具体如图 4 所示。

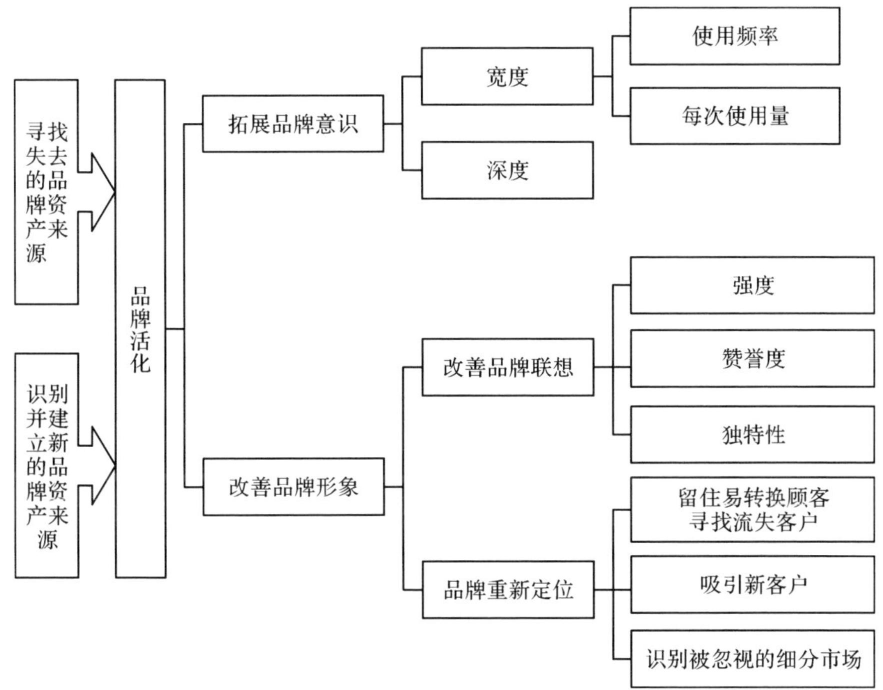

图 4　基于 CBBE 的品牌活化路径模型

何佳讯等(2006)基于 CBBE 理论构建了品牌活化矩阵,并概括了品牌活化的四大根本策略:唤醒记忆、拓展意识、复古风格和改变形象。具体如图 5 所示。

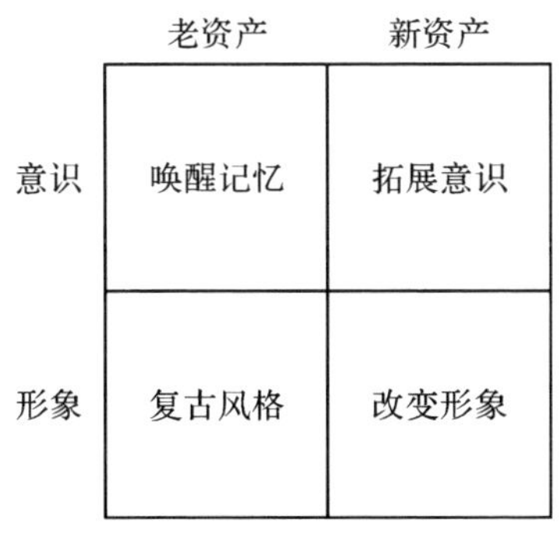

图 5　品牌活化矩阵

【案例分析】

面对激烈的市场竞争和产品同质化竞争,王星记开展了系列行动实现品牌活化。例如,利用“中华老字号”积攒良好口碑和提高知名度,成功实施阶段性品牌发展战略。具体策略主要从拓展品牌意识和改善品牌形象两条路径出发,如图6所示。

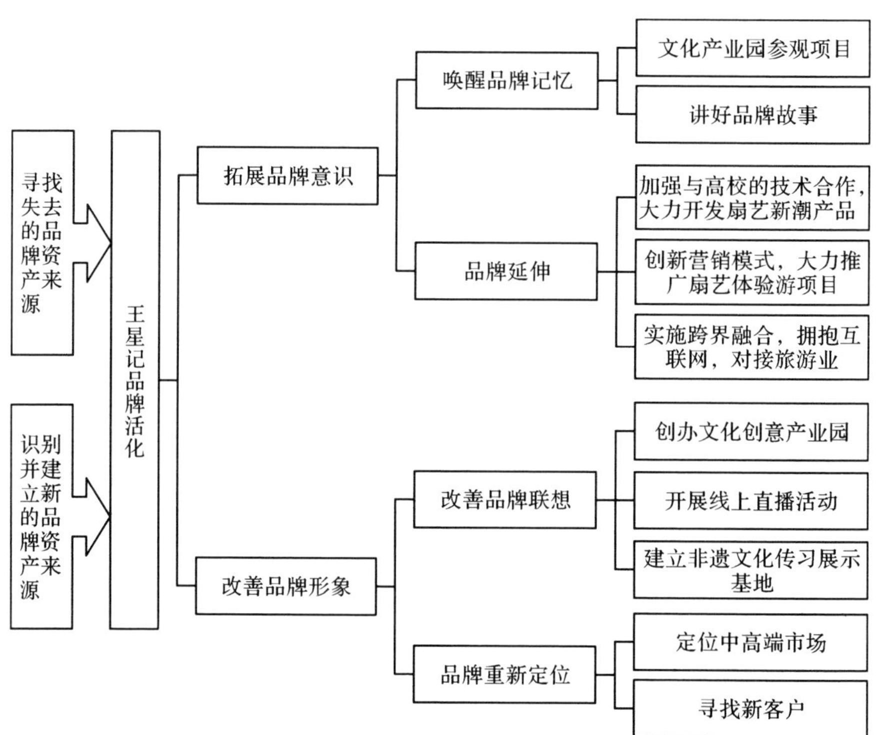

图6　王星记的品牌活化路径

(1)拓展品牌意识。

在唤醒品牌记忆方面:2010年,孙亚青趁新厂房搬迁之机,创办了全国首个中华老字号文化创意产业园。参观者可以了解王星记历史、品牌故事,观赏扇艺精品,观摩制扇过程等,吸引喜爱扇艺文化的消费者前来参观,进而重获或形成消费者对该品牌的信任。同时讲好品牌故事。王星记几经风雨,王星斋创建史、“一把扇子半把伞”称号的由来、扇艺背后故事都极具韵味。在文化创意产业园集中展示王星记的品牌故事,就是向消费者传达王星记品牌的真实内涵和辉煌历史;开通“王星记扇孙亚青(奇人匠心)”抖音号,以栩栩如生的故事唤醒消费者对老品牌的记忆。

在品牌延伸方面,王星记坚持走老字号文创发展道路,实现转型升级。首先,加强与高校的技术合作,大力开发扇艺新潮产品。其次,创新营销模式,大力推广扇艺体验游项目。2013 年,王星记被浙江省经信委和浙江省旅游局授予“浙江省工业旅游示范基地”称号;2019 年,王星记开展新媒体营销,创新品牌宣传渠道。最后,实施跨界融合,拥抱互联网,对接旅游业,让企业文化资源、整体实力再一次得到提升。同时,与迪奥、万事利、腾讯动漫、西泠印社、采芝斋等品牌进行合作,推出联名款,提升品牌知名度。

(2)改善品牌形象。

在改善品牌联想方面:一是创办文化创意产业园,让参观者了解到王星记的历史、品牌故事,观赏扇艺精品,观摩制扇过程等,通过感官、情感、思考、关联等多重体验丰富参观者对王星记的品牌联想,提升品牌联想的强度、赞誉度和独特性。二是开展线上直播活动,增强与消费者的互动。在直播间分享品牌故事、扇文化及扇子小知识,展示制扇工艺等,让消费者真切感受到扇文化的魅力。直播互动通过思考、情感、行为和关联等体验来提升品牌联想的强度、独特性和赞誉度。三是建立非遗文化传习展示基地,如大师工作室、DIY 活动室、扇博物馆等,让人们更好地体验和了解杭扇的魅力,并通过扇面绘画和设计来感受扇子制作过程中的乐趣。

在品牌重新定位方面,定位中高端市场,旨在“做精、做优、做特色”。同时关注年轻群体的消费价值取向,开发符合年轻人审美追求的产品,如中西合璧设计、二次元设计等,以寻求新客户。

2. 王星记在品牌活化的过程中传承了什么?创新了什么?

【理论依据】

Kapferer(1992)提出3层结构金字塔模型。该模型底端为品牌核心价值与灵魂,是不应该变化的,针对其应选择传承策略并通过强化机制来促进传承策略的实施。模型中间为品牌调性、准则和风格,是不能随意变动的,针对其应选择“二合一”策略并通过整合机制来促进“二合一”策略的实施。模型顶层为产品、营销和细分市场,是应该变化的,应选择创新策略并通过重构机制来促进创新策略的实施。从时间管理来看,变与不变是相对的,但变的幅度和频率视营销要素的不同而存在差别。具体如图7所示。

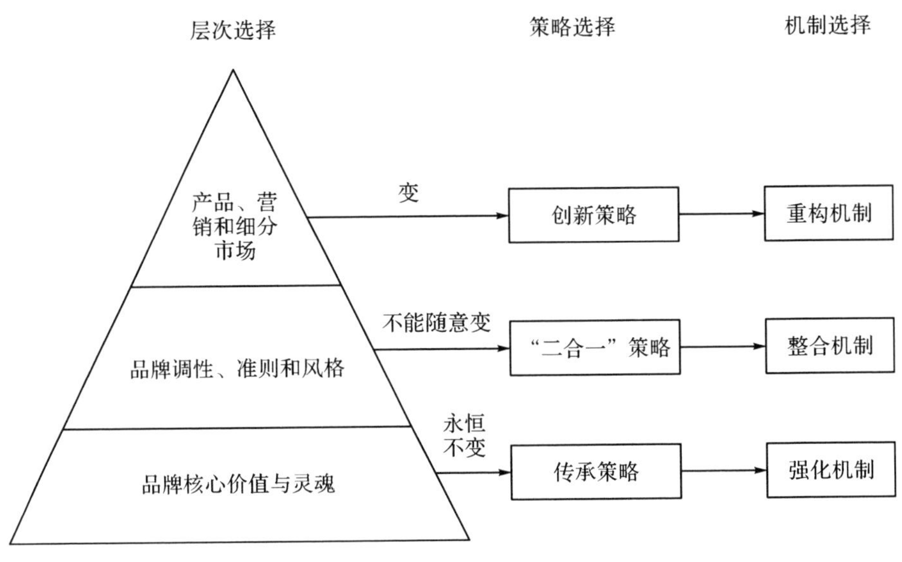

图7 传承和创新悖论抉择

【案例分析】

面对传承与创新的悖论难题,王星记需要抉择何处创新与何处传承。

(1)产品、营销和细分市场。传统载体和现代元素的结合是未来发展方向。优秀的传统文化是民族自信的重要源泉，古往今来，中国扇凭其雅致和古韵让人们爱不释手。创新让中国扇在飞速发展的时代依然能保持活力。除了生产传统扇子之外，王星记还开发出新款扇艺单品——装饰扇艺画，应用于室内装饰，将扇子这一实用性物品融入家居装饰之中。

王星记的革新不仅体现在工艺、材料上，更体现在艺术思维的转变和提升上。传统文化的内涵和个性化表达的融合与展现值得从业者关注与思考。王星记积极探索全新的扇艺发展之路：与热门 IP 合作，打造联名款扇子；与其他品牌联合，结合传统节日，推出联名礼盒。

在新媒体时代的冲击下，王星记选择线下线上相结合的方式进行营销宣传。线下以门店销售为主，线上则由淘宝店铺、天猫店铺、京东店铺进行销售等。近年来，王星记通过走进直播平台传播与讲解扇艺文化和故事，吸引了更多的年轻顾客。

(2)品牌核心价值与灵魂。孙亚青确立王星记的发展方向是“以制扇经营为核心竞争力，将中华上千年的扇艺缔造成为符合新时代、新市场的文化产品”。产品才是王道，王星记奉行“精工出细活、料好夺天工”的信条，旨在“做精、做优、做特色”。

3. 王星记是如何处理传承与创新之间的悖论关系的？在创新和传承之间是怎么进行抉择的？

【理论依据】

传承和创新。传承和创新通常被视为两个对立的概念(Shoham，2011)，其实不然。传承强调精髓的保留，创新则强调外部适应能力。传承与创新在“老字号”这个概念范围内针对不同的品牌元素，两者是相互支持的关系。Erdogan et al. (2020)通过实证分析，发现传统的烙印非但不会阻碍创新,反而可以促进新产品或新工艺开发,即企业保持传统的同时可以进行创新,并且可以通过不同的方式进行创新,具体如图 8 所示。

策略 1:保护传统。将分离创新与保护传统相结合,在传承中进行创新。创新发生在核心业务之外,促进核心业务之外的产品或流程开发。

策略 2:保持精髓。将整合创新与保护传统相结合,将传统视为独特资源,融入新产品或新工艺。

策略 3:恢复传统。将整合创新与复兴传统相结合,通过新知识重新解释传统产品、工艺或设计来弥补缺失的部分,从而恢复传统。

策略 4:怀旧策略。将分离创新与复兴传统相结合,要求将经典与新产品或新工艺分开,在寻找过去烙印以恢复旧产品或旧工艺的同时寻求创新。

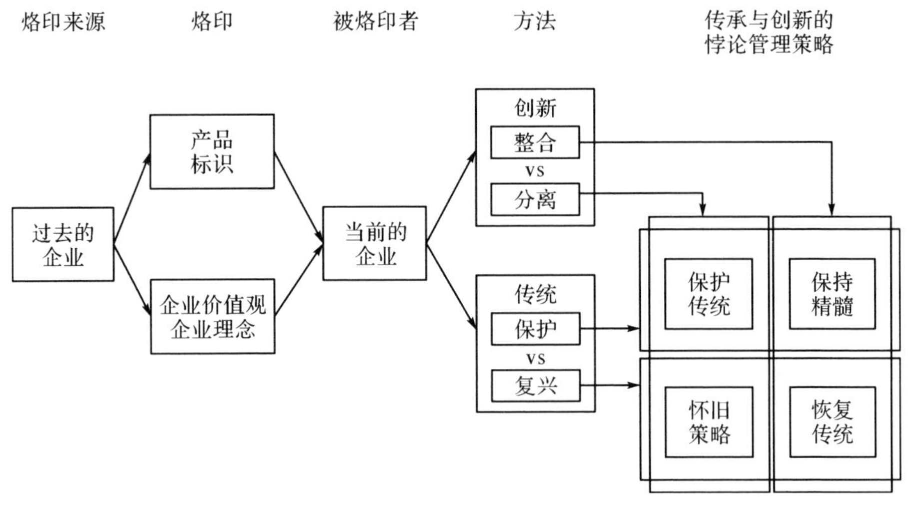

图 8　传承和创新策略抉择

【案例分析】

无论是“无形烙印”——“精工出细活、料好夺天工”的工匠精神,还是

“有形烙印”——高质量的产品及严格的制扇工艺,王星记从未中断对传统的保护。传承为王星记积累了独特资源,在传承的基础上进行创新,为王星记提供了生存与发展的机会。面对传承与创新间的悖论关系,王星记在产品、营销及技艺、文化等方面采取了以下措施:

产品方面:为G20杭州峰会打造“最忆是杭州”丝绸礼扇手包套装,讲述杭州故事,并与其他品牌联合推出传统节日礼盒等。积极跨界创新开发新款扇艺单品——装饰扇艺画,将扇子融入家居装饰之中,与热门IP联合推出联名款扇子。

营销方面:创建中华老字号文化创意产业园,将研发、工艺演示、生产销售、商贸旅游、文化交流等活动融为一体,并于2014年获“国家级非物质文化遗产生产性保护示范基地”称号。王星记依据时代特点,适时改变营销策略,走进直播平台,讲述传统故事,传播扇艺文化;线上线下相融合的销售模式在满足消费者便捷购买需求的同时,进一步优化了消费体验。

技艺方面:保留手工制造的特色,制骨、检验、成型、折面、做色、收折、砂磨、检验等工序,全部手工完成,确保件件是精品。

文化方面:奉行“精工出细活、料好夺天工”的信条,旨在“做精、做优、做特色”。

4. 未来王星记可能会遇到哪些挑战?您有何建议?

【案例分析】

这是开放性题目。王星记面临诸多问题,比较突出的是人才传承,主要表现在3个方面:一是中层以上管理人员老龄化,后备干部不足,导致企业面临管理人员断档问题,影响企业规模扩张;二是传统技艺工艺复杂、劳动强度大,后继人才培养难度大;三是员工结构不合理,高素质员工占比较低。为此,王星记应在校企合作、师徒制、培养科技型人才等方面采取措施。

校企合作。基于企业缺少年轻的血液为其提供活力和源源不断的创造力,以及众多高校学生缺少实践经验,校企合作有助于企业和学校各取所需。随着时代的发展,年轻人对传统文化相关内容产生了浓厚的兴趣,其中以高校学生为典型代表,但是他们缺少直接接触相关行业的机会,王星记可以为这类人才提供机会。一些艺术院校的相关专业学生面对"毕业即失业"的困境,王星记可以着重把握这一部分的资源,将这一部分学生转化为传统技艺的传承人。

师徒制。落实师徒制人才发展模式,将师徒制作为企业人力资源管理的重要抓手。首先,应将师徒制上升到规章制度层面,当新员工进入企业后,及时为他们配置知识技能水平较高且工作经验丰富的师傅加以指导和培训,使新员工获得工作所需的知识和技能,增强他们的组织认同感和职业认同感。其次,企业应该努力增强师傅的指导意愿,将徒弟的成绩与师傅的绩效考核和薪酬直接挂钩。最后,师徒制的有效实施与徒弟的参与度密切相关,企业应在新员工入职培训期间大力宣传师徒制的积极作用,通过培训提升新员工的参与感,并对参与师徒制并获得优良绩效的员工进行奖励,肯定其积极参与行为。

培养科技型人才。老字号企业的手工生产不能成为其永久的生产方式,创新不能只停留在口头上。培养科技型人才,利用科技手段完成企业的智能化转型,以缓解劳动力不足和劳动力成本上升导致的压力,推动企业高质量发展。制造型企业在技术研发和经营模式中应用人工智能技术,有助于企业提升技术创新水平和实现商业模式变革,促进企业由价值链低端的生产制造向价值链高端的技术研发、产品服务等环节攀升。

(五)关键要点

本案例的关键知识点主要包括:通过引导学生分析王星记品牌活化的策略,让学生对品牌活化的策略和方式的理解更加深刻,进而能够准确把握品牌活化相关知识点;通过引导学生对老字号企业面临的传承和创新问的悖论难题进行分析,让学生正确理解传承与创新之间的复杂关系,并掌握传承与创新之间关系的管理策略;引导学生在不同的情境下,采取不同的策略实施解决方案。

(六)建议课堂计划

1.时间计划

本课程的时间计划如表 1 所示。

表 1　课程时间计划

教学计划	具体内容	时间分配	备注
课前计划	在课前通知学生阅读案例及教材,并就启发思考题进行思考和资料收集	提前 1 周	提供案例资料的同时,向学生提出相关思考题,并引导学生收集相关资料
课中计划	课堂引入:教师简要介绍课堂目的,明确讨论主题,采取互动的方式带领学生回顾案例内容	10 分钟	教师需关注以下几点:(1)传承和创新是相辅相成的,要重点把握二者之间的关系; (2)要始终结合概念,让学生从具体的行动中跳脱出来,从而更好地理解概念的内涵
	小组讨论:将学生分成 5—8 人的小组,根据学生分组数量,要求每组学生讨论、分析其中的 1—2 个问题,并由小组代表进行发言	15—20 分钟	
	教师引导:教师带领学生进行案例分析	30—40 分钟	
	总结:教师对学生的思考与回答进行点评,并对案例的整体分析思路、核心知识点进行总结	15—20 分钟	

续 表

教学计划	具体内容	时间分配	备注
课后计划	(1)请学生结合课堂讨论、教师总结,提交书面案例分析报告一份,巩固对核心知识点的理解,并作为内部交流的材料和平时成绩的来源之一; (2)如有必要,请学生另选一家老字号企业,分析其进行品牌活化的过程,做到学以致用		教师可布置品牌活化、传承与创新等主题的课程论文或相关企业的分析报告作业

2.课堂提问逻辑

本案例核心教学目标是让学生充分理解与把握传承和创新的关系,以及相关问题。从品牌活化路径和模式入手,分析王星记采取的措施,进而从中选择最重要的问题进行分析,也就是传承与创新的悖论关系,这方面从何处传承、何处创新,以及如何传承、如何创新入手,进而让学生深刻理解传承与创新之间的关系。

(1)案例引入。教师可由日常情境问题切入,活跃课堂氛围,引导学生对案例背景形成初步认知,为下一步的讨论奠定基础。提问建议如下:

①同学们知道“杭州三绝”都有哪些吗?对扇艺文化有什么了解吗?

②同学们对扇艺文化有什么了解吗?你熟悉的传统扇子类型有哪些?它们有什么特点呢?

③你在阅读本案例之前听说过王星记吗?

④你有买过王星记的扇子吗?有看到过关于王星记的视频吗?觉得如何?

(2)启发思考题1,涉及面对不断变化的时代,王星记采取了哪些措施保持活力,你觉得这些措施对不对,能不能帮助王星记突破困境。

(3)启发思考题2,涉及王星记在哪些方面进行了传承,又在哪些方面进行了创新,以及王星记选择传承或者创新的依据。

(4)启发思考题 3,涉及王星记如何处理传承与创新之间的悖论关系,如何传承和如何创新。

(5)启发思考题 4,涉及如果你是老字号企业管理者,你认为王星记未来会遇到哪些挑战,应该如何解决。

教师可根据启发思考题的顺序帮助学生开展递进式探索性学习,随着讨论的深入,案例背后的理论架构方能显现。

3. 课堂板书设计

本案例板书如图 9 所示。

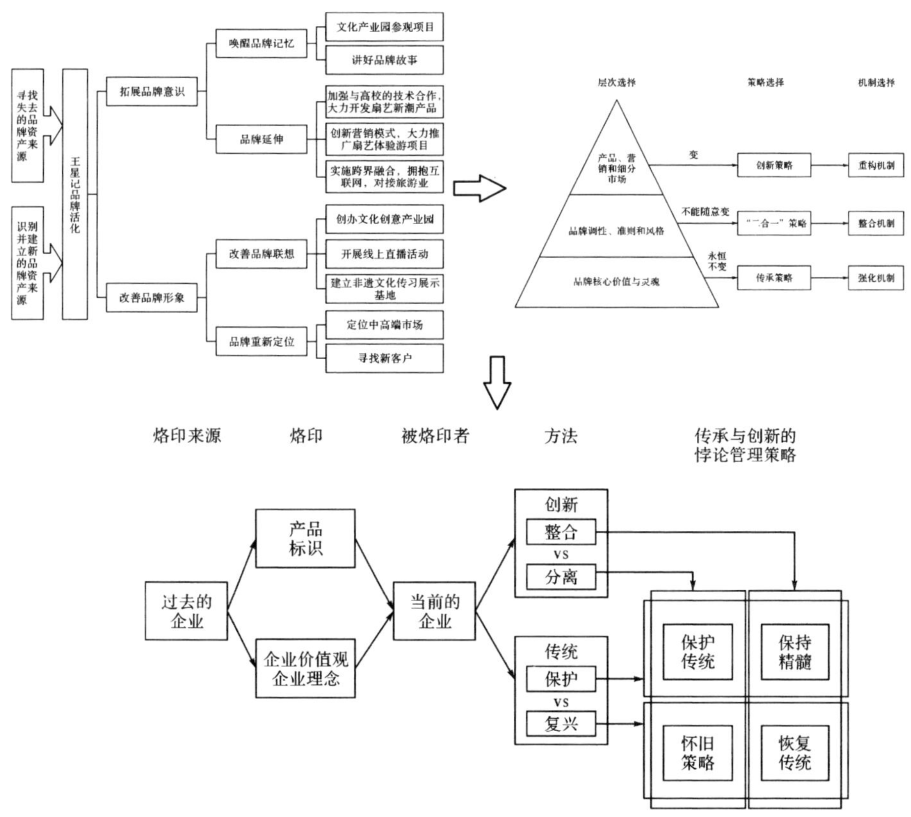

图 9　案例板书

（七）参考文献

[1] KELLER K L. Managing brands for the long run: brand reinforcement and revitalization strategies[J]. California management review, 1999, 41(3):102-124.

[2] 何佳讯,李耀.品牌活化原理与决策方法探窥:兼谈我国老字号品牌的振兴[J].北京工商大学学报(社会科学版),2006(6):50-55.

[3] 何佳讯,秦翕嫣,杨清云,等.创新还是怀旧？长期品牌管理“悖论”与老品牌市场细分取向:一项来自中国三城市的实证研究[J].管理世界,2007(11):96-107,149.

[4] KAPFERER J N. Strategic brand management: new approaches to creating and evaluating brand equity[M]. London: Kogan Page Limited,1992.

[5] SHOHAM H. Rethinking tradition: from ontological reality to assigned temporal meaning[J]. European journal of sociology, 2011, 52(2): 313-340.

[6] ERDOGAN I, RONDI E, DE M A. Managing the tradition and innovation paradox in family firms: a family imprinting perspective [J]. Entrepreneurship theory and practice, 2020,44(1):20-54.

跨越山海的联结:TP的跨国虚拟沟通与协作

胡玮玮　高煜婷

一、案例描述

(一)引言

2020年3月,浙江TP(控股)集团(以下简称"TP")终于度过了这个难熬的冬天,迎来复工复产的曙光。正当大家准备按下"快进键"时,大洋彼岸的美国却防控升级,国门紧闭。此前,负责对接国际业务的部门人员大多远赴北美,面对面地与客户沟通协作,但在新冠疫情肆虐之时终难以实现。作为一家外向型企业,跨国业务合作的重要程度不言而喻。那在疫情之下该如何开展跨国合作?国际业务部门决定借助现代信息技术加强线上沟通与协作,以克服当下困难。虽然双方以往经常使用电子邮件进行线上沟通,但只是辅助手段。当线上沟通与协作成为主要方式时,各种问题逐渐凸显……

(二)眼高手低:技术状况频频出

复工第一周,TP产品部与美方合作伙伴在线上商讨新品发布事宜。看着眼前的资料,TP产品部经理张力的思绪飘回了新冠疫情前:那时每2个月他就要飞到大洋彼岸,与美国团队商讨产品细节,重要的事情必然是当面拍板。现如今只能进行线上沟通,合作能否顺利进行呢?想到这里,张力不免有些忐忑,于是吩咐大家:"疫情下各种情况复杂多变,又无法当面沟通各项事宜,大家务必做好充分准备,以顺利展开线上沟通与协作。”“现在群组讨论和视频会议这么方便,肯定不会受到太大影响!”小王说道。“作为互联网‘原住民’,这点小事儿难不倒咱们……”“95后”员工小付也信心满满。看着眼前这些充满信心与活力的年轻人,张力的担忧少了许多。

Zoom云视频会议正式开始,张力发言道:“大家上午好,虽然我们身处疫情之中,但网络的力量让我们能够继续合作。今天,我们要讨论的问题是……”“张经理,等一下!对方说听不到声音!”小王突然打断了张经理的开场白。“什么问题?检查一下设备。”张力赶忙说。一番检查后,发现是会议室设备的音频接口存在连接问题。

问题解决后,张力接着说:“非常抱歉,刚刚我们这里的设备出了点故障。本次会议主要讨论新产品设计的有关细节。根据邮件反馈,双方在外观设计上有不同想法,下面请Kalvin团队进行详细说明。”

负责人Kalvin首先回复:“OK,这边……边……,根据市场调研……规模试用……”他的声音断断续续,张力趁空赶紧说:“Excuse me,Kalvin,信号很弱,听不清楚。”Kalvin在工作群中发了信息:“抱歉,信号不好,设备掉线了,马上重新登录,大家稍等……”约半小时后,双方才逐渐开始正常交流。由于网络延时,问答还是很难及时衔接。会议结束时间一到,美国团队的员工就纷纷退出了视频会议,可此时议程只完成了不到一半。

会后,张力召集大家复盘:“我们对线上会议的经验与认知和准备不足,着实大意了,下次一定要做好充分准备!”团队成员纷纷点头答应,只是刚才那股充满信心的劲头消减了不少。

(三)再现涟漪:沟通低效成难题

新品发布会在即,设计思路必须尽快敲定。有了上次会议的教训,双方在会前都做足了准备,尽力排除各种可能出现的技术问题。

会议伊始,新产品设计负责人Selina发言:“根据前期的市场调研情况,我先介绍新一代登山包的设计要求。第一,增加背包支架的打孔数量,以更灵活地调节背包承重;第二,增加同款背包可选择色系……OK,以上就是我们所提的全部内容,希望2天内能将设计图交给我们。"

小王不禁皱了一下眉,Selina的发言像是通知和指令。不过,这是他们的第一次接触,Selina的工作风格究竟怎样,他有点吃不透。小王想起新产品设计前任负责人Demi,与她进行线上沟通时也曾有类似感觉。但线下见面后发现她很亲切、健谈,且非常懂得换位思考,双方的合作十分顺畅。Selina会不会也是如此呢?没见过本人,小王还是不太确定。

此时,多年从事设计工作的张力发现了一个问题,他说:"Selina,你好!'增加打孔数量'的可行性很低。因为背包支架的直径较窄,多打孔会大大增加支架弯折风险。"

当张力准备解释其中的原理时,Selina再次发表不同看法:"实现背包承重的灵活调节,是为了面向更广阔的客户群体!"张力赶紧接过话:"是的,Selina,我理解你的考虑,可背包的大小是固定的……"没等张力说完,Selina就打断了他,说道:"那次我背了个登山包去打猎,由于支架无法调节,行动起来很麻烦。"张力一听:"哦?是什么情况?""打猎时,那双肩包把我的肩膀压得又酸又痛。无奈之下,我就把包放了下来。你知道打猎要四处跑,后来我怎么也找不到包了。为此,我还差点儿出了事故!""哎呀,怎么回事?"说到这里,大伙儿关心地问起来……Selina也一一回答了大家。转眼10多分钟过去了,张力赶紧找机会打断Selina:"Excuse me,Selina,在登山包的设计上,多打孔可能会影响登山包的使用寿命,这样做得不偿失啊!"

"哦!Sorry,Mr. Zhang,我们回到主题。这样的设计是麻烦一些,但当前的技术应该可以解决。"Selina还是坚持自己的想法。对此,张力感到为难:"新品发布会已经进入倒计时,目前的进度绝对是赶不上的……"

时间在你一言我一语的讨论中流逝,直至线上会议结束,双方也没达成共识。

(四)波澜又起:产品展示招难寻

TP产品部再次收到国外团队的消息:疫情之下我们无法预先看到产品实物,但还是想为之后的市场复苏做些准备,提前了解其他户外产品。张力欣喜不已,客户的信任与合作意向就是对团队最大的肯定。他立即安排小王把样品图片发送过去,很快就收到了客户反馈:我司非常感谢TP团队的及时回应。整体而言,图片细节是清晰的,但与看到实物的感觉还是差别很大。我们难以具体而直观地感受产品大小,以及各个角度情况。

客户说得没错,张力也觉得产品图片展示的内容不够丰富。以前,客户是见到样品后才会做出决定,现在仅凭几张产品图片的确缺乏说服力。为难之时,张力低头看了一眼手机,屏幕上出现一条短视频信息推送。“对啊,”他自言自语,“我们也可以拍摄短视频,更加全面地展示产品!”话不多说,立即“开拍”。配上动感音乐与详细解说,最后的产品呈现效果大幅提升。他们开心极了,团队上下沉浸在欢乐之中。

“视频的清晰度好像有点低啊……”小王的话打破了他们喜悦的气氛。“这好办,既然图片是清晰的,不如把它插入短视频中,将动态感与高清细节融合起来,综合提升客户的视觉体验。”张力说道。大家豁然开朗,不一会儿就将图片与视频整合在一起。张力满意地看着这个成型的小作品:“抓紧时间发送给客户,争取‘一举拿下’!”

新视频发过去不久,客户反馈了新的意见:短视频展示的确更具整体性,但看着视频里那空荡荡的房间,我们很难想象真实的使用场景。我们计划近期将产品展示内容投放到市场,希望TP团队能尽快弥补这个不足。老员工陈明挠了挠头,感叹道:“真怀念疫情前啊！之前线上沟通只是讨论个大概,随后直接在现场做实验、看样品,可没现在这么多麻烦!”

张力没说话,一遍遍播放视频,心里不停地盘算如何增加产品展示的场景感:一是增加展示宽度,进行组合展示;二是在户外拍摄,营造一种身临其境的感觉。可疫情之下,户外拍摄成本极高,人员流动也极为不便……各种问题不断暴露,一时间,他也不知如何是好。

只见,TP产品部的会议室又热闹起来,团队成员再次开始如火如荼地讨论:“我去看看最新的远程展示案例。”“不如就近找一些拍摄场景。”……

(五)尾声

转眼已是凌晨2点,桌上的浓茶早已凉透,TP产品部的办公室依旧灯火通明。张力站在窗边,望着深夜寂静的城市,思考着同事和客户反映的种种问题。“沟通不行,运转不灵;展示不好,生意难找……”所有问题都指向了“跨国虚拟沟通与协作”这几个字。而这对于他,就像窗外漆黑的夜一般,充满了挑战与未知。迎接他与TP产品部的,不知还有多少难题……

二、案例拓展

(一)教学目的与用途

本案例主要适用于“国际商务”“跨文化管理”“管理沟通”等课程中管理沟通、跨文化沟通等方面知识点的教学,尤其聚焦跨国虚拟沟通。教学对象为MBA、全日制工商管理专业硕士研究生和工商管理本科生,也可用于企业内训。

本案例围绕新冠疫情后TP产品部与其美国客户的跨国虚拟协作展开,回顾在沟通渠道、沟通结构、产品展示等方面出现的新问题,拟通过引导学生对案例的具体分析与探讨,达到如下教学目的:了解沟通过程模型的流程、要素和逻辑;掌握跨国虚拟沟通与面对面沟通的差异,有效规避虚拟沟通与协作中的问题;掌握跨国虚拟沟通与协作的策略与技巧,以促进合作。

本案例用于分析浙商精神在TP跨国虚拟沟通与协作中的体现,总结提炼TP产品部勇于攻坚克难的品质。

(二)启发思考题

1. 张力团队与其美国客户的前两次虚拟沟通中主要存在什么问题?

2. 你认为应该如何解决第二次(与 Selina 团队)虚拟沟通中存在的问题?

3. 张力团队是如何改进虚拟协作中的产品展示的?你认为还可以怎样改进产品展示方式,以提升虚拟展示效果?

4. 沟通要素有哪些?分析跨国虚拟沟通与面对面沟通在各要素上的差异。

5. 在本案例中,TP 产品部在跨国虚拟沟通与协作中体现了怎样的浙商精神?

(三)分析思路

本案例描述了 TP 产品部与其美国客户利用网络媒介进行跨国虚拟沟通和协作的过程,并对此过程中遇到的问题及部分应对策略进行描述,旨在帮助学生掌握跨国虚拟协作的沟通过程模型及要素、媒介丰富度理论,分析跨国虚拟沟通与面对面沟通的异同,剖析跨国虚拟沟通和协作中常见的问题和应对策略。

本案例的分析思路主要基于启发思考题构建。通过第一个思考题,带领学生熟悉沟通过程模型的基本内容,了解跨国虚拟沟通过程中容易出现的问题。通过第二个思考题,引导学生总结如何构建沟通的框架结构、把握沟通节奏,掌握虚拟协作与沟通低效问题的应对策略。通过第三个思考题,让学生认识媒介丰富度在虚拟沟通中的重要性。通过第四个思考题,带领学生归纳总结跨国虚拟沟通与面对面沟通的异同,规避容易出现的问题,以最大限度地借助网络的力量实现高效沟通。通过第五个思考题对整个案例进行回顾总结,并探讨其中体现的浙商精神。具体分析思路和步骤如图 1 所示。

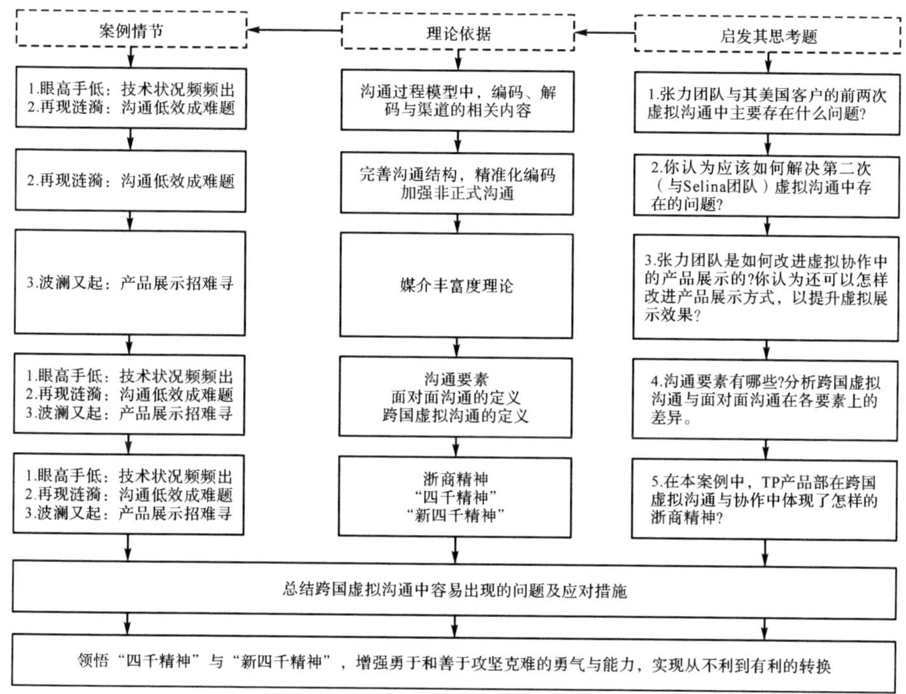

图 1 案例分析思路与步骤

本案例特色体现在:新冠疫情前,TP 产品部与其美国客户的交流多以面对面的形式进行,极少在线上进行关键问题的沟通和协作;新冠疫情后,彼此不得不借助网络媒介开展线上沟通与协作。在瞬息万变的时代,探讨此类团队开展跨国虚拟沟通与协作过程中的经验和教训,能够为相关企业开展跨国虚拟合作提供有益借鉴。教师在授课过程中可引导学生围绕这一主题展开讨论。

教师可以根据教学的重点自由选择知识点讨论和分析的详略。例如,任课教师在授课时着重引导学生分析跨国虚拟沟通与面对面沟通的异同。跨国虚拟沟通指的是不同国家的个体或企业在商务活动中借助信息技术媒介进行的信息传播、交换、理解和说服工作。在跨国虚拟沟通中:“虚拟”

是技术性的,是实现跨国虚拟沟通的载体和纽带;"沟通"是社会性的,是实现有效跨国虚拟沟通的基础和重点。因此,跨国虚拟沟通的重点仍然落在"沟通"二字上,但在具体开展中又需注意其独特之处,以避免低效沟通。通过本案例教学,要让学生了解沟通过程模型方面的通用性知识,掌握跨国虚拟沟通的独特内容。沟通的成败很大程度上受沟通渠道影响,而跨国虚拟沟通的渠道依赖网络通信技术,因此如何保障网络通信技术、如何选择恰当的媒介是进行跨国虚拟沟通要考虑的关键。

(四)理论依据及分析

1.张力团队与其美国客户的前两次虚拟沟通中主要存在什么问题?

【理论依据】

(1)沟通过程模型(见图2)。沟通过程即发送者将信息(文字、语言、符号或其他的表达形式)通过选定的渠道传递给接收者的过程。一次成功的沟通包括两个环节:一是发送者的意图成功传达给接收者;二是接收者理解发送者的意图。符号学认为,信息传播就是编码和解码的过程。

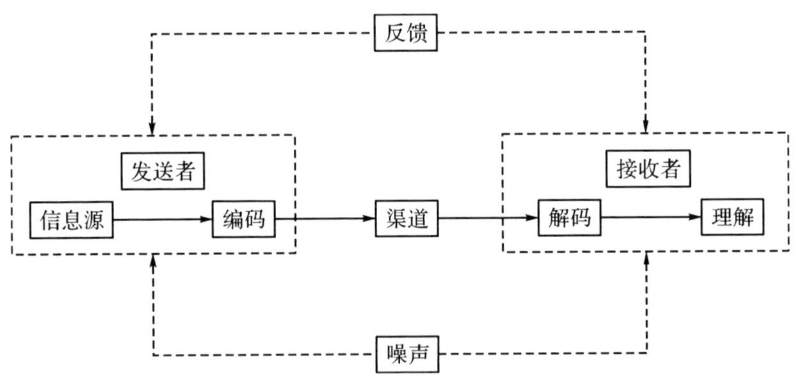

图2　沟通过程模型

(2)文化异质性。文化异质性是指两种或两种以上不同文化并存、接触产生的文化现象特征,是具有不同文化特质和文化内涵的多种文化相互碰撞的结果,普遍存在于跨国沟通中。非语言线索缺失、刻板印象等因素不利于跨国虚拟沟通的开展,因此关注和克服文化异质性的不利影响便显得极为重要。

(3)语言线索与非语言线索。在沟通过程中,语言线索与非语言线索均发挥重要作用。语言线索包括发音、用词、语法等,非语言线索包括眼神交流、面部表情和肢体动作等。心理学家戈登·奥尔波特认为,人们可以通过非语言线索来感知个人性格,沟通者的手势、动作或面部表情均可以透露相关信息。在虚拟沟通中,人与人之间的互动方式有所减少,互动程度有所降低,不可避免地会影响沟通线索的获取,尤其是非语言线索。

(4)刻板印象。刻板印象是人们对某一类人或事物产生的比较固定、概括而笼统的看法。它使人们形成认知的固定倾向,从而影响人们对后来事物的分析和判断。这种思维定式会在社会认知和行为中起到自觉或不自觉的作用。例如,刻板印象的产生会降低信息接收者对信息发送者的信任程度,从而增加防御性行为,甚至会影响可交易信息的数量与质量。

【案例分析】

以 TP 产品部与其美国客户在线上会议中的第一次信息传递为例(见图 3),发送者、信息源与编码端均处于正常状态,但渠道受阻导致信息无法传递,故而接收者无法进行接下来的解码和理解。教师可以沟通过程模型为切入点,先带领学生对案例第一、二部分进行梳理,在此基础上分析两次线上沟通存在的问题。

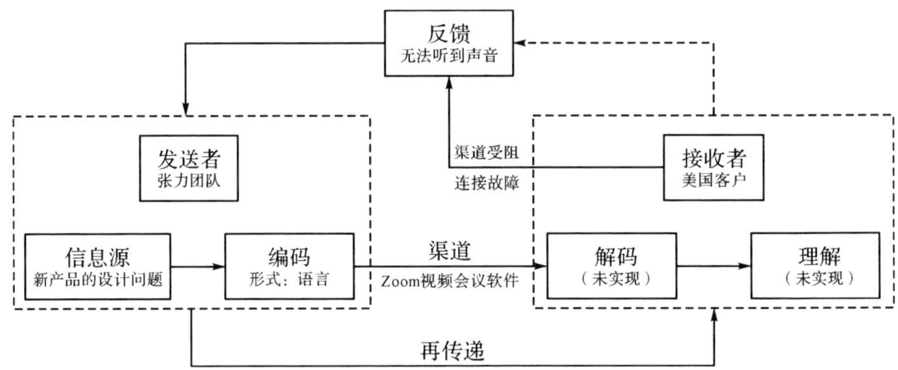

图 3　跨国虚拟沟通中的第一次信息传递过程

在第一次沟通中,由于双方对线上沟通的经验与认知不足,线上会议出现信息传递失败、信息解码不完整、沟通衔接不及时等情况,发送者编码的信息无法顺利通过渠道传递给接收者。客观技术问题延误了会议进程,加之中美文化异质性的阻碍,导致第一次线上会议并未取得预期效果。具体如表 1 所示。

表 1　第一次线上会议沟通失败的原因分析

原因总结	案例回顾	案例分析
客观经验与主观认知的不足导致渠道沟通不畅	会前,TP 产品部成员没有对通信设备进行充分的检查,直接导致沟通渠道的连接失败,耽搁了整体的会议进程,例如"张经理,等一下！对方说听不到声音!""现今只能进行线上沟通,合作能否顺利进行呢?想到这里,张力不免有些忐忑"等	当双方利用通信设备 Zoom 进行沟通时,Zoom 是发送声音、图像、视频等信息的媒介,即沟通过程模型中的渠道。其中,设备连接纰漏、网络信号不稳定等问题均是沟通渠道受阻的体现。沟通渠道出现故障后,直接表现为沟通不连续、信息丢失等,发送者的意图无法正常传递,接收者也无法正常解码,最终导致此次跨国虚拟沟通失败
	疫情之下,美国团队都是成员在家独自接入会议,这种分散式的接入也进一步增加了沟通过程中的不确定性因素,使效果大打折扣,如"'OK,这边……边……,根据市场调研……规模试用……'"等	
	网络环境不稳定会直接导致虚拟沟通的不通畅,发送者与接收者之间的信息传递与反馈难以及时衔接,如"由于网络延时,问答还是很难及时衔接"等	

续 表

原因总结	案例回顾	案例分析
文化异质性障碍	由于中美文化背景的差异，双方团队在员工管理、工作习惯等方面均存在较大的差异，尽管在会议结束时没有达到预期效果，但美国团队成员纷纷退出会议。而在这种情况下，中方员工大概率会选择延长会议时间，全力讨论出一个相对满意的结果。例如，案例中提到的“会议结束时间一到，美国团队的员工就纷纷退出了视频会议，可此时议程只完成了不到一半”	文化异质性对跨国虚拟沟通的影响不容小觑。美国是典型的低权力距离的国家，崇尚个人主义，极其排斥加班文化。而中国作为集体主义国家，倾向于服从领导者发出的指令，多数情况下会以团队的整体利益为首

在第二次沟通中，双方保障了通信设备与网络信号的通畅性，解决了沟通渠道受阻的问题。但刻板印象、沟通不聚焦等问题的出现再次阻碍了线上沟通的顺利进行。具体如表 2 所示。

表 2　第二次线上会议沟通失败的原因分析

原因总结	案例回顾	案例分析
沟通结构松散，内容不聚焦	新冠疫情突然暴发的情况下，TP 产品部与美国团队并没有足够的经验来支持当前的虚拟沟通。在产品部经理张力与 Selina 的沟通中可以看出，双方都在尽力地将主题聚焦于产品设计，但难免受到一些因素的干扰。因此，由于缺乏一个明确的线上沟通方案（主题与分主题、时间进展等），从“产品设计”到“打猎经历”再到“意见的讨论”，双方的沟通一直处于表层状态	在跨国虚拟沟通中，本就存在语言障碍、文化异质性等问题，加之非语言线索的缺失，极易出现沟通内容散乱、沟通进程难以把控的情况，这些进一步提高了沟通双方的理解难度。因此，信息发送者应该更重视沟通的“编码阶段”，在信息发出之前进行更加细致化、精准化、结构化的编码，形成沟通规则，帮助接收者顺利解码，并形成体系化的理解

续　表

原因总结	案例回顾	案例分析
刻板印象难以在虚拟沟通中被弱化	新冠疫情前,TP多采用面对面沟通的形式跟进跨国业务,微信、视频电话等点对点的沟通只是辅助性手段,且只涉及较为简单的项目跟进。疫情暴发后,无论是大规模的团队沟通,还是一对一的细节跟进,都只能采用虚拟沟通的方式,且在后续项目跟进中也无法与相关人员进行直接接触,无法产生物理性互动,相关人员只能通过音频和视频等非直接信息进行人物定位,也就无法消除先前产生的刻板印象。例如案例中提到的"小王不禁皱了一下眉,Selina的发言像是通知和指令。不过,这是他们的第一次接触,Selina的工作风格究竟怎样,他有点吃不透"	在虚拟沟通中,非语言线索(如人物个性、行为习惯、肢体语言等)的获取范围缩小、获取程度降低,沟通效果随之受到影响,这不利于沟通者之间的社会情感维系,使得刻板印象难以改变。而面对面沟通后,虚拟沟通时产生的基础印象或普遍性看法得到验证或推翻

2. 你认为应该如何解决第二次(与Selina团队)虚拟沟通中存在的问题?

【理论依据】

有效的人际沟通可以实现信息的准确传递,达到与其他人建立良好的人际关系、借助外界的力量和信息解决问题的目的。受主客体和外部环境等因素影响,跨国虚拟沟通过程中存在着各种障碍,如渠道不畅、空间约束、文化异质性、网络时滞都会造成信息含糊或混乱。为了达到沟通目的,信息发送者应尽可能为接收者编制最优信息。

在组织运行中,工作团队的高效执行力需要工作流程与标准的指导。设定沟通规则能够避免不必要的重复,减少分歧,为沟通双方提供更简便、更快捷、更清晰的沟通框架。在跨国虚拟沟通中,完善的沟通框架对沟通起到较好的指导和引领作用,还可以缓解非语言线索缺失和刻板印象带来的负面影响,确保沟通双方聚焦沟通主题,提高沟通效率。

【案例分析】

第二次线上沟通效率低下的原因在于虚拟沟通中非语言线索的缺失导致刻板印象难以改变;没有预设沟通规则和沟通框架,造成沟通主题不聚焦。因此,TP 产品部与其美国客户在召开线上会议前,应该制订标准化沟通规则,建立合理的沟通框架,避免上述情况发生。在外,结合对启发思考题 1 的分析,提出相关策略以综合提升跨国虚拟沟通效率,具体如表 3 所示。

表 3　提升跨国虚拟沟通效率的策略

策略	具体做法
构建沟通内容规范化机制	将沟通内容细致化、框架化、标准化、流程化,可通过提前交流和沟通内容框架、制作演示文稿等方式实现;确定由会议负责人来负责会议室预约、设备调试、会议内容收集等事宜;不偏听偏信,不背离主题,全力实现"议而能决,议而有果"
构建沟通时间精准化机制	需要严格把控会议的每一个环节,合理分配会议时间,增强团队成员的时间意识,增强团队成员的时间掌控能力,构建理性思维导图等。同时,要避免头重脚轻或避重就轻地展开交流,必要时应提前演练
通过非正式沟通渠道开展多元交流	在正式开始跨国虚拟沟通之前,团队成员可以利用非正式沟通摒弃固有成见;避免形而上学的主观臆想,如使用 ins、微信等社交软件实时反馈工作需求,分享日常生活等,多方面地了解团队成员,缓解刻板印象的负面影响
重视日常跨文化沟通培训	对需要进行跨国虚拟沟通的团队进行跨文化沟通培训,如霍夫斯泰德文化维度理论学习、文化敏感性训练、跨文化沟通障碍处理训练等,有利于加深对彼此文化的了解程度,从而更深层次地理解对方的价值观,避免产生误会
理性思考,主动学习,积累经验	在跨国虚拟沟通中,需要安排专门的工作人员做好记录工作,以便于下次会议时反馈决议的执行情况。沟通后,相关负责人应对会议进行系统性的内容回顾与逻辑梳理,实现对客户需求的精准捕捉,同时积累经验教训

清晰、准确、简洁的表达逻辑是有效沟通的前提。为聚焦沟通主题、提高工作效率、化解沟通矛盾、加快实现从问题表象("增加背包支架的打孔数量"的可行性)到问题实质(新一代登山包设计思路的落实与推进)的过渡,TP 产品部可以参考如图 4 所示的流程开展跨国虚拟沟通。

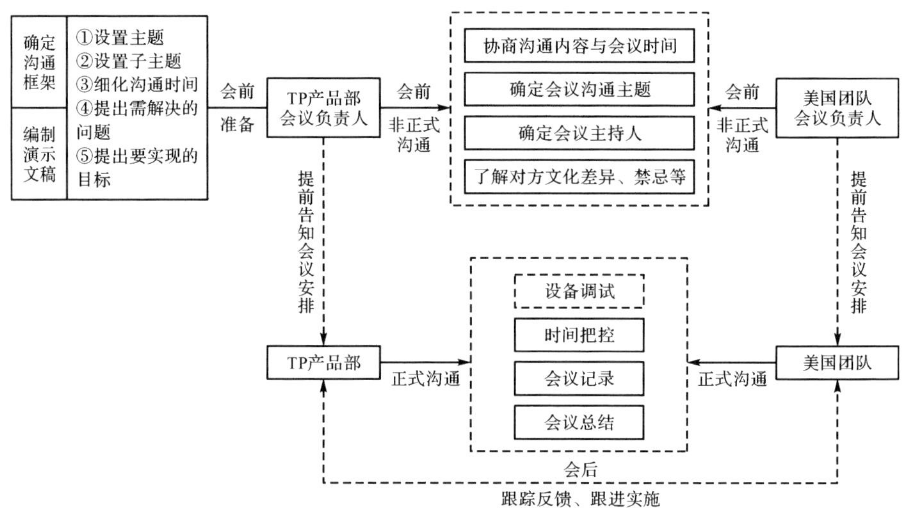

图 4　跨国虚拟沟通流程示例

3. 张力团队是如何改进虚拟协作中的产品展示的?你认为还可以怎样改进产品展示方式,以提升虚拟展示效果?

【理论依据】

媒介丰富度理论。Daft et al. 于 1987 年提出媒介丰富度理论。该理论认为,沟通任务和沟通媒介的自身特性决定了沟通媒介的选择。其中,沟通媒介的自身特性表现为沟通媒介的丰富度。媒介丰富度是一个媒介客观的、固定的,代表一个渠道传播信息量和内容的能力。媒介丰富度会影响用户的内容传播和任务结果(见图 5)。Appiah et al. (2006)认为,媒介传递信息的能力越好,信息说服力越强,用户体验越好。因此,面对不同的信息内容和沟通目的,人们会选择不同的沟通媒介以减少信息传递的不确定性和模糊性。

高丰富度的媒介能够解决不同知识背景下产生的问题或将不明确的问题阐述清楚,促进沟通双方达成一致或共识;而低丰富度的媒介只能提供较少的信息量,需要接收者花费较长时间来阅读和理解。通常情况下,高丰富度的媒介有利于解决高复杂性、高信息需求和高模糊度的任务,低丰富度的媒介适合完成常规、易于理解的简单任务。

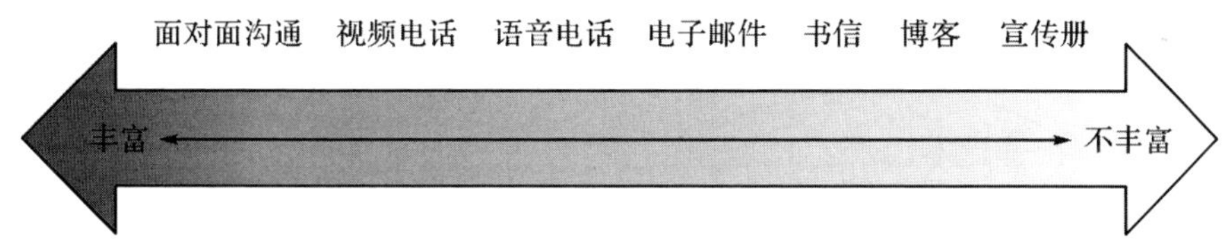

图 5 媒介丰富度阶层图

【案例分析】

针对第 1 小问,由案例可知,过往 TP 产品部多采用线下沟通的方式进行产品展示,极其缺乏产品虚拟展示经验。“波澜又起:产品展示招难寻”这部分内容讲述了 TP 产品部如何“见招拆招”——根据美国团队的反馈意见对产品展示进行优化的过程主要包括图片展示、视频展示和“图片+视频”组合展示,其内容丰富度、信息丰富度、表达方式丰富度逐级提升,媒介呈现的信息愈加完整。教师可以引导学生总结具体的产品展示过程(见图 6),再进行后续分析。

20 世纪以来,经济腾飞与信息技术革命密切相关,信息技术极大地丰富了沟通媒介种类。新冠疫情暴发后,跨国虚拟沟通对信息技术的依赖程度日益增加。TP 产品部全力改进产品展示方案,依旧难以满足国外客户需求。因此,教师需引导学生总结此过程中出现的问题并提出改进方案。

如图 6 所示,各环节存在的问题包括:图片展示内容缺少立体感和氛围感,比例的呈现也不够明确;视频展示所需设备不够专业,分辨率与声音处理程度较低;"图片+短视频"组合的多媒体呈现效果有所提升,但场景感不足,体验感较差。由此得出如下结论:一是,TP 产品部的数字化展示缺乏专业技术与专业设备支持,3 种展示方法的媒介丰富度不能满足美国客户的要求;二是,部分员工存在侥幸心理,主观上不愿意更新产品展示工具,缺乏创新意识,如,"之前线上沟通只是讨论个大概,随后直接在现场做实验、看样品,可没现在这么多麻烦!"

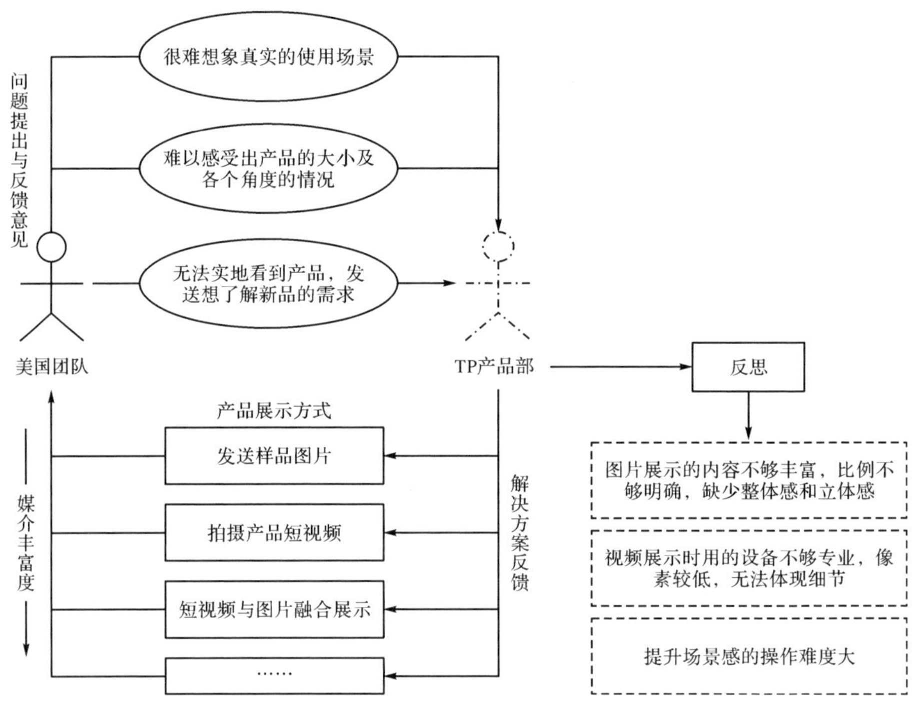

图 6　TP 产品部的产品展示过程

教师要在上述分析的基础上,引导学生思考如何解决该问题。以下分析可供参考:

(1)专业度提升策略。在跨国虚拟沟通的产品展示中,尤其要重视产品展示的专业度,包括设备专业度和人员专业度。要综合使用多种技术,增加沟通媒介的丰富度,提高沟通的及时性和互动性,捕获对方的非语言线索,如采用直播、视频制作等形式。提升人员专业度是实现技术优化的基础,可向其他部门同事寻求帮助,或者进行外部招聘,或者同外包公司合作。但需注意整体规划,预防形式同质化降低沟通效果。

(2)思维创新策略。培养员工的创新思维,提高员工对新型沟通方式的敏感度和接受度,从而提高虚拟沟通效率。选择合适的沟通媒介,有助于沟通双方理解彼此的思维方式和信息。一是鼓励员工自觉学习使用信息技术工具、视频设备等,提升团队信息技术的使用水平。二是丰富虚拟沟通渠道,利用非正式沟通了解客户需求。三是定期开展培训,引领员工及时了解技术与环境的新变化,确保工作不受刻板印象影响。

针对第 2 小问,结合上述分析,教师可以鼓励学生结合以往经验并查阅资料,为 TP 产品部的线上产品展示提出更优方案。以下供参考:

新冠疫情之下,线上协作是企业稳外贸、抓订单、拓市场的重要保障。作为一家外向型企业的产品部,必须敏锐地意识到市场变化,敢于在新赛道学习和创新,以提升团队数字化经营的认知和能力。从长远看,外贸企业要打破传统思维,就要以数字化方式高效组织生产,培育核心竞争力。数字化经营是未来“不变的变化”,线上线下融合是贸易形态的必然趋势。

利用 3D 建模技术展示产品。3D 建模是指利用专业构图软件,在虚拟三维空间构建数据模型,对产品表面进行数学表示的过程。3D 建模优势明显,打破了平面展示束缚,让产品立体地展现在客户面前,更加形象生动;产品呈现比例不会失衡,更加逼真;可以将多个产品组合展示;使用场景能够融入 3D 模型展示背景中,增强场景感与体验感。目前,3D 建模广泛应用于电影、游戏、室内设计、工业设计等领域。

就本案例而言,3D 模型展示可实现产品组合展示与户外展示,视觉效果较好,操作成本较低,有助于 TP 产品部解决“展示危机”。3D 建模模拟产品的外形、材质、零部件和内部构造,动态展示产品设计原理、性能特征和使用方式,有助于TP产品部多角度、全方位地展示产品。

4.沟通要素有哪些?分析跨国虚拟沟通与面对面沟通在各要素上的差异。

【理论依据】

(1)沟通要素。一般的沟通流程包括7个要素,如下所述:

①发送者:沟通的启动者,即信息的制作者,在沟通中处于主动地位。发送者可以是个人,也可以是群体。

②信息源:发送者向接收者传递的内容。

③编码:发送者把想要表达的内容以语言、文字、图片等形式符号化,其是密码信息的形成过程。

④渠道:信息传播媒介,即信息发送者通过某种方式,将信息符号传递给接收者,如面对面交流、打电话、发电子邮件等。

⑤解码:接收者接收到密码信息后,将符号化的信息按照特定的方式还原为可理解的信息。

⑥接收者:沟通的响应者和信息的送达对象,通过一定渠道接收信息并有选择性地吸收和消化这些信息,在沟通中处于被动地位。他们通常借助听觉、视觉、触觉等感知信息。

⑦反馈:接收者把接收、理解的信息反馈给发送者,以便发送者核实接收者是否正确理解信息。反馈让沟通变成闭合循环过程。

(2)面对面沟通。面对面沟通是一种近距离的沟通,文字、声音及肢体动作是其三大要素。心理学教授梅拉比安认为,面对面沟通过程中,7%的语言+38%的声音+55%的视觉信息=信息的全部表达(见图7)。在面对面沟通过程中,沟通者可以清晰地看到对方的肢体语言,从而感受到对方的情感甚至思维的细微变化。因此,面对面沟通是增进亲近感的有效沟通方式。

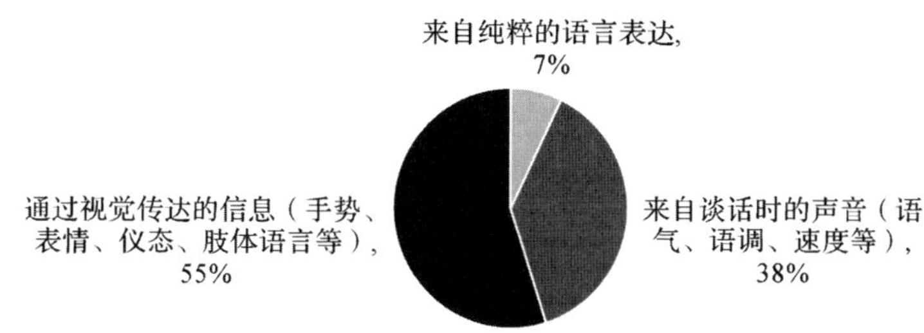

图 7　梅拉比安沟通模型

(3)跨国虚拟沟通。虚拟沟通是伴随非实体协作团队而产生的互联网技术支持的交流行为,是一种通过信息技术建立和支持的网络组织形式,其是一种跨越时空、打破物理界限的沟通方式。跨国虚拟沟通指的是,不同国家的个体或企业在商务活动中借助信息技术媒介进行的信息传播、交换、理解和说服工作。在跨国虚拟沟通中,“虚拟”是技术性的,是实现跨国虚拟沟通的载体和纽带;“沟通”是社会性的,是实现有效跨国虚拟沟通的基础和重点。

【案例分析】

本案例中,张力、小王、Selina 等在发送者和接收者这两个身份之间更替,进行信息编码和解码,通过 Zoom 云视频会议等渠道进行信息传递和反馈。教师可以引导学生归纳本案例中面对面沟通与虚拟沟通的特点,总结、分析异同之处,具体如表 4 所示。

在上述分析的基础上,教师可以引导学生总结面对面沟通与跨国虚拟沟通中的要素差异,如表 5 所示。

表 4　面对面沟通与跨国虚拟沟通的特点归纳

面对面沟通	
案例内容	面对面沟通的特点
①那时每 2 个月他就要飞到大洋彼岸，与美国团队商讨产品细节，重要的事情必然是当面拍板	情感互动充分，沟通效果好
②虽然线上协作时的 Demi 比较严肃，但在面对面的接触中很快就能感受到她极具亲和力	刻板印象容易打破
③之前线上沟通只是讨论个大概，随后直接在现场做实验、看样品，可没现在这么多麻烦	以事实为依据，无须想象，减少沟通成本
跨国虚拟沟通	
案例内容	跨国虚拟沟通的特点
①现在群组讨论和视频会议这么方便，肯定不会受到太大影响	跨越时空界限，打破物理分割，形式多样化、便捷化
②对方说听不到声音	严重依赖信息技术
③小王不禁皱了一下眉，Selina 的发言像是通知和指令	刻板印象难以打破
④“哎呀，怎么回事?”说到这里，大伙儿关心地问起来……Selina 也一一回答了大家	内容散乱，聚焦性差
⑤直至线上会议结束，双方也没达成共识	复杂问题沟通效率低

表 5　面对面沟通与跨国虚拟沟通的要素差异

要素	面对面沟通	跨国虚拟沟通
发送者	沟通的启动者，信息的制作者	
信息源	发送者向接收者传递的内容	
编码	表现形式多为语言、表情和动作，以图片、视频等形式作为辅助	语言仍是最重要的编码表现形式。但由于非语言线索的缺失，需尽量将沟通内容文字化、规范化，避免出现表述模糊化和态度偏见，防止横向沟通扩张而纵向沟通弱化
渠道	沟通介体为视觉、听觉等感觉系统	即时通信工具：电子邮件、社交网络等
解码	接收者将收到的数据进行翻译，面对面沟通中接收者更容易捕捉到重点内容并进行理解	信息过滤、网络时滞、沟通不连贯等问题会阻碍解码过程，需依靠更谨慎规范的编码过程来辅助解码

续 表

要素	面对面沟通	跨国虚拟沟通
接收者	沟通的响应者和信息的送达对象	
反馈	反馈具有同步性,且沟通双方的情感、视觉交流与肢体语言等非语言线索在反馈中发挥着重要的作用	反馈具有延时性,物理互动的丧失导致非语言线索难以发挥作用,互动性差

随后,教师需要引导学生进一步思考:无论是面对面沟通还是跨国虚拟沟通,人都是沟通主体,是开展合作的基础,沟通的目的是说明事物、表达感情、建立关系等。两种沟通方式的重点都在于“沟通”。

5.在本案例中,TP产品部在跨国虚拟沟通与协作中体现了怎样的浙商精神?

【理论依据】

“四千精神”与“新四千精神”。改革开放初期,中国经济发展可谓“无经验、无实践、无样板”。为了解决温饱、改善生活,浙江商人发扬“走遍千山万水、想尽千方百计、说尽千言万语、吃尽千辛万苦”的“四千精神”,创造了社会经济跨越式发展的辉煌成就。在新的历史条件下,以“千方百计提升品牌、千方百计拓展市场、千方百计自主创新、千方百计改善管理”为内涵的“新四千精神”,是基于浙江省经济转型升级的客观要求提出的创新理论。“新四千精神”与“四千精神”一脉相承,是对浙江商人吃苦耐劳、开拓创新精神的概括和凝练,是浙江精神的具体体现,也是改革开放后“浙江模式”的主要内涵。

【案例分析】

沧海横流,方显英雄本色。作为浙江省重点侨资企业、应急物资重点企业,TP以实际行动参与疫情防控阻击战,并紧抓复工复产,开启双线作战模式。为了稳定外贸市场,TP产品部以虚拟沟通为切入口,不断提升跨国协作能力,充分发扬不甘人后、奋勇争先的“四千精神”,具体表现为:走遍“千山万水”提升服务质量,想尽“千方百计”提升产品展示效果,说尽“千言万语”做好跨国沟通,吃尽“千辛万苦”创造成效。工作中,TP产品部以提升品牌知名度、增加市场影响力、增强自主创新能力、改善协作沟通管理能力作为不懈的精神追求,充分体现创新发展、与时俱进的“新四千精神”(见图8)。

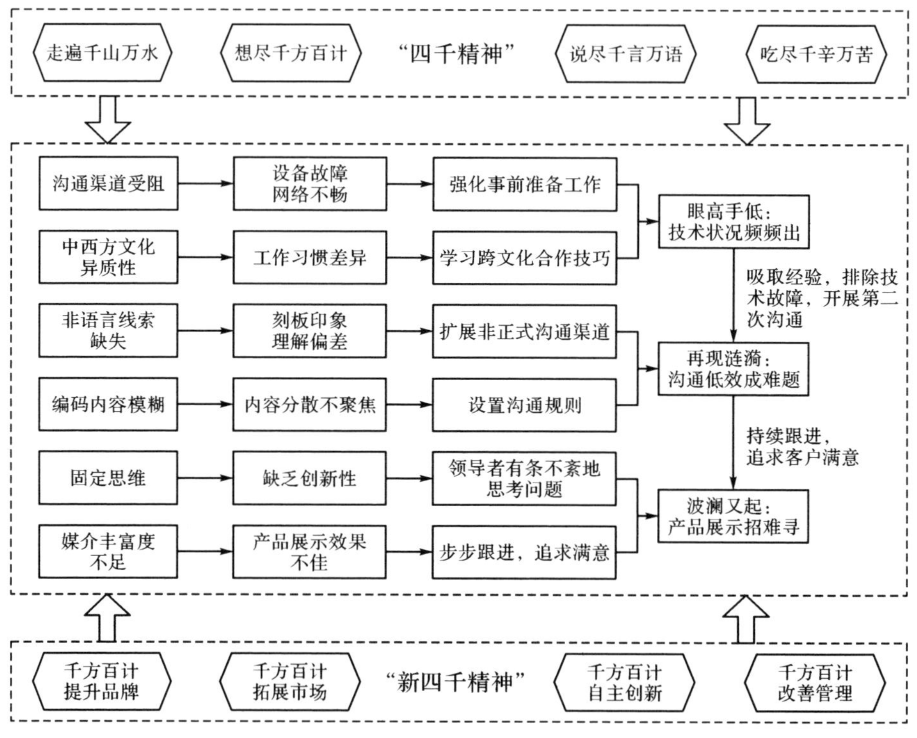

图8 TP产品部在跨国虚拟沟通中彰显浙商精神

(五)关键要点

1.关键知识点:沟通流程的7个要素;跨国虚拟沟通策略;对媒介丰富

度理论的分析与应用。

2.关键能力点:通过学习了解 TP 产品部展开跨国虚拟沟通与协作过程中遇到的问题及解决策略,提升跨国协作的虚拟沟通能力及攻坚克难的能力。

(1)跨国协作的虚拟沟通能力。教师应引导学生从沟通过程及文化差异的视角思考跨国虚拟沟通的各个环节需要注意的问题或原则,实现对跨国虚拟沟通过程整体的把握。

(2)攻坚克难的能力。教师应引导学生关注 TP 在复工复产后多次进行跨国虚拟沟通中遇到的困难和反思过程,提出建议和意见,加强自身学习,把不利转为有利。

(六)建议课堂计划

本案例可作为专门的案例讨论课内容来进行讨论。以下是按照时间进度提供的课堂计划建议,仅供参考。整个案例讨论课的课堂时间控制在 80—90 分钟。

课前计划:教师需要制订详细的教学计划,包括案例讨论的形式、步骤及讨论点的时间划分;根据启发思考题和理论依据及案例内容,制作 PPT 或其他材料并提前 1 周发放,请学生在课前完成阅读和进行思考,初步了解 TP 及沟通相关知识,为正式上课做准备。

课中计划:教师可以根据以下 4 个部分实施,包括背景介绍、小组讨论、课堂互动与总结。具体内容如表 6 所示。

表 6　课中计划

课中计划	教学内容	时间控制
背景介绍	开场白示例:新冠疫情之下,对于 TP 产品部这样的团队而言,难以实现与外国客户的面对面沟通。好在有网络媒介等的保障,利用虚拟沟通也能继续合作。然而,跨国虚拟沟通不比面对面沟通,非语言线索的缺失和文化异质性等问题加剧了沟通的困难程度,对合作的开展很不利。大家认为要怎样才能解决跨国虚拟沟通中的种种问题呢?(借此,教师可以对案例内容进行简要的介绍,引出启发思考题。同时,教师可以邀请 1—2 位学生简要介绍自己在实习或工作中遇到的跨组织沟通问题及解决方案)	10 分钟
小组讨论	教师可以根据课堂实际情况,将学生分组,但每个学生在组内进行简要交流前就已经形成对案例启发思考题的看法。教师此时应当作为旁观者,仔细观察每个小组的讨论情况	10 分钟
课堂互动	教师可按照案例情节和理论依据两个维度对小组成员进行提问,邀请小组成员回答问题,同时依据回答情况对案例进行进一步的分析和总结。建议讨论时间如下:第 1 题 14 分钟,第 2 题 12 分钟,第 3 题 12 分钟,第 4 题 12 分钟,第 5 题 10 分钟	60 分钟
总结	教师可以将 PPT 与板书相结合,对本案例讨论课进行总结,并评价小组讨论与回答情况,再结合案例对相关知识点进行关联性整理和总结	10 分钟

课后计划:教师可以根据具体情况,如以某家开展国际商务合作的公司为例,请小组成员收集资料,以其跨国协作中的虚拟沟通为主题开展课后讨论,并就存在的问题及具体的解决方案形成报告。同时,教师应鼓励学生利用 QQ 群、钉钉群等随时提问和交流,并及时答疑解难。

本案例的课堂教学板书计划如图 9 所示。

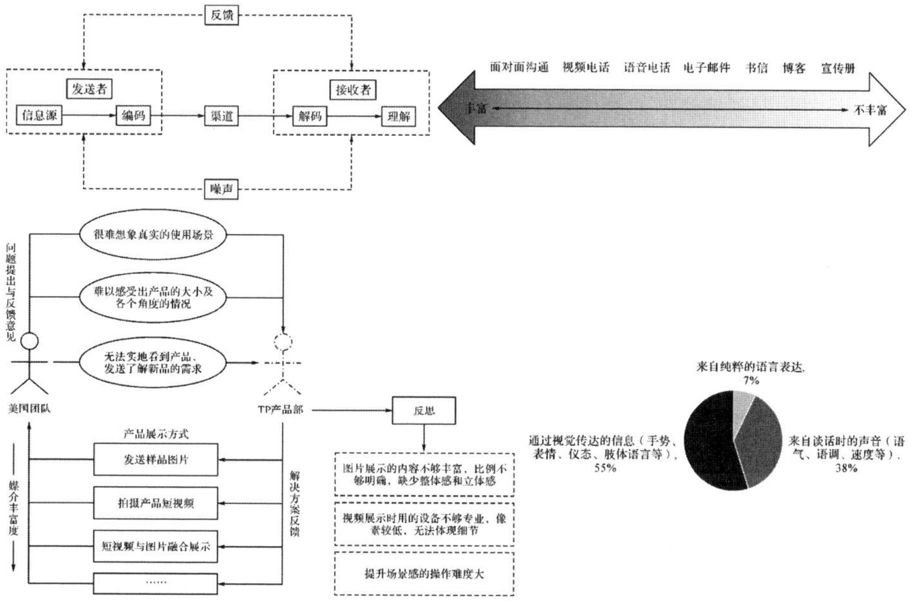

图 9 教学板书计划

(七)参考文献

[1] 郝洁.虚拟沟通:疫情之下人生的扩展[J].清华管理评论,2020(6):50-56.

[2] 张昊民,李倩倩.管理沟通[M].上海:格致出版社,2015.

[3] APPIAH O. RICH M, POOR M. The Impact of audio/video vs. text/picture testimonial ads on browsers'evaluations of commercial web sites and online products[J]. Journal of current issues & research in advertising, 2006, 28(1):73-86.

[4] DAFT R L, LENGEL R H, TREVINO L K. Message equivocality, media selection and manager performance: implications for information systems[J]. Organization science, 1987, 11(3):355-366.

[5] LEIDNER J. Special issue: communication processes for virtual organizations

communication and trust in global virtual teams[J]. Organization science, 1999, 10(6):791-815.

[6] MEHRABIAN A , WIENER M . Decoding of inconsistent communications [J]. Journal of personality & social psychology, 1967, 6(1):109-114.

京东物流的韧性供应链建设之路

岑　杰　王玲玲

一、案例描述

(一)引言

随着互联网与电子商务技术的快速发展,网购已经成为人们日常生活的重要组成部分,并且带动了物流业发展。

新冠疫情期间,京东物流成为物流界的“最美逆行者”。2020 年初,疫情笼罩下的武汉,感受到了来自京东物流的速度和温度。由于全国各地道路封锁,钟南山院士团队有一批物资(100 台制氧机)无法由广州运抵武汉。抗击疫情物资的运送需求就是命令,京东物流第一时间响应,紧急协调铁路运力,采用铁路、公路联合运输的方式,以最快速度将该批物资运抵武汉。从接到物资运送命令到仪器交付,京东物流只用了 11 个小时。钟南山院士为此亲笔写感谢信:“感谢京东心系医疗救助一线,以最快的速度将急需医疗物资送达武汉!”

疫情来袭,多数物流企业停工停运,京东物流却可以突破重围,以如此快的速度响应,这就要归功于京东物流的韧性供应链战略。

(二)创业初衷:只要是京东的快递,偷它准没错

“那个时候我们京东也发‘四通一达’的快递,但是一直有客户反映快递丢失情况。起初我们以为是偶然事件,后来发现其他电子商务平台快递

的丢失率低,就京东的快递丢失问题异常严重。调查发现,有人专偷京东的快递,原因是京东多卖电子产品,快递包裹单价就两三千元。”在接受采访时,对于自建物流的争议,刘强东并没有用什么宏观理论来解释,而是说了一段非常接地气的话。

与此同时,顾客经常投诉送货慢、包裹破损、服务差等,与物流有关的投诉占比超过75%。刘强东曾幽默地指出:“照这样下去,京东没有在商业路上倒下,却要被客户投诉死了。”彼时国内物流行业整体效率不高,成本高昂,工作人员服务意识淡薄。刘强东认为,既然物流行业没有独角兽企业,对京东来讲就是机会。

在刘强东看来,建立属于自己的物流企业,能够降低企业运营成本,提升消费体验感,推动整个物流行业进步。于是,他力排众议,坚定走上自建物流之路。

(三)京东物流:京东的物流

1.高瞻远瞩:前瞻性布局

2007年北京潘家园物流站正式营业,宣告京东物流正式启航。起初,京东自建物流引起很大争议,行业人士和京东内部员工都不理解刘强东的决定。与其他电子商务平台不同,京东自建物流的风险极大。刘强东却认为,这将是京东未来的“撒手锏”。

刘强东早就意识到,物流决定京东发展的高度。面对当时网购销售规模,物流尚可支撑,但随着销量规模不断扩大,物流就难以为继,问题会接踵而至,如送达时间不能保证、损坏率高、效率低下,这些会直接影响客户满意度,随之而来的差评、投诉、抱怨,势必影响公司业绩。

“京东做物流体系比其他物流商早了至少5年。”刘强东说,“2007年我们决定投资物流时,不被同行看好,认为不应该做。大家认识到物流的重要性是在2011年。一年几亿元的网购销售额，物流不太重要，订单比较好完成。当销售额超过几十亿元甚至上百亿元时，他们认识到物流已变成企业发展瓶颈。如果再不投资物流，企业销售规模也上不去。”

2. 打造“短链”物流，实现快速交付

与“长链”流通相比，“短链”物流可以减少商品搬运次数，提升商品交付速度。京东物流全面自主运营后，采用仓配一体模式，将商品放在离消费者最近的地方，减少搬运次数，降低运送成本。京东物流仓配模式与以顺丰通达系为代表的网络快递模式的比较如图1所示。

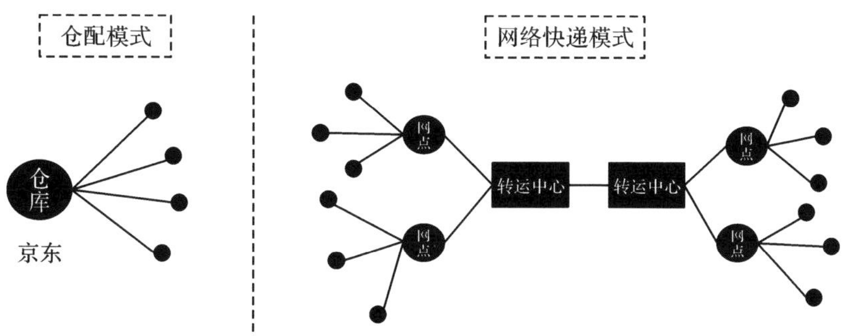

图1　京东物流仓配模式与以顺丰通达系为代表的网络快递模式①

刘强东说：“市场上所有快递公司的设计初衷都是希望商品被不断地搬运，搬运次数多，才有赚钱空间。而京东物流却要减少商品搬运次数。在中国，每件商品平均要搬运7次，我们希望降到2次，这是京东物流的价值所在。”

3. 自建仓储，用空间换时间

那时，京东的年营业收入不足5亿元，自建仓储配送如一座大山横在京东面前。

① 资料来源：安信证券研究中心。

由于仓储建设资金缺口大,京东并未盲目扩张,而是将全国分为7个大区,对应建立有自身服务半径的物流中心。京东以空间换取时间,完成了供应链体系的构建,赢得了顾客口碑。

经过多年努力,京东在各地下辖仓库数量不断增多。截至2015年12月底,京东在全国50座城市运营213个大型仓库,覆盖2356个区县。与此同时,京东年营业收入增长近400倍。

4.重视配送员的幸福感,确保服务品质

员工满意才能让顾客满意。一个没有满意度、幸福感的配送员是服务不好顾客的。京东配送员的工资要比行业平均水平高出20%到30%,这是不成文的规定。在较好福利待遇的激励下,京东配送员的工作效率大幅提升。以北京为例,京东配送员每人每天可配送120个包裹。

5."技术控"的华丽变身——青龙系统

2009年,京东物流系统尚不发达,物流数据需要人工填报。为实现物流系统更新换代,京东招聘了100多人专门从事系统开发工作,研制属于京东的物流系统——青龙系统。从此,京东物流高效化配送有了核心技术支撑。

当对,青龙系统的单量已经达到千万级,有效解决了传统物流宕机问题。其中,光速扫描系统能够在0.3秒内做出反应,预分拣系统的自动分配准确率超过98%。利用大数据分析,青龙系统能够预判某个区域某类商品的销量,公司可预先做好力量调配,精准备货。

6.科技升级——智能仓库

"人少机器多,运算和分拣都不用人工,机器正确率达99%。"如今,消费者对快递送货速度的要求越来越高,哪家快递公司能够以最快的速度将包裹完好地送到消费者手上,无疑就是最大的赢家。京东物流能够同时处

理全国上下那么多的订单，还能够以最快的速度把包裹送到消费者手中，亚洲一号发挥了大作用。

7.春节“不打烊”，温暖送万家

“在本该和家人团圆的日子，京东物流的员工还坚守岗位，仓储员工仍旧在熟练地拣货、打包，负责运输的师傅们仍旧在熟悉的道路上奔忙……”

春节期间，各大物流公司员工休息，但消费者不休息。自 2013 年起，京东物流承诺春节期间依然提供正常的物流服务。在上千个核心区线物流网络的支持下，京东物流配送的货物总能及时送到消费者手中。京东物流以全年无休的“全勤战备”状态，为消费者过年网购保驾护航。

8.布局多年，成果颇丰

经过多年建设，京东已经成为中国规模最大、最专业及用户体验最佳的物流服务提供商。截至 2016 年 9 月，京东物流完成对中小件物流网、大件物流网和冷链物流网的布局，拥有 7 个智能物流中心、254 个大型仓库、550 万平方米的仓储设施、6780 个配送站和自提点，覆盖全国 2646 个区县。中小件物流网覆盖全国 93%的区县，“211 限时达”及次日达订单量占比达到 85%；大件物流网已全面覆盖中国所有省级行政区；冷链物流网通过 7 地生鲜仓覆盖全国。

如今，京东物流已经成为涵盖仓储、运输、配送、客服、售后等的一体化供应链服务的解决方案提供商。2016 年 10 月，国家邮政局披露邮政业消费者申诉情况，其中京东物流每百万件包裹延误 0.09 件，丢失损毁 0.02 件，客户申诉 0.21 件。由于包裹延误、丢失损毁和客户申诉等 3 项指标值不到行业平均水平的十分之一，京东物流获评行业最佳用户体验称号。

(四)京东物流:不只是京东的物流

2017 年,京东物流迎来重大转折,京东宣布独立运营京东物流。时任京东高级副总裁、京东商城运营体系负责人王振辉表示:“京东物流希望将过去 10 年所积累的基础设施、经验和价值向全社会开放,服务中国商业社会,帮助数以百万计的商家降低供应链成本、提升流通效率,把客户体验做到极致。”

独立运营后,京东物流如同一匹脱缰的黑马,业务范围不断拓展。

1. 全面的基础设施网络布局,奠定一体化供应链服务业务基础

一体化供应链物流服务,是中国外包物流业务市场中的新物流业务形态,提供配送、整车与零担物流、“最后一公里”的物流配送、仓储和其他增值业务(如上门安装和售后服务)等较为全面的业务内容。与一般供应链物流服务相比,一体化供应链物流服务能够提供全方位的配送服务。

经过多年积淀,京东物流向社会推广仓、配、送、客、售后的全供应链整合业务。京东不断加大对物流配送的投入,补全空运等短板,综合配送能力得到全方位提升。俗话说,“独行快,众行远”。快递市场的蓬勃发展离不开开放共赢的行业生态,京东物流不断拓展业务范围和领域,赋能合作伙伴。

京东物流的发展愿景是成为世界上最值得信任的供应链基础设施服务商。截至 2020 年底,京东物流已经拥有全面的物流网络与较为完备的基础设施。如表 1 所示,京东物流的配送网主要由仓储网络、运输网络、配送网络系统、大件网络系统、冷链网络系统和跨境服务网络系统等构成,可以为消费者提供统一的供应链物流方案。

通过多年耕耘,京东物流的仓储网络已覆盖全国所有县区。对比顺丰速运和苏宁物流,京东物流在仓储面积上也具有优势。

表 1 京东物流基础设施网络布局详情[①]

物流基础设施	特征	网络规模
仓储网络	是中国最大的仓储网络之一,是公司全国性物流基础设施的重要组成部分	仓储网络几乎覆盖全国,有 800 多个仓库、1400 个云仓、28 座亚洲一号大型智能仓库
运输网络	包括直接运营的分拣中心及连接仓库、分拣中心及配送站的干支线网络	在国内运营 200 余个分拣中心,拥有 7500 余辆运输车,650 条航空货运线、250 条铁路运线(其中 137 条为高铁路线)
配送网络系统	由配送团队、配送站、服务站点及自提柜组成,提供送货上门及自提服务,能满足不同消费者需求	配送人员有 19 万余人,配送站有 280 余个,自营服务点和自提柜有 8000 余处,合营服务点和自提柜有 25000 余处
大件网络系统	由多级仓库,送货上门、安装及售后服务组成,可满足逾 30 千克重货包裹及超大件物流需求	拥有大件及重货仓储仓库 86 个、分拣中心 102 个,其面积达 280 万平方米
冷链网络系统	冷链物流基础设施包括冷链仓储、冷链运输及冷链终端配送,可满足生鲜、易变质产品的物流需求	拥有 87 个温控冷链仓库,面积达 49 万平方米;2000 台冷链运输车,覆盖 31 个省区市;有 20 个药品及医疗器械专用仓库,面积达 12 万平方米
跨境服务网络系统	作为公司全球战略的一部分,凭借拥有的业务知识及行业洞察力,与其他企业合作,帮助它们缩短跨境配送时间及加强全球配送能力	有保税和海外仓库 32 个,面积达 44 万平方米;开通覆盖 220 个国家和地区的国际航线

2. 科技赋能——智慧仓储

技术创新引领行业升级,存货管理技术是核心。通过 5G、新型人工智能、大数据分析、云计算和物联网等底层科技,京东物流不断增强在自动化、数字化和人工智能决策等应用领域的实力,帮助用户实现供应链中关

① 资料来源:笔者根据京东招股说明书、官网及兴业证券经济与金融研究院信息整理,数据截至 2020 年末。

键环节的自动化和数字化。通过数据挖掘技术,采用智慧库存控制解决方案,京东物流向顾客提供区域库存数目和存货在各个地区库存之间的最优化安排计划,以达到存货规模最小化、营运资本合理利用和提高存货率之间的最优化协调,从而优化客户体验。

(五)数年深耕,成为抗疫中的一支“奇兵”

2020年初,正当京东物流忙着深入快递不包邮区,忙着“春节不打烊”为大家积极输送年货时,突如其来的新冠疫情肆虐全国,武汉尤为严重。不断增加的确诊及疑似患者,给一线医护人员带来巨大压力。武汉出现医用口罩、防护服、测温仪等防疫物资短缺问题,多家医院相继发出求援公告,表示急需防疫物资!这是一场与时间赛跑的战争!

疫情暴发恰在春节期间,京东物流第一时间从“春节不打烊”模式进入“战时状态”,优先配送医疗机构指定订单。在家家户户响应国家号召闭门不出时,京东物流配送人员在“前线”给全国300余座城市、上千区县的消费者提供物流服务。向疫区群众提供米面谷物油等生活物资,这是京东物流的职责所在。依托于覆盖全国甚至全世界的智慧供应链基础设施,京东物流方面提前将产品放在距离消费者和商户最近的区域,降低搬运次数,提高配送效率。2020年1月28日,武汉火神山、雷神山施工人员急需口罩,京东物流仅用4个小时便将万余只N95口罩配送到位。

为防止病毒感染,京东物流探索利用现代科学技术,实现在疫区配送市场上紧缺物品。同时,京东物流研发的自动驾驶技术派上大用场,在武汉空无一人的大街上,常常能看到智能物流配送机器人在工作。为实现智慧物流配送常态化,京东物流从各地抽调大批配送人员支援武汉。京东物流在第一时间针对智能物流配送机器人做好地图测绘工作。这种特殊的“逆行者”为越来越多在武汉的患者配送物资。另外,针对被隔离的医院、社区,京东配送中心利用配送机器人进行货物搬运和物流配送,让物流科技产品变成抗击疫情的奇兵。

“疫情期间,物流配送一刻也不能停。我们送的是物品,更是百姓的期望。”时任京东物流 CEO 王振辉曾说,“参与到抗疫情、保民生、促复产的工作中,这对京东物流来说,早已不是赚不赚钱的问题,而是承担社区责任、肩负起社区基础建设的社会担当。”

(六)小结

1. 柔性、韧性、稳定性,一体化供应链助力企业变中求稳

内外部环境中的不确定因素深刻影响行业的可持续发展,供应链健康与否决定企业是否能应对当下、决策未来。王强表示:“面对疫情等特殊情况,只有从供应链战略和规划出发,打通计划层、管理层、履约层,为企业提供技术驱动的决策依据与整体解决方案,才能在变动的环境中保持供应链的柔性和韧性,实现持续、稳定、高质量的业务增长。”

京东物流针对沃尔沃汽车售后备件打造了贯通整个供应链的一体化物流服务。利用大数据技术对售后备件的需求进行分析,京东物流构建了沃尔沃汽车基于订单满足率的备件供应网络,实现对库存水平、服务满足率、配送时效和运营成本的动态管理。在整个供应链网络中,计划系统发挥了重要作用,它与物流执行系统关联实现全局最优。在京东物流的协助下,沃尔沃汽车的二级仓由 4 个增至 8 个,并具备了多级库存寻源能力。在突发情况下,沃尔沃汽车可以实现仓网覆盖关系的快速切换,大大提升供应链的柔性和敏捷性。

2021 年以来,新冠疫情在全国多点散发。因疫情防控需要,一些区域园区封闭、运输中断,汽车售后备件行业也受到不同程度的影响。京东物流坚持客户为先,迅速启动应急预案,通过自动寻源、应急切仓等措施保障沃尔沃汽车业务正常运营。京东物流一体化供应链得到合作伙伴的充分肯定。

2. 链接买方卖方,助力双循环新发展格局

2020 年 7 月,习近平总书记在企业家座谈会上表示,必须集中精力做好自身的经济工作,发挥国内外超规模的资源优势,逐步形成以国内外大循环经济为基础、国内与国际双循环互动蓬勃发展的新经济增长态势。各行业领域企业纷纷表示,要贯彻落实会议精神,心无旁骛谋创新、促发展,集中精力做好自身的工作,为我国经济社会高质量增长创造强劲动力。

随着疫情好转,京东物流加大了对三、四线城市和重要县域物流配送网络建设的力度,提高县镇村三级物流触达水平和服务时效。

京东物流以大数据分析、区块链、北斗引导等“新基建”为基础,有效解决物资“找得出、管得好、调得出、送得出、可溯源”等难题,为全球企业环境治理提供中国方案。

打通价值链意味着物流企业能够提前介入生产环节,实现对每一零部件生产过程的有效把控,从而提升整单交付时效。

3. 京东,韧性供应链的先行者

多年来,京东物流以“物流供应链+技术服务”为核心,坚守统一供应商的发展之道,通过全链路、全环境的高品质售后服务,获得在国内外市场上的领先竞争优势。目前,京东物流已经成为国内外供应商方案的顶尖提供商,在市场数字化与环境日益多元的当下,这或将变成不二的破局之道。

随着中小企业的创新发展及构建现代物流配送系统的政策推进,京东物流的业务增长迎来新的发展机遇。“十四五”期间,我国将重点培育具有国际竞争力的现代物流企业,京东物流作为“世界领先的物流供应链公司”的终极理想,与其高度契合。

刘强东凭借资本这一强大驱动力,完成产品的“分布式库存”,在国内多个大中城市实现“让产品相距用户最近”的总体目标。京东物流的前瞻性布局,成为新冠疫情中的一股温暖力量。

（七）尾声

京东物流秉承“经验为本、科技推动、质量制胜”的发展战略，携手各界共同构建国际智慧供应商基础服务网络，为用户提供全球化供应链解决方案，提供“有效率更有温度”的优质配送服务。

二、案例拓展

（一）教学目的与用途

本案例适用于“战略管理”“运营管理”等课程，可用于 MBA、EMBA、工商管理本科学生及硕士研究生的课程讨论，也可用于企业内部管理培训学习和研讨。

在互联网背景下，物流行业不再依靠传统模式来参与市场竞争。刘强东洞悉物流行业发展前景，提前布局，稳扎稳打，依靠科技力量，使京东物流成为物流行业的黑马。本案例介绍了京东物流发展历程，希望拓展学生思路，将战略管理的内容与企业相结合，从而达到以下教学目的：引导学生利用 PEST 分析与企业竞争力等理论，分析京东物流在发展中所面临的宏观环境及应对策略等。通过理论知识、理论模型和框架分析等方式进行案例分析，培养学生的总结归纳、融会贯通的学习能力；同时，理解在互联网经济，企业如何结合自身优势，制订发展战略，培养学生的全局思维。

本案例的思政元素在于：物流连接买方和卖方，助力双循环新发展格局。国内外订单离不开物流体系支持，买卖双方的经济往来需要合理的链接体系，而京东做到了这一点。我国目前正在构建以国内大循环为主体，国内国际双循环相互促进的新发展格局，这就说明我国要放眼于全球，着手于世界。

(二)启发思考题

1. 请用 PEST 分析京东物流在发展过程中所面对的各种宏观因素。
2. 决定京东物流竞争优势的企业资源有哪些?
3. 京东物流是如何提高自身竞争力、稳住龙头地位的?
4. 面对突如其来的新冠疫情,京东物流何以能迅速转向“战时状态”?

(三)分析思路

教师可以根据教学目标和案例写作流程灵活使用本案例。以下教学和分析思路,仅供参考(见图 2)。

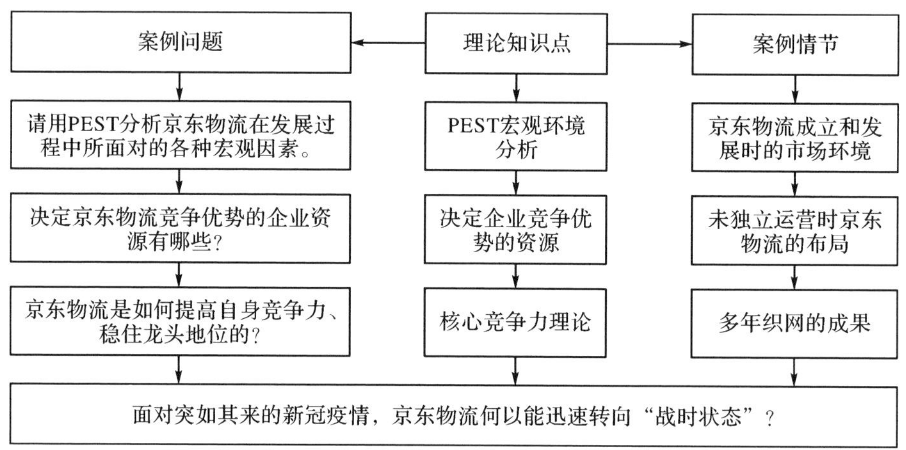

图 2　案例分析思路

首先讨论相关背景问题,如与学生讨论现在人们的购物习惯,激发学生兴趣。再引导出是物流让大家可以足不出户就能收快递,从而引出京东物流,并对其所设立的背景和环境进行介绍,主要包括刘强东为什么要创办京东物流,京东物流是在什么环境下成立的,当时的竞争对手有哪些等,引发学生思考第 1 题:请用 PEST 分析京东物流在发展过程中所面对的各种宏观因素。

其次分析为什么京东物流能够成功。京东物流在成立之初就走上了截然不同的发展道路——重资产模式,这样的模式会对京东物流带来什么帮助?是不是决定京东物流竞争优势的企业资源?从而引发学生思考第2题。随后向学生提出问题,京东物流依靠重资产模式和科技发展迅猛,同样,顺丰和后起之秀菜鸟裹裹也不遑多让,那么京东物流是如何提高自身竞争力、稳住龙头地位的?

最后通过上述问题,让学生对京东物流的发展历程及战略目标均有大致了解,再引入当时疫情状况,利用突发疫情时,物资运输困难这一话题,再次激起学生的兴趣。让学生分小组分析,面对突如其来的新冠疫情,京东物流何以能迅速转向"战时状态"?

(四)理论依据及分析

1. 请用PEST分析京东物流在发展过程中所面对的各种宏观因素。

【理论依据】

PEST分析中的外部环境因素可以概括为以下4类:

(1)政治和法律因素:是指制约和影响企业的政治要素和法律系统,以及其运行状态。政治环境包括国家的政治制度、权力机构、颁布的方针政策、政治团体和政治形势等。

(2)经济因素:是指构成企业生存和发展的社会经济状况及国家经济政策,包括社会经济结构、经济发展水平与状况、经济体制、宏观经济政策和其他经济条件等。与政治和法律因素相比,经济因素对企业生产经营的影响更直接、具体。

(3)社会和文化因素:是指企业所处的社会结构、社会风俗和习惯、信仰和价值观念、行为规范、生活方式、文化传统、人口规模与地理分布等因素的形成和变动。社会和文化因素对企业生产经营的影响是不言而喻的。

例如,人口规模、社会人口年龄结构、家庭人口结构、社会风俗对消费者消费偏好的影响是企业在确定投资方向、产品改进与革新等重大经营决策时必须考虑的因素。

(4)技术因素:是指企业所处环境中的科技要素及与该要素直接相关的各种社会现象的集合,包括国家科技体制、科技政策、科技水平和科技发展趋势等。在科学技术迅速发展的今天,技术因素对企业的影响可能是创造性的,也可能是破坏性的,企业必须要预见这些新技术带来的变化,并在战略管理上做出相应的战略决策,以获得新的竞争优势。

【案例分析】

(1)政治因素。国家从战略层面上认识到互联网技术的提升能促进经济社会发展。2015年《政府工作报告》中提出“互网络+”国家发展计划,以推动电子商务、工业互联网和网络银行健康发展,将手机网络、大数据分析、云计算技术、物联网技术和现代工业相结合,实现经济快速发展。京东物流结合物流体系与互联网,属于“互联网+物流”,有广阔的发展前景。政府大力推进现代物流行业建设,扶持和引导符合条件的服务企业走向国内外资本市场融资,鼓励这些企业运用先进的供应链管理系统和现代物流理念、技术手段及方式,统一开展生产、制造、营销和物品处理,提高周转速率,降低库存成本。政府鼓励大中型物流公司采取并购手段,整合较分散的仓储与服务企业,并引导中小型物流公司相互协作。这些政策为京东物流的发展提供了良好的社会环境与保障。

(2)经济政策。我国网络电子商务产业的增长速度保持高速上升态势,并逐步稳定和完善。由于市场参与主体的多样化,网络电子商务销售渠道更为广泛,快递业务高速发展。智研咨询分析认为,2010年至2015年,中国社会快递市场规模维持较高速扩张,年平均增速达35%(见图3)。

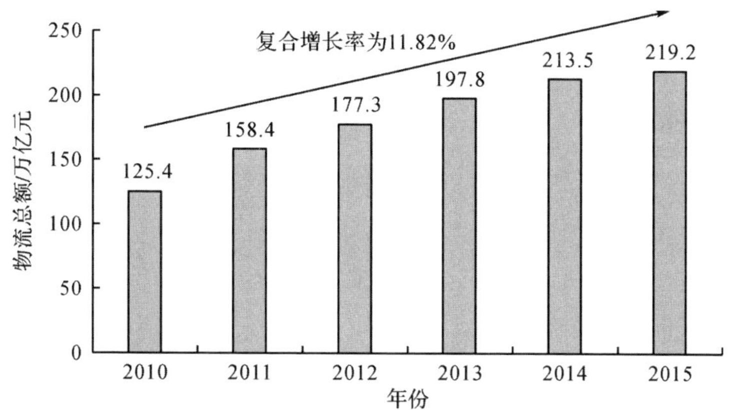

图 3　2010—2015 年中国社会物流总额①

2015 年,中国物流费用占 GDP 的比重保持在 18%左右,是发达国家的 2 倍,有较大的提升空间。目前,中国物流经济处于粗放型发展阶段,制约了经济发展,可见物流行业要在高科技、高素质公司的带领下保持高速发展。在此期间,京东物流要把握机遇,树立品牌优势。

(3)社会因素。互联网已经成了我国人民生活和工作离不开的工具。2019 年 6 月,我国网民规模达到 8.54 亿人,互联网普及率为 61.2%。2019 年,全国网上零售额为 10.6 万亿元,其中实物商品网上零售额为 8.5 万亿元,而吃穿用类商品零售额分别增长 30.9%、15.4%和 19.8%。网上购物被越来越多的消费者接受,与此同时,人们对快递服务质量的要求也逐步提高。京东物流致力于满足 C 端用户的良好服务体验,快速有效地实现整个物流配送过程,符合社会发展的大趋势。

(4)技术因素。随着大数据、云计算、5G 和大物联网等新兴物联网的兴起,基于无人商店、无人仓、无人车和无人机设备等智慧物流产品相继出现,信息化、自动化、网络化、智能化、快捷化、集成化的现代物流技术,为京东物流发展提供了技术保障。

① 数据来源:智研咨询。

2. 决定京东物流竞争优势的企业资源有哪些?

【理论依据】

企业竞争优势资源。企业资源一般分成有形、无形和人力资源。有竞争优势的企业资源具有稀缺性、不可模仿性、不可替代性和持久性。

资源的稀缺性就是指在世界范围,或者本国市场范围之内,资源的存量非常少。如果企业恰好拥有这种稀缺资源,而竞争对手很难获得这种资源,其就没有办法进行抗争。因此凭借这种稀缺性,企业可以获得竞争优势。资源的不可模仿性,就是拥有这个资源,竞争对手很难学习,很难模仿,很难复制。资源的不可替代性,就是对手找不到资源的替代品,如旅游景点的独特优势很难被其他景点的资源所替代。资源的持久性,就是指资源的贬值越慢,就越有利于形成核心竞争力,如品牌、商誉等。

【案例分析】

资源的稀缺性:京东物流在成立之初便开始布局仓储,十年磨一剑。按照服务要素划分,物流执行环节包含仓储、运输、配送等要素。近年来,这些要素的标准化程度大幅提升,奠定了京东物流高效组织整合的基础。同时,土地资源的稀缺性,进一步凸显了京东物流的资源优势。

资源的持久性:京东物流持续加大对供应链建设的投入,实现了规模及业务的扩张,积累了大量的优质供应链资源。京东物流拥有 FDC 仓库 40 余个、运营仓库 700 余个,其物流基础设施面积达 1690 万平方米,并在北京、上海等 8 个国内经济发达城市设有 RDC(Regional Distribution Center,区域分发中心)仓库,配送范围覆盖全国所有地区,90%以上的自营订单可在 24 小时内完成送达。

近年来，国内零售市场"渠道下沉"的特征更加明显，三四线城市物流体系的疏通成为物流企业形成全新市场竞争格局的关键。京东物流选择"自建+第三方物流"的方式经营三四线市场，先将物品配送到县乡一级市场，再由第三方物流公司配送给客户。此举既降低了京东物流运营成本，又提升了配送效率。

3. 京东物流是如何提高自身竞争力、稳住龙头地位的？

【理论依据】

核心竞争力理论。构成核心竞争力的要素可以是企业的任何能力，但必须是企业特有且足以能胜过对手的能力。如果企业某一方面的能力强大到足以胜过任何其他对手，或者难以被模仿（或模仿的代价很高）时，就可以成为企业的核心竞争力。核心竞争力具有价值性、独特性、延展性、整合性、持久性和动态性。

价值性：既是衡量企业是否具有核心竞争力的根本标准，又是衡量核心竞争力价值大小的尺度，符合市场需求的价值性是其根本特性。企业核心竞争力的价值性是通过市场检验来体现的。符合市场需求的程度越高，为顾客创造的可感知价值越大，企业核心竞争力的价值性就越大，企业竞争优势就越显著。

独特性：企业核心竞争力是独树一帜的，是不易也不能被行业内其他企业所模仿的。否则，它在竞争中就不具优势。企业核心竞争力的培育主要通过企业自身的不断学习、创新和磨炼，因此具有鲜明的企业个性，并根植和依附于整个企业系统。

延展性：企业核心竞争力能够为企业提供进入多个市场的潜在途径。核心竞争力是母体、核心，有溢出效应，即具有能够被自身复制和模仿的特点。基于单一产品或服务领域具有的竞争优势，其延展性体现为能把这种竞争优势应用于多种产品和服务领域,使企业能够不断地开发出新产品或服务以满足顾客需求,使企业具有旺盛的、持久发展的生命力。

整合性:企业核心竞争力是企业对资源和能力的高效和有机整合。单独的一项资源或能力不会成为企业核心竞争力。

持久性:企业生存和发展的持久性依赖于企业核心竞争力的持久性。企业必须拥有其他企业不易获得、不易仿效、不易复制的核心竞争力,并且其能够在不断变化和发展的环境中长期发挥作用,企业竞争优势的相对不变或者进一步提高,才会带来企业的长期生存和发展。

动态性:随着顾客需求、技术条件、企业资源、企业管理模式等内外部环境变化,企业原有的核心竞争力可能变为一般竞争力。因此,企业核心竞争力是相对的、动态的,是企业相对持久的竞争能力。企业核心竞争力表现为一种持续创新、学习能力,因此企业要在变化环境中不断维护已有的核心竞争力,并擅长培育和变更新的核心竞争力。

【案例分析】

京东物流发展过程中,注重为用户提供更多价值服务。2007 年前,国内电子商务以第三方物流公司接送货物的方式开展业务。网购消费者发现购买了心仪产品后却又无法马上享受是由“交付时间”引起的“情感痛苦”。京东物流快捷交易货品的行为,较大提升了网购消费者的时间价值和情感价值。2007—2014 年,京东集团投入巨资建设物流配送系统,积累了数以亿计的口碑用户,提高了内部运作效率。2013 年,京东物流的平均库存周期为 32 天,不到竞争对手的一半;与上游供应商结账周期缩短至 39 天,为竞争对手的三分之一;物流成本占销售额比重为 5%—6%,不到竞争对手的一半。库存运转周期缩短提高了资金的时间价值与金钱价值,结账期缩短则获得了供应商更多的货品和价格优惠。此外,京东物流还推出“211 限时达”“退货免费上门取件”等创新做法，有效地提高了企业用户核心价值，大幅降低了用户流量获取成本。

4. 面对突如其来的新冠疫情，京东物流何以能够迅速转向“战时状态”？

【理论依据】

危机管理理论。危机管理是企业、政府部门或其他组织为应对各种危机情境所进行的规划决策、动态调整、化解处理及员工培训等活动的过程，其目的在于消除或降低危机所带来的危害和损失。危机管理是专门的管理科学，是为了应对突发的危机事件、不可抗拒的突发的灾难事变，尽量使损害降至最低点而事先建立的防范、处理体系和对应的措施。

危机管理要在偶然性中发现必然性，在危机中发现有利因素，把握危机发生的规律性，掌握处理危机的方法与艺术，尽力避免危机所造成的危害和损失，并且能够缓解矛盾，变害为利，推动企业健康发展。新冠疫情是一次重大的公共卫生危机，对全球政治经济产生了深刻而持久的影响。物流企业在新冠疫情期间的发展阶段如图 4 所示。

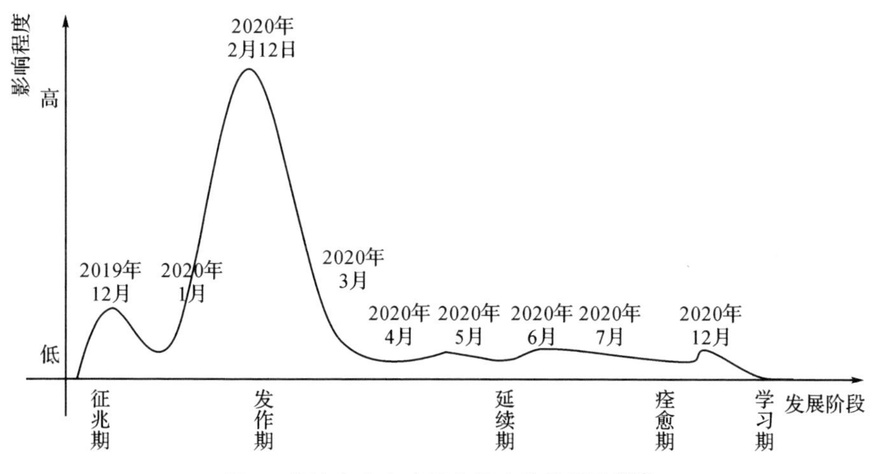

图 4　物流企业在疫情危机中的发展阶段①

【案例分析】

2020 年春节前夕,我国部分地区暴发新冠疫情,但未引起足够重视。京东物流像往年一样,持续开展“春节不打烊,温暖送万家”活动,全力备战春节。春节期间,新冠疫情大规模暴发,京东物流正常运转并迅速转入“战时状态”。不久,新冠疫情席卷全国,京东物流依靠强大的供应链,迅速将口罩、防护服、制氧机等重要医疗物资送往相关地区,同时为保障居家隔离人员日常消费需求,短时、快速地配送米面粮油等生活物资。

2020 年 4 月,全国各地实体门店、商务网点普遍处于歇业,甚至推迟开业的状态,网购成为人民群众保障日常生活需求的最主要途径,这对电子商务平台物流配送能力提出更高要求。京东物流多年积累起的超强物流配送实力,让其迅速成为全国抗疫主力军,为全民抗疫发挥了重要作用。2020 年 10 月,疫情处于散发状态,部分地区处于中高风险区。京东物流从“战时状态”转入平时状态,疫情地区的包裹经消杀处理后及时配送到位。2020 年底,京东物流及时总结疫情期间的管理经验,反思不足。

(五)关键要点

本案例涉及企业竞争优势获取中的企业资源及其判断标准、核心竞争力理论的特点、危机管理理论及阶段划分等关键知识点。通过了解京东物流在供应链建设过程中遇到的各种问题及解决方法,提升自身的逻辑思辨能力与分析问题、解决问题的能力。

① 资料来源:李焕宝,李烨.后疫情时期物流企业危机管理能力探析[J].物流技术,2021,40(2):37-40,150。

(六)建议课堂计划

本案例可作为专门的案例讨论课内容来进行讨论。以下是按照时间进度提供的课堂计划建议,仅供参考。

整个案例讨论课的课堂时间控制在90分钟以内。

1.时间安排

案例讨论课的时间安排如表2所示。

表2 案例讨论课程的时间安排

序号	内容	用具	数学活动	时间
1	课前计划	相关文本	提前将案例正文、相关文本和视频资料发放给学生,并鼓励学生通过京东官网自行了解公司相关资料	提前1周
2	开场讨论	PPT	引导学生简单回顾案例内容,在回顾过程中引发学生对案例内容的思考	10分钟
3	案例分析	板书、PPT	对案例进行思路梳理,指出案例分析的方法和重点	45分钟
4	小组讨论	小组评分表	提出案例相关的4个问题,各组学生针对思考题展开深入讨论,并且请每组的1—2位学生展示小组的讨论成果	20分钟
5	分析总结	板书	对同学们的发言进行点评,总结整个案例,对关键知识点进行系统梳理	15分钟

2.组织建议

建议学生在课前通过浏览京东物流官网及公众号了解京东物流的业务,这样有利于学生尽快熟悉案例。在小组讨论期间,教师可以与小组成员交流,引导学生确定分析思路。在思维拓展环节,教师应该以开放的态度对待学生提出的问题,培养学生的独立思考能力。在总结阶段,教师可以综合各个小组的分析结果进行总结,无须拘泥,应该鼓励每种创新的思想。对于一些开放式问题,教师应尽可能引导学生自主提出解决方案,并控制好讨论时间。

(七)参考文献

[1] 中国注册师协会.战略管理[M].北京:中国财政经济出版社.2022.

[2] 李昊博.京东物流商业模式分析[D].北京:首都经济贸易大学,2020,DOI:10.27338/d.cnki.gsjmu.2020.000119.

[3] 李焕宝,李烨.后疫情时期物流企业危机管理能力探析[J].物流技术,2021,40(2):37-40,150.

附录

1.京东物流关键业务里程碑事件[①]

年份	重要事件
2007	京东旗下物流部门正式成立
2010	推出“211限时送”服务,提供当日达及次日达服务,对电子商务配送及预约的行业标准进行重新定义
2014	在上海启动首座亚洲一号智能仓库
2017	4月,开始作为京东的独立业务分部运营供应链解决方案及物流服务业务,并开始为外部客户提供服务
2018	2月,与第一批第三方投资者完成A轮优先股融资,筹集的融资约为25亿美元
2019	新冠疫情期间,成立疫情救援工作组并利用先进科技做了一系列救援事宜,贡献在全国范围内得到认可
2020	8月进行品牌升级,企业愿景升级为“成为全球最值得信赖的供应商”
2021	5月28日,在港交所挂牌上市,股票代码为2618.HK,市值超过200亿元

2.2020年前十大一体化供应链服务商市场份额及仓库面积[②]

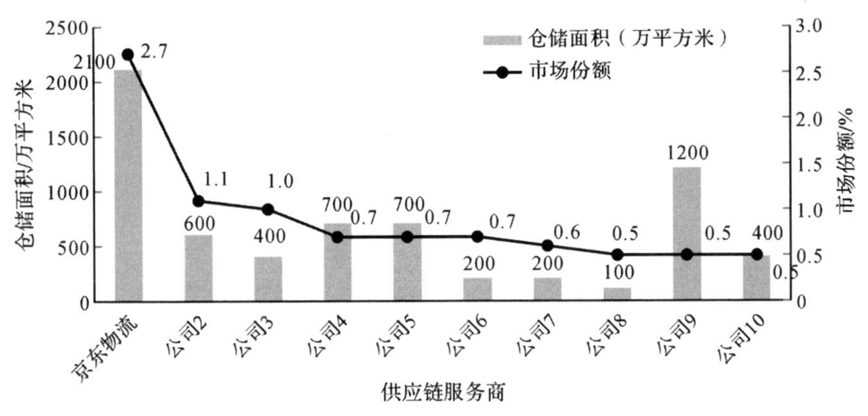

① 资料来源:根据公司招股说明书、中国银行证券研究院资料整理。

② 资料来源:根据灼识咨询、京东物流招股书、中国银河证券研究院资料整理。

3. 京东物流服务时效演进[①]

4. 京东物流核心服务产品[②]

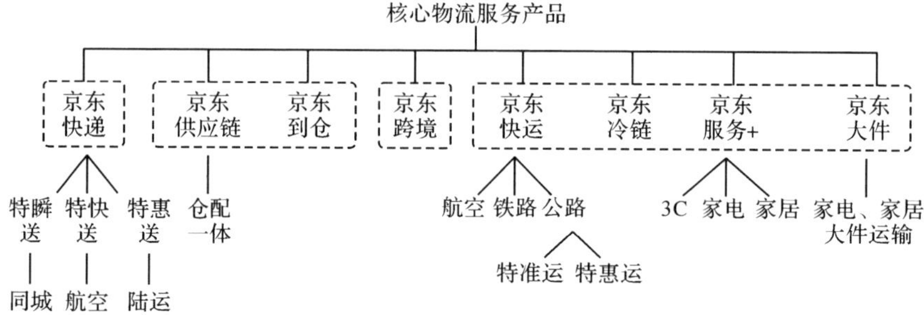

① 资料来源：根据公司年报、公司公告、西南证券资料整理。

② 资料来源：根据公司年报、公司公告、西南证券资料整理。

如何因应数字化转型:美特好的创新变革之路

王节祥　张　烨　邹凯羽

一、案例描述

(一)引言

2022 年 8 月,由山西省农业农村厅乡村产业融合发展中心举办的“山西省预制菜产业发展座谈会”在优鲜多歌清徐物流园举行。会上,中国农业大学、山西农业大学等高校分析了预制菜产业形势,山西美特好集团(以下简称“美特好”)连锁超市、优鲜多歌供应链公司(美特好承担预制菜业务的子公司,以下简称“优鲜多歌”)及预制菜相关企业分享了经营实践。东道主——美特好董事长和优鲜多歌预制菜项目创始人储德群,一开口便惹人注目,项目的创立起源、发展思路、成功案例等内容更是引人入胜,赢得台下掌声连连。望着一席听众,储德群感慨万千,10 年来的转型艰辛仍历历在目……

储德群是山西美特好的创始人,历经 20 余年将美特好从太原的一家小超市发展成为中国百强连锁零售集团。2010 年,互联网浪潮来袭,电子商务平台兴起,网络零售如星星之火,连续 7 年以 30%的速度增长;实体零售则销量下滑、库存高企。美特好超市业绩下滑,并进行关店休整。

为了应对互联网的冲击,美特好试图与 1 号店(国内第一家网上超市)合作实现公司转型,2 年后以失败而告终。复盘会上,相关人员发生了激烈争吵。“和 1 号店的合作到此为止,我们吃力不讨好!”储德群皱着眉头总结道,“只是将超市搬到线上,补贴卖货,并不是我们要的答案。”依靠外部赋能的转型决策并不顺利,储德群尝试二次创业,但困难重重。

(二)网络冲击:从依赖到自主

1. 出师不利,再图变革

审时度势是优秀商人的必备技能,储德群也不例外。2010 年,中国网购市场交易额达到 4980 亿元,2011 年天猫“双十一”交易额突破 30 亿元。越来越多的消费者在网络上购物,感受互联网带来的全新生活体验。储德群意识到,传统零售超市需要顺势转型才能留住顾客。

如果不是初次转型失败,储德群对数字化转型的认知恐怕会一直停留在“线上”两个字上。起初,美特好选择与 1 号店合作,尝试将超市搬到线上。对于消费者来说,在线上超市购买的商品与直接在生产商那里购买的商品没有质量差异,却能享受网络平台超高的补贴福利。因此,当美特好出资为消费者发放补贴券后,超市销售收入的确有所增加。然而好景不长,销售回暖所带来的惊喜仅仅是昙花一现,在补贴券用完后,消费者又迅速切换到其他线上平台。

储德群意识到烧钱买流量并非长久之计。与 1 号店合作 2 年后,美特好主动终止合作。“传统超市想要留住消费者的心,并不是直接进行线上销售这么简单,那消费者究竟喜欢什么呢?”储德群苦苦思索。万万没想到,在某个炎热的夏天,储德群遇到一位创业者,让他做了一个出人意料的决定。

事情的起因是一场培训交流会。储德群在下海经商前是一位教师,“学习创新”这个词常挂在嘴边,此次北京培训,自然少不了他的身影。令储德群没想到的是,在这里居然能遇到老乡——原冰。作为连续创业者,原冰先后创建美丽伊人网和山西购物网,创办山西爱丽丝文化传播有限公司,尝试构建女性生态社群。原冰拥有丰富的互联网运营经验,于是储德群尝试说服她做零售行业的数字化转型。

经过储德群热情劝说,两人达成了合作共识。原冰希望通过合作找到属于自己的创业赛道,储德群则希望借助合作给美特好量身定制一个数字化转型方案。若真如愿以偿,储德群可将美特好转型模式推广应用于零售行业,助力其数字化转型。达成商务合作意向后,储德群和原冰出资成立电子商务公司进行二次创业。理想很丰满,现实很骨感。储德群对数字化转型知之甚少,原冰对传统零售不甚了解,他们的合作究竟能否成功?

2. 统一认知,创建全球蛙

储德群提出二次创业想法,立即被公司高管泼了冷水。成立电子商务公司需要大笔初始资金,投入大量资本,仅仅为了公司的数字化转型,究竟是否值得? 1 年前,公司主动终止与 1 号店的合作,损失千万元。此次成立新公司探索数字化转型的新道路,会不会重蹈覆辙? 公司高管的担忧不无道理,毕竟谁也看不清未来,无法保证这次探索是否成功。这只是储德群对新选择的一种实验,他的回报是不确定的、遥远的,更可能是消极的。

即便如此,储德群仍然设法说服众人。在他耐心讲解下,公司高管逐渐认识到变革之事刻不容缓。如今,消费者想要购买商品,既可以足不出户在网上下单,又可以来超市直接购买。购买商品的方式越多,议价能力也就越高。美特好的老顾客对逛超市有特殊感情,不会轻易选择线上购物。“90 后”“00 后”的年轻消费者,追求新潮,敢于尝试,乐于尝试。传统超市如不转型变革,很有可能会被年轻消费者遗忘,美特好将失去未来。传统超市的商品结构难以满足消费者日渐多样的购物需求,导致美特好库存压力、成本压力逐渐增大。

统一认知后,储德群开始布局。2015 年 9 月,美特好在山西综合改革区投资创立全球蛙电子商务公司(以下简称“全球蛙”)。由储德群担任董事长,原冰出任 CEO,确立的公司愿景是助力中小实体店创新转型为新零售。如果探索成功,将对中小实体店甚至整个零售行业的转型开放做出重大贡献。储德群梳理后发现,当前中小实体零售门店的痛点是门店租金上涨、员工工资上涨和客户分流严重,而电子商务零售物流费用较高、引流难度较大,急需一个新的解决方案。全球蛙的主要任务是解决零售行业痛点问题。不过,痛点虽易寻,解法却难找,全球蛙未来的发展任重而道远。

(三)突破冰点:从试错到聚焦

1. 尝试多元业务,在试错中成长

全球蛙创立之初,储德群、原冰一起商讨公司的未来事宜,却在具体业务上出现了分歧。原冰认为全球蛙应尝试做跨境电商、C2M(用户直连制造)。储德群则认为,跨境电商业务与商超数字化转型关系不大,全球蛙需要专注美特好原有产品的数字化转型。激烈讨论后,储德群出乎意料地选择了让步。因为他深知得一个人才太难,得一个合伙人更难。两人的磨合需要时间,原冰的成长也需要时间。于是,储德群选择放手,只是在原冰需要时提供帮助。

2016 年 7 月,储德群提供跨境品牌合作的资金支持,全球蛙与 46 家品牌制造商签订战略合作协议,商品涉及家居、家纺、箱包、厨具、母婴、家电等多个品类。同年 8 月,储德群提供 C2M 贸易所需的资金,全球蛙成为首批入驻太原市武宿综合保税区的跨境贸易电子商务平台。全球蛙通过 C2M 业务完成保税区跨境贸易第一单,即国际品牌保温杯的贸易。国际品牌保温杯单价 235 元,依托太原市武宿综合保税区,价格便宜了 30%左右。然而,上述努力丰富了美特好货源,但商超自身的业绩却平平无奇,全球蛙也劳而无功。

2017 年初,全球蛙尝试进行母婴零售商场的数字化转型,美特好提供

母婴店作为试验田。起初美特好高管并不同意,认为母婴业务偏离了超市主业,且与超市数字化转型相关度较低。全球蛙没有尝试过实体零售商场的数字化转型,美特好高管最终还是同意了。同年 4 月,美特好将旗下的妈妈宝贝(山西最大母婴零售商场)分离出来交给全球蛙经营。但是母婴赛道的试验效果并不理想,忙活一阵后全球蛙归还了母婴店。此后,全球蛙还尝试宠物店数字化转型,结果大同小异。

面对接连失败(见图 1),原冰不由得陷入了犹豫和迷茫,但她依然鼓起勇气再做尝试向储德群借了块地,将目光转向了一个线上餐饮的投资项目。储德群思考良久,仍然选择将地借给她,并投资 500 万元作为试验资金。2017 年 7 月,生鲜云厨盛大开业,成为首家入驻全球蛙 App 的实体店。此后,这家餐饮店虽然有所发展,但依然收效甚微。

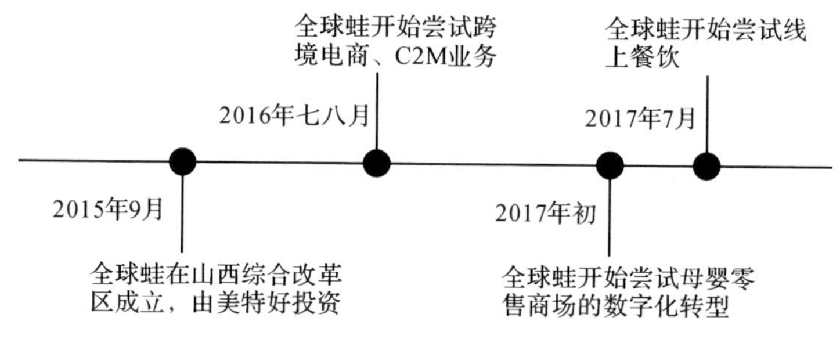

图 1 全球蛙的试错历程

这次失败,让原冰惭愧不安。"你看我一时激动就干了这事,又给你和企业赔钱。"原冰对储德群说道。令她意外的是,储德群并没有将注意力放在她的错误上,而是帮她认真分析失败原因,总结经验教训。他说道:"将军赶路不追小兔,咱们本来是做互联网的,你做餐饮,这是啥东西?咱们还是做咱们原来的事吧。"

与此同时,原冰通过复盘之前的业务发现,母婴、宠物等业务增长态势还不如线上化的超市业态,美特好 20 多年的超市经营沉淀了大批消费者。看着这个结果,原冰想起了储德群对她说的话,认识到的确是她判断失误。

总结经验后,原冰决定全身心投入商超的数字化转型中。“总有些弯路,你要亲自走走,才会真正明白。”原冰如此说道。

2.聚焦商超业务,在试验田中收获

当原冰开始专注商超赛道的数字化时,她发现一切都开始步入正轨。在美特好的全力配合下,全球蛙团队深入商超一线,通过观察、试验、复盘、迭代,逐渐探索出具有商超特色的数字化道路。依托前期积累的实体零售商场数字化经验,团队研发出了全球蛙 App 来支撑商超的数字化转型。整个转型可以分为人、货、场 3 个部分。

(1)“人”的数字化。

与其他实体企业一样,商超的数字化转型需要关注两类人,即新老顾客和导购。多数老顾客对逛超市有一定的情感基础,数字化之前,他们逛超市时留下的数据痕迹大多被遗忘,而数字化之后,他们逛超市、购买商品的痕迹就变成数据被记录下来,成为商超回馈老顾客的依据。全球蛙将收集到的线下超市顾客的数据进行整理、归纳成用户画像,并挑选出符合要求的顾客归入线上会员。另外,全球蛙还为线下顾客打造了数据全通服务,即将他们的会员情况、余额情况、购买积分情况录入后台的数据库,供给所有连锁门店。这样顾客只要持具体卡券证明,各门店便可为他们提供相应的优惠服务。

超市购物的新老顾客希望得到更多优惠。全球蛙通过兑换会员、定期举办促销活动来增加顾客投入,从而提高顾客黏性。在原有会员积分体系上,全球蛙新增做任务兑换会员活动,顾客可以通过 App 签到、做线上任务、购买商品等操作积累积分,免费成为会员(直接购买会员需要 98 元/年),享受购物打折、商品免费配送等优惠。同时,全球蛙在每周一、周四举行团购促销活动,每周二举行会员促销活动。上述举措提高了顾客的参与感,吸引更多新顾客关注全球蛙 App 和美特好。

对商超而言,导购具有非常重要的地位。通过数字化激发导购的活力是线上线下融合的关键所在。首先,全球蛙约定,只要导购销售 App 内的美特好商品,即可获得其中的 30%利润。其次,全球蛙通过线上培训课程帮助导购培育自己的粉丝互动群。导购通过直播试验产品,与顾客进行互动并增进感情,引导更多顾客到线下门店消费;顾客购买意愿和线下门店消费提升导购成就感,提高导购的工作投入度,形成良性循环。美特好的业绩实现了线上线下同步增长。

(2)"货"的数字化。

在"货"的数字化过程中,货物到家和智能补货双管齐下,全球蛙助力美特好实现双位数增长。全球蛙将商超的商品信息(包括商品名、价格等)转换为数据,录入数据库。利用这些数据,全球蛙制作商品线上展示界面,顾客通过这个界面可随时随地购买商品。全球蛙帮助美特好设置前置仓,用以储存热卖的生鲜产品,实现商品半小时内快速送达。另一方面,这份数据也使库存量可视化。根据顾客的订单数量,商超采购部调整商品的购入量,既解决库存积压,又降低了采购成本。

美特好是众多生鲜产品的大买家,产品采购量大并且频繁。在产品数字化之后,美特好可以掌握更多信息,并且借助试错阶段奠定的跨境电商基础,美特好可以选择的供应商数量也在增多,议价能力显著提高。另外,借助数据库,美特好更加准确地判断商品的采购数量及采购周期,让"用多少买多少"成为现实。

(3)"场"的数字化。

在"场"的数字化过程中,实体门店的智能改造不仅给顾客带来了全新的体验,也让员工从重复枯燥的工作中解放出来。全球蛙为美特好配置了多种智能硬件,包括智能收银台、智能货架、智能称重仪等。以智能称重仪为例,数字化前,顾客将散称蔬菜、零食等商品交给销售员,销售员需要先查看商品单价,再在仪器里输入对应单价数据;数字化后,顾客只需要将挑选好的商品放在仪器上,仪器自动识别商品类型及对应单价,销售员在一旁指导顾客使用仪器即可。

数字化奠定了信息的可视化。在全球蛙 App 上,超市员工可以清楚地查看自己的劳动成果,超市经理可以清楚地知道门店的经营情况,超市导购可以清楚地看到顾客购买的产品信息,便于了解顾客偏好。数字化转型既提高了员工效率,又避免了一些不清不楚的麻烦。

全球蛙的数字化系统还在不断迭代更新,朝着顾客更满意的方向前进。美特好的业绩实现了增长,短短 1 年内,40%的太原常住人口(太原常住人口为 400 万人)成为美特好的新会员,门店销售额增加 7 亿元。数字化转型成功提振了全球蛙和美特好的士气,越来越多的高管肯定了储德群的远见和胆识。

(四)激发活力:从“母子”到“伙伴”

1.疫情冲击,深化变革

全球蛙业务逐渐步入正轨,但储德群觉得商超要存活下去,这点改变还远远不够。可真要说到底哪里还存在不足,他一时间也说不上来。如果不是那件事情的发生,储德群的进一步变革决定恐怕还会推迟几年。

2020 年,新冠疫情蔓延整个太原市。对此,当地百姓第一反应是立即囤货,超市货架上的水果蔬菜、粮油米面迅速被抢购一空。紧急关头,美特好“保证满足供应,保证不涨价”的广告语给他们吃了一颗定心丸。这之后,美特好的员工没日没夜地工作着,激励他们的并不是工资,而是他们肩上的责任,他们第一次认识到工作的意义。储德群意识到数字化只是工具,员工才是企业活力的关键。这场疫情让他产生了进一步变革的想法。

随着全球蛙业务的不断完善,其获得的数据资源逐渐增多,数据分析压力逐渐增大。同时,消费者个性化需求日益凸显,对商品及服务的要求日益苛刻,这要求全球蛙的智慧供应链体系与数据分析体系应更加协同。为增强分析和供给的交流协同,全球蛙的组织架构变革、业务流程重组刻不容缓。不过,一时之间,储德群还不知该如何推进进一步变革。

2. 干部创业,组织重组

在与原冰的谈话中,储德群获得全球蛙的变革新思路。原冰讲到的“生态型组织”概念,储德群颇感兴趣。发展学习后,储德群认为生态型组织倾向于将“母子关系变成角色关系”,换句话说,就是把员工看作合作伙伴,而不是下属,这种平等观念可以通过内部创业来激发。

对新学到的做法,储德群跃跃欲试。会上,他再次向公司高管强调零售行业遇到的危机:“新冠疫情反复无常,门店时常停摆,线下顾客少,而且还有交通管制。在这种情况下送货到家,无疑给我们提出了新的挑战。”不久之后,他提出建立九大“特种兵”(控股子公司)的想法:除了全球蛙,还要孵化九大子公司,其中七大子公司分别负责超市的一种产品品类,另外两大子公司为生鲜供应链公司和美特好超市。九大子公司均由美特好事业部高管领导。他还强调:“子公司有没有活力,能不能有未来;跟着你们干的人能不能成功,能不能做出成绩,关键在事业部高管!”

2020年初,美特好的干部被“下放”,进行自主创业。储德群将商超的商品品类分为美妆、美食、美酒、烘焙、茶社、包子、一站式多功能时尚购物体验广场七大品类,分别对应TYC有氧式、堂堂美食市集、ALLIN酒晤、德乐烘焙、有间茶舍公司、美记包子、美都汇七大子公司(见图2),各子公司的负责人由原先事业部负责人担任。每个子公司如同美特好的“特种兵”部队,独立应对商海重重考验。“自主经营、自负盈亏”是那些干部被“下放”前储德群对他们说的话,这样一来,他们的压力变得更加沉重,但他们欣然接受了这份任命。

之后,每个子公司负责人以各自的方式成长着。有的为了让食品味道更佳,跑到各地学习秘方;有的一改原先的寡言少语,主动与各种客户谈生意、拉订单;有的开始研究各种热卖商品背后的销售逻辑。他们在商场中磨砺,以不同的方式成长,以不同的方式试错学习,收获刻骨铭心的蜕变。起初,他们亏损公司几千万元资金,后来,渐渐站稳脚跟,他们的产品得到越来越多顾客的认可。

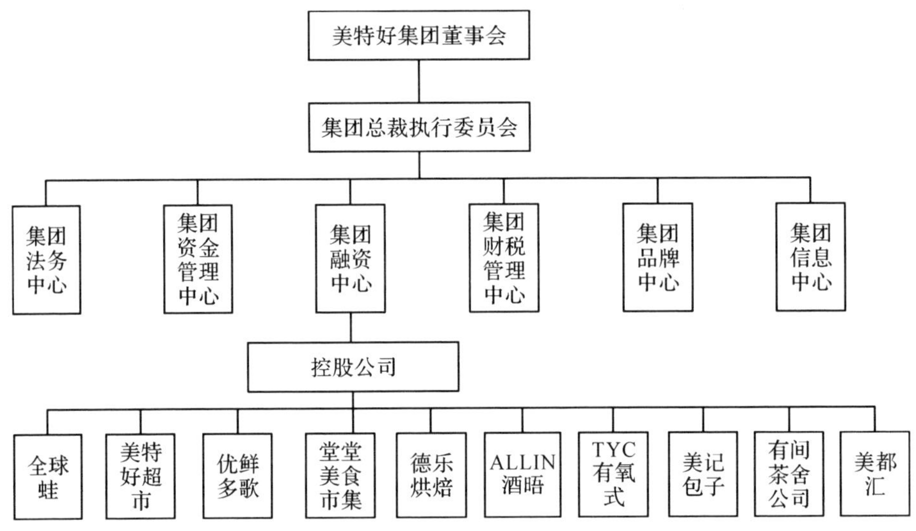

图 2　变革后美特好的集团组织结构①

例如,德乐烘焙树立自己的品牌——可熨帖了,已成为高端品牌;美记包子已经有 1000 家加盟盈利店;海南的椰汁、山西的石头饼等自有品牌成了网红商品,受到消费者追捧;等等。在 1 年的时间里,每个“特种兵”创造了不少新奇的产品,他们将这些产品反哺美特好,为美特好筑起产品高地,打造独特的产品力。

① 资料来源:美特好。

(五)布局未来:从表层到深层

除了七大品类“特种兵”及超市本身,储德群还新设生鲜供应链“特种兵”——优鲜多歌。7 个子公司加超市便可独当一面,可为什么还要增加一个供应链“特种兵”呢?故事还得从 2020 年讲起。这年年初,储德群参加由中国连锁经营协会举办的交流会,其旨在促进连锁行业的交流与合作。

交流会上,储德群进一步了解连锁行业的业态。近年来,由于网络零售的冲击,实体零售行业经营困难,销量大幅下滑,关店数量增多,整个连锁超市行业大受打击。作为连锁超市的渠道商,储德群明显感受到渠道被分解,抖音、小红书、微店都在做渠道生意,都在分流超市顾客。面对渠道的碎片化,零售行业需要重塑行业“玩法”才能找到出路。全球蛙实现美特好的数字化转型,下一步是输出赋能,为整个零售行业做贡献。但是,数字化是实体零售行业转型过程中的工具,它们需要找到自己的优势定位。

会后,储德群一直在苦苦思索这个问题,直到他看到一则新闻:目前我国农产品物流仍存在着流通损耗率较高这一突出问题,商务部将继续推动农产品冷链物流建设。储德群忽然想起习近平总书记 2020 年 5 月考察山西时曾经讲的:“山西农业的出路在于‘特’和‘优’。要深入推进农业供给侧结构性改革,提高农业综合效益和竞争力。”此后,山西政府对农业的发展更加上心,出台了多项政策助力农业发展。

农产品是山西的重要战略抓手。储德群起步于超市连锁店,对供应链较为熟悉,他认为新事业的方向可以从农产品供应链切入。多年前,曾有一则关于预制菜的新闻:随着人们生活节奏的加快,预制菜有望成为市场新宠,但是受制于保质期短等因素,并未发展起来。如果美特好可以抢先做好农产品冷链的配送,那将会有巨大的市场前景。渠道已经碎片化,电子商务抢占了诸多中间商生意,但是变化中也有不变的东西,不变的是供给端,是产品,是供应链;不变的是顾客端,他们一直需要好产品,需要更便利、更优质的产品。抓住产品,建立产品高地是一大关键,而做好生鲜农产品的冷链供应是关键的关键!

优鲜多歌便应运而生,成为"特种兵"的一员,原农产品采购总监贾永光担任优鲜多歌副总裁。得知女儿对优鲜多歌有兴趣,储德群让她加入创业团队。2022 年,储德群的女儿储思瑶加入优鲜多歌,担任董事长。往后,她将独立面对公司大小事务,自主处理公司的各种问题,独立承担公司的各种责任。

此举让优鲜多歌的高管深受鼓舞,这在一定程度体现储德群对优鲜多歌的重视。贾永光坦言,被调往优鲜多歌对其个人的发展,对其未来的规划,都是有利无害的,这家公司在几年后很可能会成为上市公司。对于公司未来的规划,他们打算开发属于自己的核心产品走向全国,让优鲜多歌不光成为美特好的一个供应链公司,还要成为整个山西省乃至全国最大的供应链企业。

(六)谋虑深远:从躬亲到传承

储德群出神半晌,慢慢地结束了演讲。台下听众兴致盎然,他心里感到一阵欣慰:在商场上打拼了将近 30 年,设立了这么多的事业部,创办了这么多优秀的公司,与合作伙伴彼此信任,大家都干着自己喜欢的事。自己的确做了一件挺了不起的事,做了一件挺难得的事。

不过,储德群有一份隐忧:自己已经 60 多岁了,是时候要将接力棒交给年轻人了,但是,美特好如果离开了自己,将会发展成什么样呢?一路走来,经历了风风雨雨,这让储德群明白,只有善于谋划战略、激发组织活力、发挥员工自主性、注重学习创新的企业家才有望让企业基业长青。未来,他们能否成为这样的企业家,前方的路还很长,需要时间成长。

二、案例拓展

（一）教学目的与用途

本案例主要适用于本科生、MBA 等的“创新管理”课程中“创新变革流程”和“企业家创新精神”相关章节的课程教学，希望学生通过对正文内容的研读和讨论，理解数字化转型的含义，掌握创新变革步骤，了解企业家精神及其传承路径。

本案例引导学生正确、深刻地理解“企业家精神”及“特区精神”的内涵和关联，通过它们在企业管理中的体现，深化认识，感化行动。

（二）启发思考题

1. 数字化时代来临，为什么储德群要创立全球蛙？

2. 从全球蛙和优鲜多歌的实践来看，推进一项创新变革需要经历哪些步骤？

3. 你从储德群身上看到哪些精神特质？企业家精神如何传承下去？

（三）分析思路

教师可以根据自己的教学目标灵活使用本案例。这里提出本案例的分析思路，仅供参考。

本案例从企业管理角度出发，结合中国红色精神之“特区精神”，介绍美特好创始人储德群领导公司员工进行创新变革的实践过程。首先，教师以美特好为应对互联网冲击而孵化全球蛙的背景和动机作为切入点，进一步分析全球蛙聚焦超市赛道的过程，使学生掌握产业互联网平台和消费互联网平台的区别；其次，聚焦全球蛙和优鲜多歌的发展过程，分析它们能够做大做强的原因，总结出创新变革的流程；最后，以开放式的讨论作为结尾,将视角转向持续保持组织活力,引导学生思考应该如何激发公司高管的自主性并进一步增强其创新性,探讨“创业精神”在新一代企业家中传承的实施路径,解读“特区精神”内涵在美特好发展中的作用。具体分析思路与步骤如图3所示。

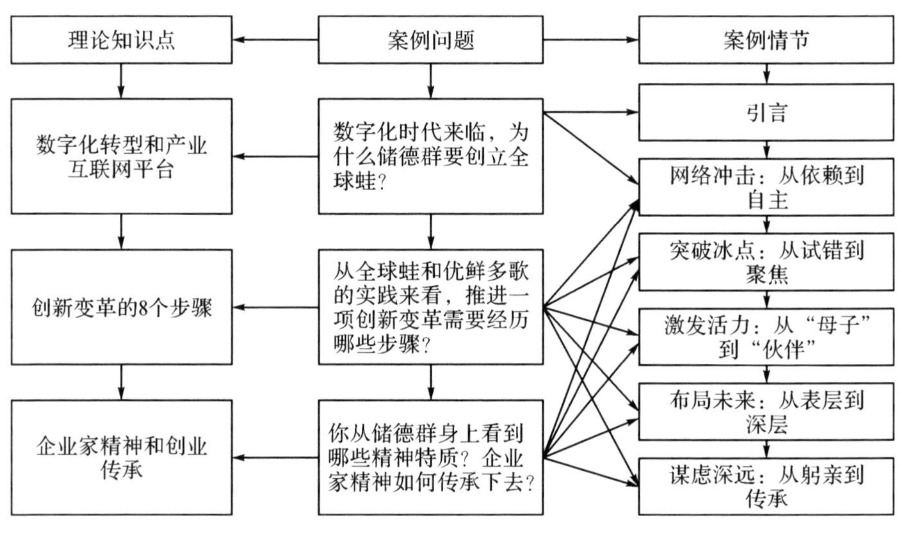

图3　案例分析思路与步骤

(四)理论依据及分析

使用本案例时,教师可能需要用到以下相关理论,并且希望学生掌握相关理论知识,从而能结合理论对具体情况进行分析。

1.数字化时代来临,为什么储德群要创立全球蛙?

理解这一问题需要先了解数字化对企业内外部环境的深刻影响,明晰企业数字化转型的必要性,尝试发现重构产业过程中“O+O”(线上、线下融合)的必然趋势。随后将视角聚焦在对全球蛙创立前夕美特好的情况介绍上,了解其遇到的机遇和困难。教师从全球蛙创立和所做的事情出发,从数字化时代的背景切入,通过列举创立全球蛙的契机,在学生逐渐有“体感”的基础上,引出理论知识。

【理论依据】

(1)数字化转型。在数字经济时代,运用互联网技术和数字技术进行数字化转型,已成为传统产业形成新动能、实现高质量发展的必然路径。零售行业率先拥抱互联网技术,成为数字化转型的先行行业。数字化转型界定为企业(主体)结合信息、计算、通信等数字技术(工具),进行产品、服务、流程、模式和组织(类型)的全面协同转型(关键),最终改进业务形成竞争优势,并产生生态、产业和社会效应(结果)的过程。现有研究主要集中在以下 3 个方面。

一是零售业数字化内涵研究。尽管目前理论界对零售业数字化转型的内涵没有形成统一的定义,但基本上形成了真正的零售业数字化体现于全面数字化的实现这一共识。王宝义(2017)指出,零售业的演化,形式上是对“人、货、场”核心要素的重组,本质上是对成本、效率、体验的优化升级,数字技术驱动“新零售”的发展也遵循相同规律。在此基础上,张予等(2020)通过分析数字化背景下零售业的特征,提出零售业数字化是指运用大数据、物联网等技术,获取零售业每一个关键节点的数据,实现采购、供应链、营销、销售、售后、门店会员、商品的数字化;同时,基于所获得的庞大的数据资源,运用云计算、人工智能(AI)系统进行数据挖掘分析,实现精准决策、精准营销,形成一种新型高效的商业运营模式。

二是零售业数字化转型驱动因素研究。有学者认为,数字化技术是驱动零售业数字化转型的关键因素。如廖夏等(2019)基于生命周期视角,将实体零售业数字化转型阶段总结为萌芽期、成长期和成熟期,并进一步指出大数据、人工智能等数字技术的应用是阶段演进的关键驱动力。谢莉娟等(2019)基于零售职能视角,指出数字技术改变了实现供需匹配的媒介机制,进而推动零售业进行数字化转型。有学者从微观企业管理角度入手,认为企业能力、价值创造是驱动零售企业数字化转型的因素。如刘向东等(2018)基于动态能力视角,指出由外部环境压力、随机事件的刺激构成外部驱动因素,以及对发展压力的认知和对知识、技能吸收能力的构建构成的内部驱动因素,共同推动着企业数字化转型。张予等(2020)基于价值驱动视角,提出数字化改变了传统产业的运营模式,创造出新的价值空间,成为零售业价值挖掘的热点,并指出价值驱动是零售企业进行数字化转型的主要因素。

三是零售业数字化转型成功关键能力研究。刘向东等(2018)指出,对于转型不成功的企业,战略偏离与资金缺乏虽然表面上是主要原因,但其根源是企业在转型过程中缺乏根据资源、环境变化的动态整合、迭代能力。王强等(2019)认为,全面数字化转型涉及生产制造的最小批量优化、企业全面响应消费者需求、供应链物流体系的整合重组及全链路自动化的实现等方方面面,这些对于零售企业,尤其是传统实体零售企业而言是难点。张予等(2020)指出,在数字经济背景下,加强数字人才培养,推动零售业与数字化深度融合,增强核心技术的创新应用,推动企业回归以消费者为核心的商业本质等是零售业实现数字化转型的关键因素。这些研究从不同视角对推动零售业数字化转型的关键能力进行了探讨。

(2)产业互联网平台。产业互联网平台从交易环节向研发设计、制造、物流等多个环节进行拓展,吸引生态参与者加入,推进产业全链路协同,提升运营质量和效率(忻榕等,2020),其是数字时代产业发展的新型基础设施。产业互联网平台呈现两个主要特征:第一,强调数字技术的运用。数字技术能够持续改进现有产品并赋能互补者加入平台进行创新,影响原有的创新方式和重构企业的创新流程(Teece,2018)。第二,产业互联网平台的构建需要对成员进行数字化,将数字技术在需求侧的应用沿产业链向供给侧渗透。

产业互联网平台和消费互联网平台呈现出如表1所示的差异。首先,消费互联网平台需要通过快速的网络效应激发,实现赢家通吃,因此平台往往采取补贴定价甚至是对用户免费的策略,在平台启动初期快速地聚集用户;而产业互联网平台则需要赋能互补者,并向互补者传递行业愿景,提出价值共创的发展理念。其次,消费互联网平台的网络效应激发容易,但是用户黏性弱,且受到价格影响,平台用户往往会在多个平台间反复切换;产业互联网平台则正好相反,用户黏性更强,但是网络效应较难激发。最后,在上述特征的作用下,消费互联网平台建立快,平台企业重视先量后质;产业互联网平台的扩张速度则显得相对较慢,平台企业重视先质后量。

表1 消费互联网平台和产业互联网平台差异点归纳

比较维度	消费互联网平台	产业互联网平台
平台策略	流量、撮合	赋能、共创
网络效应激发	容易	较难
用户黏性	较弱	较强
扩张速度	快/先量后质	慢/先质后量

【案例分析】

在课程讲授中,教师首先可以从“互联网对于实体零售的冲击”开始切入。2012年“双十一”那天,天猫和淘宝两家电子商务平台交易总额达到191亿元,2013年电子商务零售模式持续做大做强,吸引了大量年轻购买者。在此背景下,运用互联网技术和数字技术进行数字化转型,已成为传统产业形成新动能、实现高质量发展的必然路径,数字化转型已经势在必行。因此企业要结合数字技术,进行产品、服务、流程、模式和组织的全面协同转型,最终改进业务形成竞争优势,并产生生态、产业和社会效应。

随后,教师可以给学生介绍美特好拥抱互联网的尝试。传统零售商在

“互联网+”“O2O”模式的影响下,开始尝试与电商融合发展。在此过程中,美特好尝试通过传统消费互联网平台的赋能路径来推进转型,即与1号店、美团和饿了么等平台进行合作。但在该过程中美特好逐渐发现,通过发补贴获得的流量并不能带来用户留存,难以实现产业价值的提升。储德群也意识到,电商和实体店都有自己的硬伤,亟须创新。电商的硬伤是引流需要补贴,电商的物流比传统零售多了小包装和快递,物流费用达到销售额的50%。实体店的硬伤是房屋租金不断上涨、人员工资不断上涨、顾客不断被分流,导致坪效不断下降。美团属于消费互联网平台,其具有几大特点:第一,在平台策略方面,美团发放用户外卖优惠券,推动商家和用户交易;第二,在网络效应激发方面,美团通过优惠活动能够吸引用户下载该款App,规模快速激发网络效应;第三,在用户黏性方面,美团用户会在不同外卖平台之间来回切换,稳定性较差;第四,在扩张速度方面,美团在短时间内快速占领部分外卖市场,具有极快的扩张速度。

通过上述分析,接下来教师可以向学生介绍产业互联网平台的内涵与特征。产业互联网平台是数字时代产业发展的新型基础设施,强调数字技术的运用,而且平台构建需要对成员进行数字化,将数字技术在需求侧的应用沿产业链向供给侧渗透。产业互联网平台和消费互联网平台呈现出明显差异,教师可通过板书向学生讲解表1的情况,让其理解“O2O”和“O+O”的差异。2014年,美特好尝试与电商融合发展。2015年,储德群开始筹备区域性平台——“实体店的电商”,形如淘宝,让每一个实体店都实现“千店千面”数字化,实现商品在线、员工在线、顾客在线、交易在线。顾客可以更加便利地在购物平台购买实体店商品,也可以通过实体店入口购买平台产品。这样,实体店销售额自然而然就会提高,坪效也会得到提升。线上线下融合,实体店坪效、人效更高,当地消费者选择更丰富、更便利。2015年9月8日,全球蛙成立。全球蛙属于产业互联网平台,有4个特点:平台策略方面,全球蛙构建数字化零售系统,与美特好等传统商超共创;网络效应激发方面,全球蛙长期针对美特好,赋能商超的过程也逐一推进,网络效应激发速度慢;用户黏性方面,全球蛙的用户难以轻易换掉公司提供的数字化零售系统,稳定性较好;扩张速度方面,全球蛙以美特好为试验场,不断迭代模式再谋输出,这些和以美团为例的消费互联网平台形成了鲜明对比。

2.从全球蛙和优鲜多歌的实践来看,推进一项创新变革需要经历哪些步骤?

本问题设计的目的是帮助学生详细了解创新变革的流程,从两家公司的实践中总结出各步骤可以让学生更有"体感",有助于增强其对于创新机会的敏感性和提高其把握创新机会的能力,同时也为学生感受储德群的企业家精神和"特区精神"做好铺垫。

【理论依据】

有效变革步骤。约翰·科特认为,创新变革有8个步骤(见图4)。

步骤1:制造强烈的紧迫感。让组织中有足够的人在工作中保持一定的紧迫感,是组织开始变革的基础。紧迫感会使人们意识到进行变革的必要性和重要性,并且开始为变革采取行动;可以消除组织中存在的不良情绪,减少不良情绪对变革活动的破坏。

步骤2:建立一支强有力的领导团队。这个团队需要由一些有责任感的、权威的、可信任的人员组成,负责变革过程中的领导工作,这样更有利于变革的进行。否则,如果由某一个人单枪匹马领导变革,当这个人在工作中缺乏必要的能力和权威的时候,变革就会受到阻碍。

步骤3:确立正确而鼓舞人心的变革愿景。变革愿景常与战略、规划和预算相联系,却不能与它们等同。详细的计划和预算仅仅是变革的必要条件,组织更需要符合实际情况的、能够得到组织认同的、清晰的变革愿景,它可以激发组织成员的干劲,让组织成员明确努力的方向。

步骤4:进行沟通,使人们认同变革。将确立的变革愿景有效地传递到组织中的相关人员,使得所有的相关人员都能对此达成共识。这个阶段中,实际的行动比言语更为有效,表率比指令更起作用,领导者需要用实际的行动来影响其他相关人员。

步骤5:更多地授权,使更多人采取行动。充分的授权,是在组织中进行成功变革的必要环节。具体执行变革措施的组织成员,如果缺乏必要的权力,就会在工作中难以施展能力,并且不得不为自己进行必要的辩护。这样很容易造成挫折情绪的蔓延,从而阻碍变革。

步骤6:取得短期成效,稳固变革信心。变革通常是一个缓慢且逐步实现目标的过程,在具体某一阶段,其成效并不明显。这种情况持续太久,会给组织成员造成一定的心理压力,怀疑变革能否成功和有效。因此,变革领导者需要适时地创造短期成效,帮助肯定变革成果,以鼓舞人心。

步骤7:拒绝松懈,推动变革进一步向前。在取得短期成果之后,组织成员的信心被调动起来,变革行动获得支持,这个时候需要注意保持组织成员的情绪,并且继续推进组织的变革,否则一旦放松,变革士气就很难再次回升。

步骤8:将变革作为一种新规范与企业文化固定下来。变革取得成功后,组织需要通过一定的企业文化来巩固变革成果,以企业文化来培养组织成员共同的价值观,推进变革活动的深入。

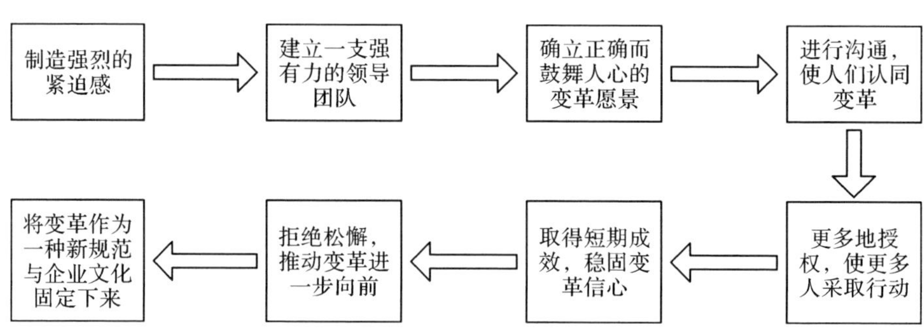

图4　创新变革步骤图

【案例分析】

教师可以引导学生透过现象梳理储德群和美特好这些做法背后的本质,并结合约翰·科特早已总结出的具有极强可操作性的创新变革的8个步骤,分析推进一项创新变革需要经历哪些步骤,对比分析如表2所示。

表2 美特好的实践与创新变革流程对比归纳

美特好相关情况	创新变革流程对应步骤
互联网冲击严重,转型势在必行	制造强烈的紧迫感
偶然结识原冰,得到变革干将	建立一支强有力的领导团队
美特好确立新零售战略	确立正确而鼓舞人心的变革愿景
	进行沟通,使人们认同变革
给予原冰充足的施展空间	更多地授权,使更多人采取行动
原冰开始专注于商超赛道的数字化	取得短期成效,稳固变革信心
稳扎稳打,创立九大“特种兵”	拒绝松懈,推动变革进一步向前
着眼于集团未来,储德群开始考虑交接棒问题	将变革作为一种新规范与企业文化固定下来

(1)互联网冲击严重,转型势在必行。2013年受互联网浪潮冲击,美特好门店收益骤减,储德群意识到传统零售超市需要顺势转型才能留住顾客,美特好必须敢闯敢试、敢为人先,集团转型迫在眉睫。但与1号店等外部互联网企业合作收效甚微,这让储德群明白数字化是要重构产业,而不是简单的“O2O”模式,而是“O+O”。这一阶段正好对应于创新变革的步骤1:制造强烈的紧迫感。正是美特好转型的紧迫感使人们意识到进行变革的必要性和重要性,并且开始为变革采取行动。

(2)偶然结识原冰,得到变革干将。2015年夏天,在北京的一次培训中,储德群偶然结识了原冰,被她身上的果敢、干练、坚忍、前瞻性所吸引。

储德群果断邀请原冰加盟,通过孵化全球蛙,开启数字化探索的自救征途。这一阶段正好对应于创新变革的步骤 2:建立一支强有力的领导团队。火车跑得快,全凭车头带,领导力是企业转型的基础,有一个好的领导团队就意味着变革成功了一半,反之则有中道夭折的风险。

(3)美特好确立新零售战略。储德群在集团内部的各种公开场合,积极和领导层及员工们沟通,争取了他们的广泛支持,明确表示美特好今后的战略定位及转型思路:转型为区域新零售商,以满足顾客需求为触发点、新零售理念为指引。摆在传统零售企业面前只有两条路,要么继续停滞不前,最后被市场抛弃,要么及时转身,用互联网思维,给企业注入年轻活力;储德群进一步确定美特好的新零售战略为:借助全球蛙零售平台,以大数据分析为驱动,以顾客消费者体验为核心,融合多种零售业态,率先成为华北地区线上线下协同运作的新型区域零售企业集团。追求卓越是储德群一直以来的自我要求。不仅如此,储德群也让员工认识到:他们有更无我、更无私的追求,他们是在"被需要"的。当你不只是为了谋生,而是在为整个零售业做点事情时,热情自然就来了。这一阶段正好对应于创新变革的步骤 3 和步骤 4:确立正确而鼓舞人心的变革愿景和进行沟通,使人们认同变革。美特好的新零售战略极大地激发了公司上下的干劲,指明了组织成员明确努力的方向。

(4)给予原冰充足的施展空间,贯彻"特区精神"里的开放包容精神。出乎储德群的意料,原冰竟然是一个如此有主见的人,在公司战略布局和自己的意见不一致时,原冰据理力争,坚持己见,在一些储德群看来注定要失败的项目上依然很有自己的想法,储德群纵然很生气但心里依然高兴,认为原冰是一个有胆识的人,她具有成功的特质。因此储德群大胆放权,按照原冰的战略来执行,并因此不惜交下数额惊人的学费来帮助其成长。这一阶段正好对应于创新变革的步骤 5:更多的授权,使更多人采取行动。放权给了原冰更多的空间和更大的舞台去展现才能、获得成长,只有这样,企业才能真正成长,才能培养出真正的企业家。同时,这也能移除企业变革的障碍,从而统一大家的思想,减少内耗。

(5)原冰开始专注于商超赛道的数字化,一切步入正轨。在美特好的全力配合下,全球蛙团队深入商超一线,通过观察、试验、复盘、迭代,逐渐探索出具有商超特色的数字化,并在2017年10月研发出全球蛙App来支撑商超的数字化转型。在"人、货、场"3个部分完成转型,美特好的业绩实现了提升,各个门店的生意开始回暖,逐渐下滑的销售额开始回升并实现了7亿元的增量销售。这一阶段正好对应于创新变革的步骤6:取得短期成效,稳固变革信心。长期看不到变革的成效会极大地打击士气,动摇变革信心,短期成效鼓舞了公司上下变革成功的士气,坚定了变革决心。

(6)稳扎稳打,创立九大"特种兵"。2020年初,储德群将商超的商品品类分为美妆、美食、美酒、烘焙、茶社、包子、一站式多功能时尚购物体验广场七大品类,它们分别对应TYC有氧式、堂堂美食市集、ALLIN酒晤、德乐烘焙、有间茶舍公司、美记包子、美都汇七大子公司,公司的负责人由原先的事业部负责人担任,除了七大品类"特种兵"及超市本身,储德群还设置了一个生鲜供应链"特种兵"——优鲜多歌。这些公司自主经营、自负盈亏。这一阶段正好对应于创新变革的步骤7:拒绝松懈,推动变革进一步向前。抓住机会,扩大战果,构建供应链中台,前中后台协作,让美特好的组织架构进一步向行业顶尖水平靠拢。

(7)着眼于集团未来,储德群开始考虑交接棒问题。储德群已经60多岁了,是时候将接力棒交给年轻人了。一路走来,经历了许多风风雨雨,这些经历也逐渐让他明白,只有善于谋划战略、考虑组织活力、注重激发每个人的自主性、注重学习创新的企业家才有望让企业基业长青。如何培养这样的企业家、如何树立开放创新的企业文化,对于企业来说是严峻挑战。这一阶段正好对应于创新变革的步骤8:将变革作为一种新规范与企业文化固定下来。"小储德群"们的成长和企业文化的积淀对美特好的未来发

展将大有裨益。

3.你从储德群身上看到哪些精神特质？企业家精神如何传承下去？

本问题设计的目的是帮助学生深入了解储德群身上的优良品质，并将储德群的精神特质和敢闯敢试、敢为人先、开放包容、追求卓越、埋头苦干、务实高效的“特区精神”联系起来，引导学生思考如何将这种企业家精神传承下去及学生自身从这种精神力量中汲取到了何种能量。

【理论依据】

(1)企业家精神。Knight(1921)最先提出“企业家精神”一词。他认为企业家精神是企业家的才能与才华，是企业家个人价值观的体现。从企业家性格特质角度来看，Marshall(1890)提出企业家精神是企业家所具备的机智、勇敢、严谨、独立、果断、坚定、敏锐、进取、追求卓越的品质。白少君等(2014)基于前人的研究成果，将企业家精神归纳为创新精神、合作精神、冒险精神及包容理解他人、适应动态环境、讲究社会伦理等特质。从企业家行为角度看，创新理论的提出者——Schumpeter(1934)认为，企业家精神是一种创造性的破坏精神。而 Drucker(1985)则认为企业家精神是具有实践性的革新行为，这种行为能够赋予现有资源创造新财富的能力，能够为企业创造出独特的新事物，开创新的市场和获得新的顾客群。Oviatt et al.(2010)则认为企业家精神实际上就是企业寻找市场机会、挖掘市场资源、辨识市场风险、审时度势地推动组织变革、勇于冒险和创新的行为集合体。

多数学者认为，企业家精神是一个多维度概念，并将企业家精神归为创新精神、冒险倾向及控制倾向等 3 个方面。Antoncic et al.(2001)认为，企业家精神主要包括先动性、创新性、开拓新业务及自我更新等 4 个维度；而胡海波等(2020)则认为，企业家精神的 4 个维度分别是创新精神、冒险精神、进取精神及开放精神。

有学者从自组织演化理论视角入手,分析企业家精神具有动态变化性,但主要包括创业精神、学习精神和责任精神。宋玉禄等(2020)通过主成分分析方法构建出新时代企业家精神的3个维度:创新创业精神、战略决策精神和经营精神。李政(2019)指出,创新精神和创业精神是新时代企业家精神的本质与核心内容,而诚信精神、担当精神、工匠精神、奉献精神则是新时代企业家精神的外环要素。

(2)创业传承。家族企业实现跨代发展的关键是企业家创新创业精神的传承。以二代接班人的"行为学习经历"为线索,以传承触发事件和全职接班为两个关键事件,可以将家族企业的代际传承过程划分成多个不同的阶段(Longenecker et al., 1978)。陈寒松(2011)提出除部分个性特征,如风险容忍、内控性无法学习与传承之外,企业家精神的其他主要内容均能通过创业学习和实践活动而获得,这成为企业家精神传承的基础和前提。企业家精神教育,让继承人参与广泛的创业实践活动,让继承人从事家族企业内的公司创业事项,进行战略更新及战略创业则是企业家精神传承与创新的3条路径。而已有研究发现,父辈家族企业家通过言传身教,让子女跟随自己在企业中磨砺,并用自身创业精神影响他们,才是创业精神最主要的传承途径(何轩等,2011)。而李新春等(2008)提出家族企业实现创业精神传承与跨代际持续发展的主要路径是通过治理结构变革、产业创新、对家族企业资源的动态管理、内外部网络构建、国际化发展等一系列战略创业行为。

【案例分析】

教师首先引入"企业家精神"的概念,把众多学者对于企业家精神的定义向学生展示。其次引导学生通过储德群诸多事例分析总结企业家精神

(见表 3)。美特好受互联网浪潮冲击后,储德群意识到传统零售超市需要顺势转型才能留住顾客,集团转型迫在眉睫,明知道回报是不确定的、遥远的,甚至可能是消极的,依然孵化了全球蛙,体现储德群敏锐、敢于创新、敢于冒险的精神;全球蛙的愿景是:为零售行业做贡献,助力中小实体店创新转型新零售,体现了储德群有责任心和奉献的精神;“发现”并且信任原冰,充分尊重其意见,体现了储德群包容、理解他人的合作精神;身为一个 60 多岁的老人,仍然奋斗在一线,努力学习各种先进管理理念和数字化理论,体现了储德群善于学习、敢闯敢试、敢为人先、追求卓越的精神……最后,企业家精神内涵维度和其在储德群身上的体现如表 3 所示,可见,储德群本人受到了“特区精神”的强烈感召,他的企业家精神与“特区精神”高度契合。

表 3　企业家精神和其在储德群身上的体现对比归纳

企业家精神	在储德群身上的体现
敏锐、敢于创新、敢于冒险	准确识别危机,冒险孵化了全球蛙
有责任心和奉献的精神	设立全球蛙的愿景
开放包容、理解他人的合作精神	“发现”并且信任原冰,充分尊重其意见
善于学习、敢闯敢试、敢为人先、追求卓越	奋斗在一线,努力学习各种先进知识
……	……

此问题的答案为开放式答案,学生可以根据自己的理解在合理范围内给出解释。

教师应当让学生讨论如何将储德群的企业家精神传承下去,首先向学生介绍创业传承的内涵,其次进行企业家精神教育,让继承人参与广泛的创业实践活动,让继承人从事家族企业内的公司创业,让继承人进行战略更新及战略创业。教师可引导学生向两方面思考:第一个方面,对于子女,已有研究发现,父辈家族企业家通过言传身教,让子女在企业中磨砺,并用自身创业精神影响他们是创业精神最主要的传承途径。得知女儿对优鲜多歌颇有兴趣时，储德群便邀请她加入了自己的团队。2022 年，储德群的女儿储思瑶加入优鲜多歌，成为公司的董事长。往后，她将独立面对公司的大小事务，独立解决公司的各种问题，独立承担公司的各种责任。第二个方面，对于公司的高管，储德群的做法是让高管形成独立思考、勇于承担责任的习惯，让高管独立管理自己的事业，放手去干，因此培养了一批有前瞻性、有激情、有追求的企业家，让高管们的行事风格都打上“储氏烙印”，企业家精神便由此得到传承，“特区精神”也得以贯彻。

（五）关键要点

1. 关键点

（1）数字化时代背景下，企业数字化转型的必要性。

（2）约翰·科特创新变革的 8 个步骤。

（3）“特区精神”的内涵与精髓。

（4）企业家精神及其传承路径。

2. 主要能力点

（1）理论学习能力。

（2）比较分析能力和逻辑思维能力。

（3）实践运用能力等综合能力。

（六）建议课堂计划

1. 时间计划

本案例可以作为专门的案例讨论课的材料来进行讨论。如下是按照时间进度提供的课程计划建议，仅供参考（见表 4）。

整个案例课的课堂时间控制在 90 分钟。

表4　课程计划

教学计划		具体内容	时间分配
课前计划	准备工作	提前1周发放案例材料,提出启发思考题,请学生在课前完成阅读和初步思考	1周前
课中计划	案例引入	教师先介绍红色革命精神,重点关注案例体现的“特区精神”,然后陈述案例的背景,结合学生的职业经历,采取互动的方式带领全体学生回顾整个案例的脉络,让每个人有共同对话的基础	10分钟
	分组讨论	在课堂给学生分组,建议采取偶数组PK的方式,每两组负责一个启发思考题,10分钟讨论。剩余10分钟,每组选代表陈述讨论的观点	20分钟
	案例分析	教师带领学生分析启发思考题1	10分钟
	案例分析	教师带领学生分析启发思考题2	20分钟
	案例分析	教师带领学生分析启发思考题3	20分钟
	案例总结	学生开放性提问、交流环节,教师对课程关键要点的简要性总结	10分钟
课后计划	作业和总结	巩固学生对相关知识点的理解,让他们理论联系实际,试着以书面形式提交一份案例分析报告	1周后

2.课堂提问逻辑

课堂提问的建议见表5。

表5　课堂提问建议表

课堂阶段	供选择的问题	引导逻辑
案例引入	①大家平时经常去的超市有哪些?购买生鲜产品的话还会去实体店吗? ②是否有同学平时比较关注零售行业?2012年左右,美特好和1号店的合作为什么失败了?	首先,以大家对生鲜产品购买方式变化的“体感”切入,活跃课堂氛围。然后,用问题来带领全体学生熟悉案例的内容,为下一步讨论奠定基础。同时,这可以帮助一些课前来不及阅读的学生熟悉案例素材

续 表

课堂阶段	供选择的问题	引导逻辑
启发思考题 1	①电商零售模式给实体零售企业带来的冲击有哪些? ②美特好受“互联网+”和“O2O”模式的影响与电商融合发展的尝试给了你什么启发? ③“O+O”模式有什么优点?全球蛙为什么选择自建平台?	在学生讨论汇报的基础上,用 3 个问题做进一步的提炼。从电商零售给实体零售企业带来的冲击这一问题切入,与学生一起梳理全球蛙创立的原因。随后,教师牵引学生思考“O+O”模式的优点,帮助学生认识产业互联网平台
启发思考题 2	①全球蛙和优鲜多歌的实践中有哪些标志性事件?尝试概括一下。 ②从这些标志性事件中能否提炼出创新变革的流程? ③尝试把事件和流程一一对应,能否以一张表来总结?	总结学生讨论的全球蛙和优鲜多歌实践中的标志性事件,促使学生进一步思考能否将这些事件和约翰·科特的创新变革 8 步骤联系起来。进而,教师结合学生之间观点的碰撞,总结创新变革的流程
启发思考题 3	①你认为什么是企业家精神?它对一家企业的影响如何? ②储德群有哪些难能可贵的品质?这些品质对你有哪些启示? ③如果你是储德群的女儿,大致会怎样传承父亲的创业精神?	教师首先回顾储德群在美特好发展中的种种事迹,带领学生总结出其中体现了哪些企业家精神,进而引出储德群在创业传承方面的努力。之后根据课堂时间,让学生开放讨论对于传承储德群创业精神的看法
案例总结	根据课堂节奏,教师还可以引导学生开放性讨论:优鲜多歌模式是否可全行业赋能推广?未来可能面临哪些新挑战?最后,教师对课程内容做简要总结	

3.课堂板书设计

为了方便教学,以下是供课堂使用的教学 PPT 板书(见图 5),与课堂提问逻辑对应,供教师参考。

黑板一

（1）大家平时经常去的超市有哪些？购买生鲜产品的话还会去实体店吗？

（2）是否有同学平时比较关注零售行业？2012年左右，美特好和1号店的合作为什么失败了？

序号	企业名称	超市品牌	2021销售总计（含税万元）	销售同比（%）	2021门店数（个）	门店数同比（%）	备注
1	沃尔玛（中国）投资有限公司	沃尔玛	9903600	13.3	396	-7.7	★
2	永辉超市股份有限公司	永辉	9896898	-5.3	1090	-7.0	★
3	高鑫零售有限公司	大润发、中润发、小润发	9800501	-5.3	602	14.8	☆
4	华润万家（控股）有限公司	华润万家、Ole、华润苏果	7816771	-11.0	3245	-0.5	★ ①
5	物美科技集团有限公司	物美、麦德龙	5967163	1.5	1162	4.6	★
6	联华超市股份有限公司	世纪联华、联华、华联	5571381	-1.9	3254	1.9	★
7	家家悦控股集团股份有限公司	家家悦、[illegible]	3138904	12.4	928	6.9	★
8	中百仓储超市有限公司	中百仓储	[illegible]	-4.5	880	-2.0	★
9	家乐福（中国）管理咨询服务有限公司	家乐福	[illegible]	-26.6	198	-13.2	★
10	步步高投资集团股份有限公司	步步高	[illegible]	[illegible]	343	-9.0	★

2021 VS 2020

序号	超市主要品牌	所属企业	2020销售总计（含税万元）	销售增长率%	2020门店数(个)	门店增长率%	备注
1	大润发、欧尚	高鑫零售有限公司	10598900	0.1%	490	0.8%	★
2	永辉	永辉超市股份有限公司	10453915	12.2%	1172	-18.6%	★
3	华润万家、华润苏果	华润万家（控股）有限公司	8782800	-7.6%	3261	0.8% ①	★
4	沃尔玛	沃尔玛（中国）投资有限公司	8740100	6.2%	429	-2.9%	★
5	物美、麦德龙	物美科技集团有限公司	5879000	55.1%	627	32.0%	★
6	世纪联华、联华、华联	联华超市股份有限公司	5681536	4.0%	3192	-4.8%	★
7	家家悦	家家悦控股集团股份有限公司	2791851	9.3%	868	16.4% ②	★
8	家乐福	家乐福（中国）管理咨询服务有限公司	2733227	-12.6%	228	-2.1%	★
9	步步高	步步高集团	2445137	0.8%	377	6.2%	★
10	中百仓储、中百超市、中百邻里生鲜、中百好邦、鲜香	中百控股集团股份有限公司	2371767	-15.3%	898	-0.1%	★

图示：2021年与2020年中国超市百强前10强对比

(a)板书 1

黑板二

（1）电商零售模式给实体店零售企业带来的冲击有哪些？

（2）美特好受“互联网+”和“O2O”模式的影响与电商融合发展的尝试给了你什么启发？

（3）“O+O”模式有什么优点？全球蛙为什么选择自建平台？

比较维度	消费互联网平台	产业互联网平台
平台策略	流量、撮合	赋能、共创
网络效应激发	容易	较难
用户黏性稳定性	较弱	较强
扩张速度	快/先量后质	慢/先质后量

(b)板书 2

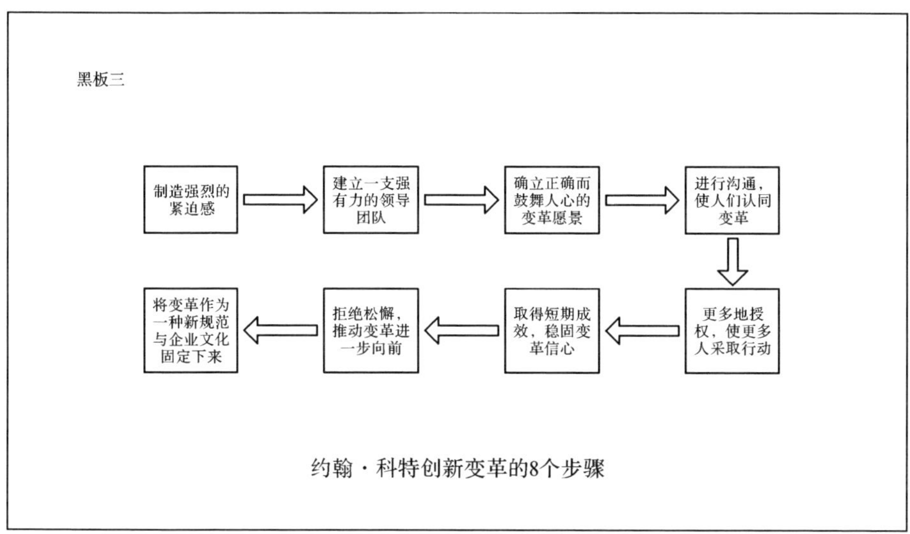

(c)板书 3

黑板四

美特好相关情况	创新变革流程对应步骤
互联网冲击严重，转型势在必行	制造强烈的紧迫感
偶然结识原冰，得到变革干将	建立一支强有力的领导团队
美特好确立新零售战略	确立正确而鼓舞人心的变革愿景
	进行沟通，使人们认同变革
给予原冰充足的施展空间	更多地授权，使更多人能采取行动
原冰开始专注于商超赛道的数字化	取得短期成效，以稳固变革的信心
稳扎稳打，创立九大“特种兵”	拒绝松懈，推动变革进一步向前
着眼未来，储德群考虑交接棒问题	将变革作为一种新规范与企业文化固定下来

美特好的实践与创新变革流程对比归纳

(d)板书 4

黑板五

（1）你认为什么是企业家精神？它对一家企业的影响如何？

（2）储德群有哪些难能可贵的品质？这些品质对你有哪些启示？

（3）如果你是储德群的女儿，大致会怎样传承父亲的创业精神？

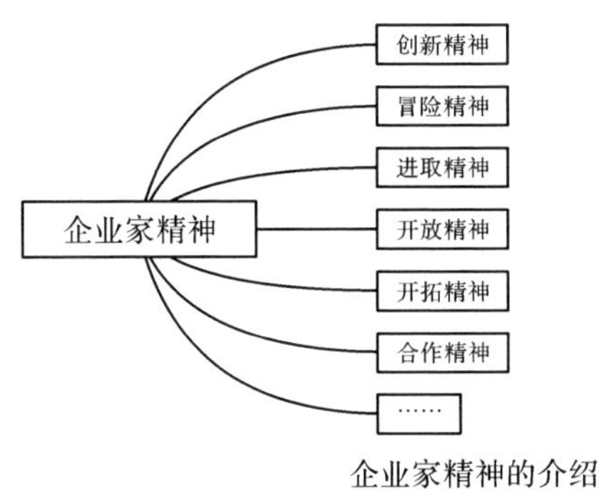

企业家精神的介绍

（e）板书 5

黑板六

在储德群身上的体现	企业家精神
准确识别危机，冒险孵化了全球蛙	敏锐、敢于创新、敢于冒险
设立全球蛙的愿景	有责任心和奉献的精神
“发现”并且信任原冰，充分尊重其意见	开放包容、理解他人的合作精神
奋斗在一线，努力学习各种先进管理知识	善于学习、敢闯敢试、敢为人先、追求卓越
……	……

企业家精神和其在储德群身上的体现对比归纳

（f）板书 6

黑板七

储思瑶方面的创业传承	其他高管方面的创业传承
父辈企业家通过言传身教，让子女跟随自己在企业中磨砺，并用自身创业精神影响他们是创业精神最主要的传承途径。得知女儿对优鲜多歌感兴趣时，储德群便邀请她加入优鲜多歌，成为公司的董事长。往后，她将独立解决公司的各种问题，独立承担公司的各种责任	对于公司的其他高管，储德群的做法是让高管形成独立思考、勇于承担责任的习惯，让高管独立管理自己的事业，因此培养了一批有前瞻性、有激情、有追求的企业家，让高管们的行事风格都打上“储氏烙印”

创业精神传承

(g)板书 5

图 5 课堂计划板书参考

(七)参考文献

[1] ANTONCIC B, HISRICH R D. Intrapreneurship: construct refinement and cross-cultural validation[J]. Journal of business venuring, 2001(5):495-527.

[2] CHEN H S. Research on inheritance and innovation of entrepreneurship of family business[J]. Dongyue tribune, 2011(4):173-177.

[3] CHRISTIAN L, NIKOLAUS F. The making of an entrepreneur: testing a model of entrepreneurial intent among engeering students at MIT[J]. R&D management, 2003(2):135-146.

[4] DRUCKER P F. Entrepreneurial strategies[J]. California management review, 1985(2):9-25.

[5] KNIGHT F. Risk, uncertainty and profit[M]. Boston: Houghton Mifflin Company, 1921.

[6] LONGENECKER J, SCHOEN J. Management succession in the family business[J]. Journal of small business management, 1978,16(3):1-6.

[7] MARSHALL A. Principles of economics: an introductory volume[M]. London: Macmillan,1890.

[8] OVIATT B M,MCDOUGALL P P. Defining international entrepreneurship and modeling the speed of internationalization[J]. Entrepreneurship theory and practice,2010(5):537-554.

[9] SCHUMPETER J A. The theory of economic development[M]. Cambridge:Harvard University Press,1934.

[10] TEECE D J. Profiting from innovation in the digital economy: enabling technologies, standards, and licensing models in the wireless world[J]. Research policy, 2018, 47(8):1367-1387.

[11] 白少君,崔萌筱,耿紫珍. 创新与企业家精神研究文献综述[J]. 科技进步与对策,2014(23):178-182.

[12] 陈寒松. 家族企业企业家精神的传承与创新研究[J]. 东岳论丛. 2011(4):173-177.

[13] 何轩,陈文婷,檀宏斌. 家族企业准接班人的创业精神传承:以高校在读家族企业后代为样本的探索性实证研究[J]. 管理评论,2011(9):58-67.

[14] 胡海波,管永红,费梅菊,等. 企业创新网络演化机制双案例研究:企业家精神与关系嵌入驱动[J]. 科技进步与对策,2020(4):89-98.

[15] 李新春,何轩,陈文婷. 战略创业与家族创业精神的传承:基于百年老字号李锦记的案例研究[J]. 管理世界,2008(10):127-140.

[16] 李政. 新时代企业家精神:内涵、作用与激发保护策略[J]. 社会科学辑刊,2019(1):79-85.

[17] 刘向东,汤培青.实体零售商数字化转型过程的实践与经验:基于天虹股份的案例分析[J].北京工商大学学报(社会科学版),2018(4):12-21.

[18] 宋玉禄,陈欣.新时代企业家精神与企业价值:基于战略决策和创新效率提升视角[J].华东经济管理,2020(4):108-119.

[19] 忻榕,陈威如,侯正宇.平台化管理[M].北京:机械工业出版社,2020.

[20] 王强,刘玉奇.新零售引领的数字化转型与全产业链升级研究:基于多案例的数字化实践[J].商业经济研究,2019(18):5-8.

[21] 王宝义."新零售"的本质、成因及实践动向[J].中国流通经济,2017(7):3-11.

[22] 张予,郭馨梅,王震.数字化背景下我国零售业高质量发展路径研究[J].商业经济研究,2020(4):21-23.

[23] 廖夏,石贵成,徐光磊.智慧零售视域下实体零售业的转型演进与阶段性路径[J].商业经济研究,2019(5):28-30.

[24] 谢莉娟,庄逸群.互联网和数字化情境中的零售新机制:马克思流通理论启示与案例分析[J].财贸经济,2019(3):84-100.

老爸评测:一家信任电商的崛起与危机

朱良杰　张潇倩

一、案例描述

(一)引言

互联网技术催生电子商务模式创新,其中拼团型、会员制、内容类、社区团购等社交电商发展尤为迅速,随着消费数据持续增长,商品质量差、市场监管不力等问题逐渐显露。消费市场越发混乱,更多消费者对产品失去信任。类似情况也发生在"老爸评测"创始人魏文锋身上。

2013年9月,魏文锋下班回家给女儿包书皮。书皮发出的强烈的刺激气味让魏文锋瞬间敏感起来,他立即将书皮送去检测。检测结果显示,书皮中含有危害人体的有毒成分。随后魏文锋在公众平台发声,众多家长认识到"三无产品"的危害。为爱发声,意外走红。随着魏文锋的发声,对书皮开展检测的呼声越来越高,于是诞生了"老爸评测"。魏文锋组建专业检测团队,自费开展生活日常用品测评。越来越多的不合格产品通过"老爸评测"被淘汰出市场,魏文锋积累了越来越多的粉丝,"老爸评测"的影响力逐渐扩大。

随着事业不断发展,"老爸评测"的百万创业基金使用殆尽。魏文锋尝试通过打赏、集资、卖货等渠道筹集资金,结果不尽如人意。最终他将"老爸评测"定位为评测和电商一体化社交平台,以期实现良性发展。随着测评商品种类和数量的增长,平台弊端逐渐显现。测评技术不达标,遭到专业人士指责;测评解说模棱两可,被消费者指责变相营销。“老爸评测”和粉丝之间产生了信任危机。建立信任艰难,毁掉信任只需一瞬间。魏文锋该如何处理走红后遇到的各种难题?未来又该何去何从?

(二)“老爸评测”的创立

1.意外走红——“毒包书皮”事件

魏文锋长期从事产品检测和认证工作,对不合格产品比较敏感。2013年9月,他给刚上小学的女儿包书皮。魏文锋记忆中的书皮是用牛皮纸或挂历纸制作的,环保实用,但眼前的塑料书皮却散发着刺鼻气味。他在心里嘀咕,塑料书皮是否有毒,会不会损害孩子健康?小商店售卖的塑料书皮能否达到健康标准?

带着心中疑惑,魏文锋将书皮送到实验室检测,结果显示,塑料书皮含有致癌和导致生殖疾病的有毒有害物质。随后,魏文锋在文具用品店和网上商店随机购买的书皮中检测出多环芳烃和邻苯二甲酸酯等有毒物质。多环芳烃是致癌物,邻苯二甲酸酯则能侵害身体机能。魏文锋意识到事态的严重性,多次向有关部门和文具厂商反馈书皮的检测结果,均是石沉大海。他心有不甘,撰写《开学了,您给孩子买的包书膜有毒吗?》,并花费10万元拍摄纪录片。魏文锋把个人公众号改成“老爸评测”,发布撰写的文章和拍摄制作的视频。仅一个晚上,文章浏览次数便超过10万人次,视频点击量超过1500万次。众多家长认识到塑料书皮的危害,也认识了魏文锋,“老爸评测”收获了第一拨“妈妈粉”。

2.积累信任——公益延续

魏文锋的本意是唤醒广大家长关注书皮危害,却意外带火了“老爸评测”公众号。家长纷纷在公众号留言,希望检测更多日常生活用品,于是魏文锋有了创业的想法和动力。他通过微信社群(包括微信群和公众号)挑选粉丝呼声高的消费品,尤其是经过判断后潜藏危险的消费品,自费送到第三方机构检测。铅笔、橡皮、大米、筷子、校园跑道,都没能逃脱魏文锋的“魔爪”。魏文锋揭露了一件又一件假冒伪劣商品,打假无数捞钱的无良商家。他借助自媒体平台发声,守护消费者的安全,督促相关部门更新产品标准。

室内甲醛检测是老百姓家居环境检测的刚需,魏文锋便推出“甲醛仪漂流”公益项目,自费购买甲醛检测仪器,免费供大众使用。购买新房或者有甲醛检测需求的家庭只需在漂流笔记本上登记,无须押金即可免费获得室内甲醛检测。甲醛检测仪的爱心漂流让“老爸评测”吸纳了第二拨粉丝。

3. 乘势而为——成立评测公司

在广大粉丝的鼓励下,2015 年 1 月,魏文锋注册成立杭州老爸评测科技有限公司(以下简称“老爸评测”),能解决电商平台信息虚假、商品质量参差不齐的问题,弥补了市场缺口和漏洞,并用技术和数据完整展示给粉丝和消费者。为了让老百姓过上安全放心的生活,魏文锋将公司设定为“发现问题+解决问题”模式,坚决杜绝“标签标识不合格、销售页面与实物不一致、好评返现”等不良现象。评测公司成立之后,老爸评测被更多人熟知。

4. 财务危机——公司陷入窘境

随着检测费用和公益成本的提高,老爸评测陷入了资金困难。与消费者评测需求持续高昂的呼声相反,老爸评测的资金储备日渐亏空,魏文锋不得不思考公司的未来发展。魏文锋说:“从来没想过评测如此烧钱。”没有稳定的收入来源,公司很快就会破产。

在微信公众号勃兴的年头,老爸评测尝试过多种筹钱办法。“有一次我们做了一个付费阅读链接,结果负面评论扑面而来,他们说:‘你看,狐狸尾巴露出来了吧,拿孩子包书皮做幌子,现在要开始搞钱了。’”魏文锋吓得赶紧停止了尝试，“我觉得自己是一片真心来做这事，不想那样被人臭骂，我放不下这个包袱。”他在家长群里发布了公司运营不下去要解散的信息，瞬间炸了窝，许多家长提出要存钱入股老爸评测。魏文锋认为，这样也挺好，本来办这个平台就是给大家服务的，干脆大家一起来吧。100 多位粉丝众筹了 200 万元，老爸评测得以继续。“众筹终究不是长久之计，人家不可能每次都来赞助你。”平时粉丝也会打赏，但与高昂的检测费相比，简直是沧海一粟。

（三）从测评到构建信任电商

1. 寻找出路——卖货初尝试

魏文锋尝试多种办法缓解公司财务危机。“公司想要存活，只剩下接广告和卖东西这两条路，不是 2B，就是 2C。”魏文锋分析道，“你可以去拿厂商的广告，但那样的评测容易丧失公正性。”魏文锋定下原则：永远不接广告和软文。带货这条路，能否让消费者接受尚存疑问。

魏文锋的担心是多余的。多位粉丝留言表示，“相对于您告诉我现在哪些东西不安全，我更期待您能告诉我哪些是值得放心购买的”。魏文锋看到了公司存活的生机，社群粉丝渴求一个能够完全信任的购买渠道，我们正好是一个值得大家信赖的公司。此时，魏文峰还在纠结，除了带货还有没有其他更好的选择。“第一，我们确实是抱着严谨公正的态度在做检测，把好的商品筛选出来，提供给消费者，这并没有错；第二，买到优质放心的商品是粉丝不断向我们表达的需求。”

有初步想法后，魏文锋立即到上海找了一家企业，说服老板用食品级安全材料聚丙烯生产书皮。起初老板担心库存积压拒绝合作，魏文锋承诺，只要生产的产品检测合格，就会通过自己的团队进行宣传和售卖。鉴于老爸评测的口碑和公信力，老板抱着试试看的心态生产了一批可以通过食品级检测的书皮。魏文锋怀着忐忑不安的心情开始首次正向推销商品。令人惊喜的是,第一批书皮投放市场后一周就被团购22万余张,微商城开张首月订单就多达5063份,交易额达25万元,老爸评测获得第一笔商家“外快”。用他的话说,老爸评测第一单电商业务是被粉丝推着走的。

2.商城成立——开启电商模式

老爸评测从公益评测者变成商家,身份的转变并没有降低社群粉丝的信任度。粉丝通过微商城买到称心合格的产品,老爸评测继续获得评测资金支持。“我当时只是在微信上小打小闹一下,没想着要正儿八经去做电商。”但随着粉丝的反馈越来越多,测评需求也越来越大,魏文锋找到一条自负盈亏的经营路。

2015年底,“老爸良心推荐”网上微商城开张,销售品类包括学生文具、母婴用品、厨房用品和美食生鲜。这仍然是一次谨慎尝试,商城中多数商品以成本价售卖。微商城公开进货成本、包装成本、检测成本及每个产品的检测报告,消费者付款时,可以在此基础上通过勾选“+5元”或者“+10元”来支持,也可以选择不加价。

老爸评测创造性地完成测评与电商的融合,测评和公益积累了消费者信任,在公司即将破产之际找到了支持公司生存的盈利模式。这些资金继续为公司开展测评提供经济支撑,形成良性发展。不同于其他创业者去打造自己的产品定位,寻求合适市场,老爸评测打破市场平衡,在众多社群粉丝的呼应中顺理成章形成。

在魏文锋看来,老爸评测不是常规的、被动的检测机构,而是一个主动发现问题、解决问题的担当者。它有着单纯且崇高的价值理念,从最初“发现生活中看不见的危害,让孩子远离有毒有害产品”,到如今“让天下没有假劣毒产品”,老爸评测始终坚守初心。正是这份初心赢得广大消费者信任,他们对老爸评测推荐的商品深信不疑。

3.提高信任度——构建信任电商

(1)完善业务板块。

IP逐渐兴起,魏文锋及时更新评测硬件装备。评测和选品双管齐下,公司形成老爸评测、老爸实验室、老爸商城和老爸抽检4个业务板块。

老爸评测每天收到来自全国各地粉丝的产品质量反馈和咨询达9000多人次,公司半数以上的评测内容来自粉丝的需求或爆料。为此,老爸评测成立社群运营部门,负责与私域中的粉丝互动。作为浙江省市场监管局开展食品安全宣传周暨"你点我检进校园"活动的参与者,老爸评测3天就征集到线索千余条。魏文锋从不知名的民间检测专家变成口口相传的"大网红",老爸评测也成为浙江省质量技术监督局首批产品质量安全伤害信息监测点。截至2020年底,老爸评测累计制作科普视频及文章1600多条,点击阅读观看人数超过50亿人次,全网粉丝超过5000万,营业收入达3000多万元。

老爸商城坚持"优选品,严检测"原则,致力于为消费者严选涵盖衣食住行和美妆母婴等领域的优质产品。商城在选品、审核、供应商准入、产品质量等方面拥有严格的管控流程制度要求,所有产品均从资质齐全、检测合格的同类优品中层层筛选出来,产品上架后还会随时进行抽检,不合格即下架,以呵护消费者安全健康生活。商城要上架一件商品,需要经过严格的审核流程。公司挑选合适的商品供内部人员试用,若体验不错则提交公司技术团队检测。检测标准通常高于国家标准。一般情况下,每件商品的检测时间超过1周,遇到特殊情况,甚至长达数月。商品检测合格后,公司再与供应商谈分成比例,签署合作协议。

老爸抽检则是面向B端的技术推广服务。从消费者角度出发,公司依据相关标准对产品的原料、生产过程、产品品质进行全方位评价,挑选出优质商品。目前老爸抽检已帮助数十家企业提高了产品配方合规性及生产质控水平。

老爸实验室则是为百姓提供便捷的空气检测和其他便民服务。实验室特色项目有“甲醛仪漂流”“化妆品真假鉴别”等。老爸实验室联合国内33家第三方资质实验室成立云检测平台。目前,该平台拥有内部技术专家33人、外部合作专家25人,以及价值超过2700万元的实验舱和专业仪器。

老爸评测的电商团队和技术团队在组织架构上完全独立,以确保检测的公正性,电商产品质控组人员直接向技术中心部门经理汇报工作情况。魏文锋直言,没有商品可以在他这里开后门,因为“比起整个盘子,比起一点点积累起来的信誉,为了几个商品放自己的水,根本划不来”。

(2)丰富商业维度。

随着老爸评测供应链的完善,商业模式扩张和粉丝数量攀升,用户需求也在增加,评测内容从婴幼儿产品逐步扩展到家居、美妆、电子产品等。因此,在带货模式上,公司尝试多种可能途径,让更多消费者买到安全产品。

一是视频带货。绝大多数是老爸评测团队评测过的产品。在公司制作的视频下方或者官方网站售卖经过自身检测后合格的产品,并在商品详情页附上检测报告。

二是直播带货。据老爸评测抖音账号主页,抖音直播时间为每周三和周四。直播讲解消费者疑惑产品,还会穿插讲解很多安全小知识。魏文锋亲自参与直播,大幅度拉近与粉丝之间的距离,商品销售量稳步提升。2022年5月,老爸评测抖音直播32场,销售额达1517.7万元。

三是自有电商体系,是老爸评测的重要商业手段。老爸评测抖音橱窗中在售商品314件,其中一款标价88元的牙膏已出售13233单。此外,老爸评测还通过App,销售经过测评的产品。

(3)精细化内容制作。

老爸评测平台矩阵覆盖微信公众号、有赞商城、抖音、小红书、今日头条、知乎、B站及淘宝店铺,多平台经营更加贴合消费者心理。在保证测评内容真实的前提下,老爸评测为消费者提供更加清晰明了的商品内容,尽可能展示消费者关心的内容。

第一,注重评测专业度。2021年4月11日发布的奶茶小料含糖量的测评,魏文锋选取芋泥、红豆、爆爆蛋、烧仙草、西米、咖啡冻、椰果等近20种奶茶小料,逐一检测含糖量,并与市面上常见奶茶进行比对。检测结果表明,喝一杯中杯奶茶相当于吃进50克糖。这种测评方式满足了消费者的好奇心,更加凸显老爸评测的专业性,进一步增强了消费者对评测结果的信任度。

第二,注重作品质量,再以最直白易懂的方式让所有看的人都能看明白所测评的内容。每涉及评测环节,视频中都将这一过程进行加速或者简化处理。如2021年3月对洗发精的评测视频,在成分评测环节采用表格形式直接展示评测结果。至于对每一款洗发精的研读或者检测成分,则没有向看的人展示,这样做不仅节省观看时间,也符合测评视频的结果导向属性。老爸评测的视频封面图预告设计及类目IP区分,也迎合不同年龄、不同性别、不同生活习惯场景的粉丝需求。在内容(评测)IP方面,老爸评测搭建了食为天、装修/甲醛、美妆日化、爸妈必看等栏目,分别对应食品、装修安全、化妆品、日用品、生活常识等类目。另外,在视频封面图上,展示检测主题内容。

第三,贴近百姓生活。评测内容不是高精深的科研题材,而是接地气的日常生活用品,题材尽可能地触达到所有人的需求和痛点。无论是有孩子的家庭,还是独居生活的男女,抑或是一个准备装修的新人,老爸评测都有相应内容支撑。试想,当人们看见婴儿霜的视频后,除了点赞以表示对该事件的关注,是不是还会分享给其他人?

第四,塑造平易近人的形象。一个从百姓生活中走出来的视频账号,其人设必定也是要回归百姓生活。热爱钻研的专家、不苟言笑的学者都适合做视频主播,但普通百姓需要接地气、平易近人、温文儒雅的人出镜。因此,老爸评测视频的主播多数是魏文锋本人。

(四)公司危机

在公司发展壮大、业务模式优化的过程中,老爸评测也遭遇不少质疑。

1.被指责变相营销

魏文锋在老爸评测上公布了18款评测不合格的防晒衣,随后在自家淘宝店上架多款评测合格的防晒衣;刚评测完麦饭石锅具,淘宝店就上架“老爸定制”套锅。不少网友认为,评测是为卖货做铺垫的,是变相营销。测评博主“小红花测评”更是发文揭秘老爸评测的带货套路,指责其评测过程暗箱操作,评测结果造假,例如,“洗碗用的魔术擦”涉嫌检测数据造假,故意夸大甲醛含量,人为制造恐慌,最后带货自家洗碗布而且价格高出魔术擦好几倍;指责老爸评测挂羊头卖狗肉,谎称自家卖的乳胶床垫是物理发泡,而且售价比普通化学发泡高;指责老爸评测在婴儿用品上“收钱办事”,婴儿湿巾检出942PPM苯扎氯铵却对外宣称“纯植物杀菌,不添加苯扎氯铵”,婴儿洗手液pH值为2.82(可能会损伤宝宝皮肤),却在测评报告中只字不提。文章一出,立即引起轩然大波。在众多宝妈眼中,老爸评测是真实、可信、靠谱的代表,他们中的大多数或多或少地买过老爸评测推荐的产品。

随后,老爸评测一纸诉状把“小红花测评”告上法庭,起诉其商业诋毁和侵害名誉权。2022年2月5日,彼此的纷争迎来高潮,“小红花测评”全文公布法院一审判决书。法院审理认为,“小红花测评”在视频中陈述老爸评测的乳胶枕、洗手液、驱蚊液等虚假宣传及对老爸评测部分检测方法和检测结果的质疑,确有依据,不构成商业诋毁并驳回老爸评测的赔偿要求;同时要求“小红花测评”对其“不当言语”向老爸评测道歉。

可见,老爸商城的产品确实存在质量问题,但之后面对公众质疑却选择回避,于是消费者对老爸评测失去了以往的信任。

2. 商品质量问题

在老爸商城的产品介绍界面,可以看到儿童牙膏、玻尿酸安瓶、去黑头精油、有色口红唇膏、补水面膜等畅销日用品的评测视频,不少消费者表示"相信老爸评测才买的,但效果不佳",在评论区留下中评或差评。

红领巾事件让老爸商城口碑急速下降。商城中一款检测过的学员用品——红领巾,标价 35 元。在产品详情界面,老爸评测给出这款红领巾的偶氮染料、甲醛含量、耐摩擦色牢度、pH 值、纤维成分等方面的检测结果。在售价方面,老爸评测专门针对这款红领巾因布料、人工、运输等成本增加导致价格上涨做了说明。在产品质量方面,老爸商城特别提醒消费者这款红领巾在首次清洗时可能会有浮色。多数消费者冲着"老爸评测"的品牌选购这款红领巾。当年 8 月中旬到 9 月初,有消费者反映该款红领巾掉色严重。这与老爸评测在产品介绍页面显示的检测结果不符,在一定程度上降低了老爸评测的可信度。

3. 技术检测不过关

老爸评测不直接对商品进行检测,而是委托给有资质的第三方检测机构检测。老爸评测收到合格检测报告后,将其制作成通俗易懂的图文或是活泼形象的小视频,通过社交媒体账号对外发布。以这种方式发布的评测结果,消费者更容易理解和接受,但权威性不够,不具备评判产品质量合格性的法律效力。

消费者希望看到更加科学严谨的测评结果。老爸评测发布的评测结果,时常遭到专业人士质疑。就比如近期测评的一款耳机,专业人士指出其中多处错误,检测耳机音质却选错频响曲线,频率范围划分错误,且根据曲线平直情况判断耳机舒适度过于绝对。上述错误虽没有对老爸评测的检测结果造成特别大的影响,但消费者看到专业人士的点评后,势必会在心里打上一个问号。

既当裁判员又当运动员,老爸评测自己给自己打分。基于评测建立起来的信任是脆弱的、不稳定的,在此之上建立的商业模式更容易崩塌。老爸评测从一开始就埋下隐患风险,其特有的商业模式给商品贴上安全、专业标签,同时也在不断接受其他测评者对它的质疑。

(五)未来何去何从

凭借特有的“评测+电商”模式,老爸评测占据消费市场的半壁江山。随着商业版图扩张,粉丝数量增多,消费者的测评需求量也快速增加。为了更好地服务粉丝和消费者,老爸评测检测的商品种类和数量不断增加,大到校园塑胶跑道,小到奶茶中的珍珠…… 测评种类增加,但测评技术条件却没有跟上。不少专业人士在留言板中指出商品评测中存在的问题,商品评价也有一定比例的差评。部分测评博主发文打假老爸评测,降低了消费者对老爸评测的信任度。

事实上,魏文锋尝试回应网络上的种种质疑。“与其把精力浪费在网上互撕,还不如踏踏实实把自己的工作做好。是非黑白,让法律来裁决就好。”魏文锋苦笑道,“自从做了老爸评测,几乎每天都有人来我办公室,有笑着来求合作的,也有情绪激动来砸场子的。做这一行得罪了太多人,无论面对善意的质疑还是恶意的污名,我们能做的,也只是坚持自己的原则而已。”然而,一些翻车事件的发生,使魏文锋的回应显得单薄又无力。

因此,老爸评测必须从根源出发,找到问题本质并提出改进措施,只有这样才能在评测中获利,在电商中积累信任,实现良性循环发展。面对质疑和挑战,老爸评测可以尝试从以下角度思考解决对策。

1. 扩大评测团队,吸纳专业人才

评测种类增多且测评技术不全面,导致不少消费者对老爸评测失去信

心。面对消费者日益增长的检测需求,老爸评测应该组建专业测评团队,对不同类型消费者的需求热点分别收集最值得测评的产品;谨慎选择第三方测评机构,谨慎对待检测结果,以科学严谨的态度和通俗易懂的语言,完整准确地公布评测结果。

2.加强商品质量监测,妥善处理售后

在商品上架后,消费者对于产品的耐受性和体验感存在差异,会出现不同的评价结果。对体验感差的消费者,应该及时回访,以便了解产品不足;对意外的评测结果,要妥善处理,严重的要停售、召回甚至下架。

3.保持初心,坚持评测和公益

面对外界质疑,沉默是最好的回应。老爸评测从免费评测起步,公益是它的代名词。老爸评测只有坚守为民检测的初心,发扬公益精神,才能积累更多粉丝,实现“评测+电商”模式的良性循环。

老爸评测以“让天下老百姓过上安全放心的生活”为使命,以“成为民间认可的安全放心标志”为愿景。面对当前困难和挑战,老爸评测该如何平衡这种独有的电商模式?如何让公司健康可持续发展?如何让消费者重拾信心?老爸评测何去何从,我们拭目以待。

二、案例拓展

(一)教学目的与用途

本案例主要适用于“管理学”“创业管理”“商业模式创新”等课程;适用于本科生、硕士生、MBA 学生的案例教学,也适合具有一定工作经验的学员和管理者学习。

本案例以老爸评测打破传统电商的消费者痛点为基础,用“评测+带货”电商模式,发掘社交模式的“新蓝海”,建立独特的竞争优势。在帮助学生了解“老爸评测”商业模式后,利用商业模式画布分析具体的商业要素,针对分析内容判断优劣,进而为老爸评测面临的挑战提出相关建议和策略。具体的教学目标如下:

第一,理解商业模式的概念和内涵。

第二,掌握商业模式画布的构成要素并理解各要素之间的关系。

第三,试分析老爸评测如何克服现阶段的挑战。

“诚者,天之道也;思诚者,人之道也。”2020 年 7 月 21 日,习近平总书记在企业家座谈会上提出要弘扬企业家精神,企业家要做诚信守法的表率,带动全社会道德素质和文明程度提升。诚信是企业家精神的重要组成部分。老爸评测创始人魏文峰在公司进行商业模式改革的过程中,始终将消费者的信任视为最根本出发点,以信任为桥梁搭建“评测+带货”商业模式,实现公司健康长久发展。因此,从魏文锋的商业模式中,我们可以看出诚信是一切生产活动的基础,赢得消费者信任是企业盈利的前提条件,保持诚信良好的经营态度是企业长久生存和发展的根本保障。

(二)启发思考题

1. 老爸评测为什么会选用这种商业模式?其与传统的商业模式有何不同?

2. 在老爸评测构建的商业模式中,如何构建自己的商业版图?

3. 总结老爸评测现有商业模式的弊端,并对当前其遇到的危机和挑战提出解决对策。

(三)分析思路

教师可以根据自己的教学目标灵活使用本案例,这里提出教师引导课堂和问题讨论的建议思路。本案例分为课堂引入和课堂思考两部分,以下逐层展开讨论。

1.课堂引入

本案例的讨论对象是老爸评测。在互联网快速发展的时代,社交商业模式快速占领市场,改变传统线上电商模式。以社群为链接,以信任为背书,以拼多多为代表的社交电商更是异军突起。然而,随着发展速度加快,出现问题也很多,如商品质量参差不齐、市场监管力度不够等,导致消费者对产品失去信心。教师可以从日常生活中常用的网购手段入手,介绍国内最主要的网购平台,分析它们的商业模式,引出社交商业模式存在的消费者痛点,间接引出老爸评测建立这种商业模式的原因。

2.课堂思考

第一步,从现有的电商模式入手,了解什么是商业模式,分析老爸评测为什么要建立这种商业模式。第二步,针对老爸评测的发展历程,分析它的商业模式是如何构建并且如何从中获利的。第三步,分析老爸评测现阶段遇到挑战的原因,探讨老爸评测未来将如何发展和克服该商业模式的弊端,从而为其他评测企业提供实践借鉴。

本案例的核心要点为商业模式要素和画布,整个案例围绕商业模式的概念和维度展开,主要涉及商业模式要素及商业模式画布的相关理论。案例使用者可以根据自身教学需要侧重所涉及知识点的详略。需要注意的是,作为决策型案例,老爸评测如何面对接下来的威胁与挑战也在案例中做了具体描述,适合教师和同学们深入思考和挖掘。具体分析思路如图1所示。

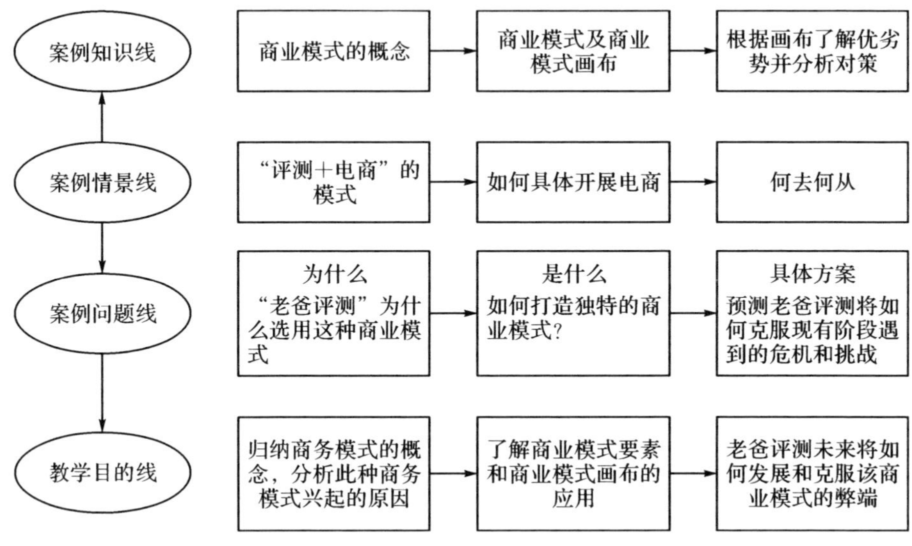

图1　案例分析思路与步骤

(四)案例分析及理论依据

1.老爸评测为什么会选用这种商业模式?其与传统商业模式有何不同?

在讲解该问题时,教师可以从当前网购经历出发。教师要了解学生一般会选择在哪种渠道上购买东西,商品质量和他们的预期是否相符,学生是否提前观看“种草”或者“拔草”等测评视频?然后引出老爸评测,进而分析它的商业模式,理解社交电商和传统电商的区别及老爸评测选用这种商业模式的原因。

【理论依据】

(1)商业模式。商业模式是为了实现客户价值最大化,把企业能运行的内外要素整合起来,形成一个完整的、高效率的、具有独特核心竞争力的运行系统,并通过最优的实现形式满足客户需求、实现客户价值,同时达成持续的盈利目标。商业模式可以反映企业如何创造价值、传递价值和获取价值的基本原理。

(2)社交电商与传统电商的区别。社交电商与传统电商本质上都是零售,始终围绕"人、货、场"三要素展开,只是两者对"人、货、场"的影响方式存在差异,如图 2 所示。

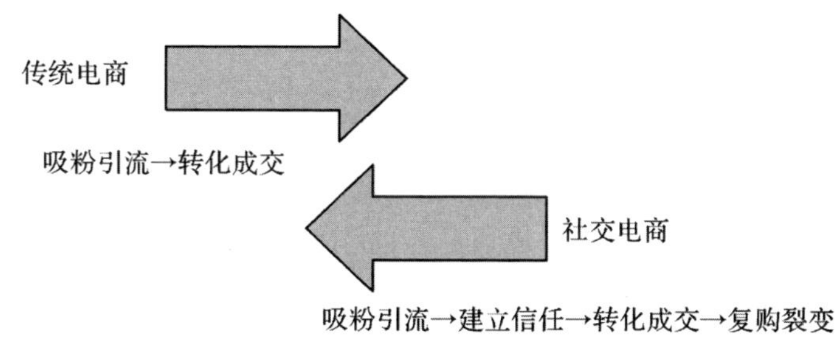

图 2 社交电商与传统电商在营销流程上的区别

传统电商是"人找货"模式,为需求导向型消费。但该模式在电商红利期结束后已经显出疲软态势。社交电商是"货找人"模式,通过社交网络,通过客户、分销商分享、推荐获取流量,降低创业者获客拉新的成本。此外,社交电商模式下,企业通过与分销商合作,在低成本运营和推广的情况下拓宽渠道,同时其合作伙伴还能获得更多收益,双方共赢。

【案例分析】

(1)分析老爸评测定位前,我们先要了解其在创立之初所处的商业环境。传统电商平台竞争白热化之时,实力不济的商家已经被市场淘汰。随着线上流量红利殆尽,人口红利消失,电商市场进入深度存量时代。当前,流量成本居高不下,传统广告的转化率却不断下降,付费换流量的效果越来越差。国家统计局和中国电子商业报告的数据显示,2017 年我国电商

交易额为29.16万亿元,同比增长11.7%;2018年全国电子商业交易额为31.63万亿元,同比增长8.5%,增速放缓。电商市场下沉三、四、五线城市甚至广大农村地区,传统小商家面临生存危机,社交电商的私域流量日渐成为重要核心资产。从社交电商和传统电商的区别中不难发现,社交电商模式成为现阶段商家起步的首要选择模式。

(2)了解老爸评测所处的商业环境后,我们再分析老爸评测为什么会选择“评测+电商”商业模式。老爸评测是以免费评测商品起家的测评公司,资金匮乏一度让其濒临倒闭。老爸评测创始人魏文锋采取多种渠道集资,期望实现公司可持续发展。他先后尝试了粉丝打赏、付费阅读等方式,甚至公开向粉丝集资,但收效甚微,一度被推上“风口浪尖”,指责“狐狸尾巴露出来了”。魏文锋不得已终止集资活动,公司陷入绝境。彼时,魏文锋也在思考寻求什么样的方式来实现公司可持续发展,更好地服务消费者。最终,在2016年,魏文锋选择通过“评测+电商”的方式实现公司的良好运作,即用评测结果向消费者推荐合格产品,用电商盈利支持评测事业。在这个过程中,我们认为有以下5方面原因迫使魏文锋做出改变。

第一,在资金不足时,魏文锋尝试通过集资、接受粉丝打赏等方式筹措资金,但不可持续。其一,基于信任投资、打赏老爸评测的粉丝数显少,占比低。其二,市场不确定因素多,粉丝投资、打赏难以预计。

第二,当魏文锋一筹莫展时,粉丝需求点醒他。“毒包书皮”事件发生后,很多家长希望有一个值得信任的渠道买到合格产品。这给了魏文锋灵感:不仅要为消费者发现问题,更要帮助他们解决问题。由此,魏文锋拥有了双重身份。

第三,老爸评测在“毒包书皮”事件中积累了一定数量的粉丝,他们都是宝妈、宝爸,他们时刻关注孩子健康。因此,社交电商模式成为魏文锋的首要选择,尤其是在流量至上时代,私域流量变现成为首要选择。

第四,目前的商业模式中,很少有“老爸评测”这一类型。政府鼓励公益事业，支持老爸评测发展。2016 年 6 月，魏文锋获得第四届社会企业家之星大赛一等奖。政府希望他继续以电子商业模式造福社会。

第五，老爸评测濒临破产迫使魏文锋考虑转型。作为公司负责人，魏文锋必须让公司可持续发展。在初心不变的情况下，企业家拥有平衡好企业盈利和面对消费者质疑的心态是非常重要的。显然，魏文锋做到了。

基于上述原因，魏文锋最终选择“评测+电商”商业模式。之后，他在评测和电商两方面持续发力，建立了完善的商业版图。

2. 在老爸评测构建的商业模式中，如何构建自己的商业版图？

我们先了解商业模式要素和商业模式画布，理解它的内涵，明白商业模式具体在哪些方面展开，然后理解老爸评测后续阶段的发展情况。

【理论依据】

商业模式画布。商业模式画布是由创业者 Alexander Osterwalder 和瑞士学者 Yves Pigneur 提出的，通常用于分析企业如何打造商业版图，分析企业优劣势并从中看出企业的努力方向。商业模式画布由 9 个基本要素构成，用于展示企业创造收入逻辑。9 个要素可划分为三大模块，即：价值发现，包括价值主张、顾客细分、顾客关系及渠道通路；价值匹配，包括核心资源、关键业务和重要伙伴；价值获取，包括收入来源和成本结构。

第一，价值发现：明确价值创造的来源。分析和发现企业创业机会的来源，即通过对企业所处的内外部环境分析，找出现有市场缺口，通过可行性分析判断缺口是否发展以至能否盈利。价值发现通常是创业者踏出的最为艰难的一步，识别一个好的创业机会往往是长期失败铺垫而来的。企业最终能否存活，很大程度上取决于创业者是否明确价值创造来源——能否赢得客户。对现有市场进行细分，确定细分后的消费者，是商业模式建立之初的必备因素。

第二,价值匹配:明确合作伙伴,实现价值创造。好的企业家是善于分担风险和分享合作的。初创企业往往因为自身能力不足而迷失发展方向,即使有明确目标,自身能力匮乏也经常使企业面临竞争者和行业龙头企业的威胁。因此,选择合适的合作伙伴,在一定程度上能降低创业风险,快速实现价值创造。成功之后也可以为行业内相似企业提供借鉴和经验,以达成良好的合作关系,使商业模式持续健康地运作下去。

第三,价值获取:制定竞争策略,占有创新价值。企业的最终目标是获取价值,包括经济价值和社会价值。企业的经济价值备受社会关注,社会价值的大小决定企业的格局。目前,企业社会责任的履行情况成为衡量企业能力大小的重要指标。因此,企业要制定策略,平衡企业社会责任和经济发展之间的关系,并且积极创新,才能赢得市场,赢得消费者信赖。

【案例分析】

在课堂讲授中,教师可以带领学生分析老爸评测创业之初电商行业痛点,以“老爸评测的商业模式是什么”作为切入点,让学生根据案例材料绘制商业模式九大要素画布,据此分析老爸评测商业模式的特点,以及这些特点如何解决行业痛点问题。

现阶段电商行业痛点集中表现为消费者对产品不信任。随着社交电商模式崛起,各种营销手段层出不穷,尤其是网红产品营销广告满天飞,在互联网收割消费者之后又快速消失,严重削弱消费者购买产品的信心。因此,现有商业模式已经无法解决消费者对产品不信任问题,消费者越来越注重差评,厌恶广告。

因此,老爸评测创造性地打破消费者痛点,在“毒包书皮”事件后收集粉丝需求,对日常生活物品展开测评,发现问题产品立刻通过公众号公布。久而久之,在一次次评测中积累了众多粉丝。这些粉丝对于老爸评测推荐的产品深信不疑,并且经常发言称,与其让老爸评测测出坏结果,不如告知自己怎样买到合格产品。因此,魏文锋第一次带货是在粉丝呼声中催促成的。用测评结果说话,老爸评测从消费者信任角度出发,打破传统社交模式对于产品不信任的痛点。在现有带货规模的基础上,魏文锋并不满足现状,并在以下 3 个方面继续努力,增强消费者信任。

(1)不忘老本行,继续评测产品。魏文锋带货成功后,并没有停止产品检测,仍时刻关注公众号和微信群中的粉丝需求。塑胶跑道、魔术擦、儿童手表等有害商品相继被曝光,消费者更加信赖魏文锋,他成为众多宝妈、宝爸的朋友和热心大哥。

(2)开启公益活动,为粉丝谋福利。2020 年初,老爸评测旗下家居环境检测平台“老爸享测”联合清华大学环境学院共同发布《国民家居环保报告》,为众多网民揭露生活中存在的室内污染物超标问题。老爸享测通过漂流瓶在 4 年内收集全国 67624 份家庭环境检测数据,对国民家居环保现状、环保意识和环保消费诉求 3 个方面进行深度调研和分析。家居室内环境污染是指多种气态污染物对室内环境造成污染的现象,其中甲醛和 TVOC(总挥发性有机化合物,Total Volatile Organic Compounds)是主要元凶。老爸享测共享检测仪器,让消费者直接拿最专业的工具,对自己的居住环境进行检测,发现污染物,保护自己的利益。这是老爸享测存在的意义和价值。

(3)坚持本心,不接软广和代言。老爸评测走红后,很多商家找到魏文锋,希望其帮忙宣传产品。魏文锋很快发现,虽然他们提供的产品是按照国家现行标准生产的,但是评测结果是不合格的,因此,魏文锋毅然拒绝了合作要求。魏文锋坚持本心,项目不接受任何形式的广告和代言,以免影响消费者利益。

教师可以引导学生根据老爸评测创立之初的运用模式,制作商业模式九要素画布。图 3 仅供参考。

<table>
<tr><th colspan="3">价值匹配</th><th colspan="4">价值发现</th></tr>
<tr><td>核心资源：
个人形象
魏文锋的初始资金</td><td>关键业务：
评测产品
发布检测报告
公益活动</td><td>合作伙伴：
创业团队
粉丝群众
第三方检测机构</td><td>顾客关系：
股东、消费者</td><td>价值主张：
让天下老百姓过上安全放心的生活</td><td>顾客细分：
宝妈、宝爸</td><td>渠道道路：
线下体验
线上购买</td></tr>
<tr><td colspan="3">成本结构：
评测的成本
人力费用
视频制作和发布费用</td><td colspan="4">收入来源：
商城卖货
粉丝打赏</td></tr>
<tr><td colspan="7">价值获取</td></tr>
</table>

图 3　创立之初的商业模式画布

公司发展处于不同阶段,老爸评测的商业模式也在不断变化。教师要引导学生以动态视角理解老爸评测在发展过程中的经营业务增加和商业模式变化。

(1)价值发现:扩大消费群体。老爸评测检测了很多日常生活必需品,尤其是与小学生相关的,如魔术擦、儿童手表、塑胶跑道等,在老爸商城及公众号上积累众多宝妈、宝爸粉丝。积累一定数量的粉丝后,魏文锋发现还有很多潜在的需求者。孩子父母需要看到评测结果,很多年轻女性、老年人也都需要。于是老爸评测开始扩展评测业务,延伸到越来越多的品牌和商品。魏文锋坚持有针对性的原则,测评不同消费群体眼中风险最大、质疑声最大的产品。比如,年轻女性关注的减肥产品、奶茶含糖量,年轻男性关注的脱发、洗发水系列产品,长辈们关注的茶叶和诸多保健品。每种产品的评测结果既要通过国家标准,也要通过老爸评测团队制订得更为严苛的标准。于是老爸评测的美誉度短时间内得到迅速提升。此时,通过丰富“价值发现”模块——拓展消费群体,企业识别到新的盈利机会。

(2)价值匹配:拓展业务,完善商业模块。老爸评测在“价值匹配”模块的拓展体现为业务拓展,与多方建立合作关系有利于价值创造。通过公众号带货成功后,魏文锋拓展和完善商业模块,陆续开设老爸评测、老爸实验室、老爸商城、老爸抽检4个业务,增设社群运营部门,加强与私域中的粉丝互动。老爸商城坚持“优选品,严检测”原则,为消费者严选涵盖衣食住行和美妆母婴等领域的优质产品。老爸抽检业务则面向B端的技术推广服务,依据相关标准对产品从原料、生产过程、产品品质全方位进行评价,挑选出优质商品。老爸抽检已帮助数十家企业提高了产品配方合规性及生产质控水平。通过设立“甲醛仪漂流”“化妆品真假鉴别”等项目,老爸实验室为普通百姓提供便捷的空气检测和其他全民服务。老爸评测继续完善和扩展“评测+带货”电商模式,实现与消费者的价值匹配。

(3)价值获取:采用多种策略,占有价值。老爸评测逐步向多平台扩张,包括但不限于小红书、抖音、腾讯直播、快手等平台,不同平台各有侧重;内容制作、营销方式、宣传渠道多样化,老爸评测创建了属于自己的私人商业模式,实现良性循环。好的产品带来好的信誉,好的信誉则增加更多消费者。

教师可引导学生在原有商业模式的基础上进行调整,绘制出完善后的商业模式九要素画布如图4所示。

3.总结老爸评测现有商业模式的弊端,并对当前其遇到的危机和挑战提出解决对策。

社交电商模式同样存在诸多不足。老爸评测的商业模式遇到不少挑战和质疑,总结分析,找到问题的原因所在,才能更好地制订对策。

价值匹配			价值发现			
核心资源: 个人形象 多个平台共创 强大的后台板块 专业的测评团队	关键业务: 评测产品 商城卖货 直播带货 公益活动	合作伙伴: 创业团队 粉丝群众	顾客关系: 有一致需求的社交关系	价值主张: 让天下老百姓过上安全放心的生活	顾客细分: 任何有需求的人	渠道通路: 线下体验 线上购买
成本结构: 评测成本 人力费用 房租 系统开发费用			收入来源: 直播带货 商城卖货 广告			
价值获取						

图 4　更新后的商业模式画布

【案例分析】

(1)老爸评测业务发展步入快车道,然而消费者的质疑也越来越多。接下来将围绕商业模式分析过程中出现的主要问题进行论述,并分析问题产生的原因。

①收入来源——变相营销。与之前"不接广告"的言论相比,现在老爸评测抖音账号下几乎每一条视频都伴随着链接。老爸评测刚公布 18 款评测不合格的防晒衣,自己的淘宝店立马上架多款评测合格的防晒衣;前脚评测麦饭石锅具,后脚店里就有"老爸定制"的套锅。类似这样的行为数不胜数。同为测评博主的"小红花测评"也曾经揭秘"老爸评测"带货套路和测评中的暗箱操作,最终以老爸评测在法律中胜诉告终。表面上事情已解决,但是老爸评测的营销方式却刺痛了一路陪伴魏文锋走来的粉丝,对变

相营销的质疑已经存在他们心中,他们对老爸评测的信任度逐渐下降。

②关键业务——商城卖货之质量问题。以儿童牙膏、玻尿酸安瓶、去黑头精油、有色口红唇膏、补水面膜等畅销日用品售出界面为例,在产品介绍区域可以看到老爸评测团队检测时拍摄的相应评测视频,而在产品评论区,有不少消费者给予中评或差评,他们表示"相信老爸评测才买的,但效果不佳"。

③关键业务——评测产品之技术检测不过关。老爸评测并不直接对商品进行检测,而是与有资质的第三方检测机构合作,委托它们检测并提供评测报告。在专业人士看来,部分商品的检测范围缺失,检测结果有偏差。就拿老爸评测新近评测的一款耳机来说,有专业人士指出,评测过程存在多处错误。

④核心资源之依赖个人形象。老爸评测最有力的形象代言人是魏文锋本人,在"老爸评测"关联账号视频中一直可以看到魏文锋的出镜和讲解。直播当中只要魏文锋出现,直播间人数就会超出以往助理直播的数量,可见魏文锋的形象已经深入人心。老爸评测离开了魏文锋,那还是老爸评测吗?不管是账号运营,还是公司的组织架构都非常依赖魏文锋。消费者只认识魏文锋,由此带来的消极影响阻碍了公司发展。

⑤合作伙伴之股东和消费者。消费者陪伴老爸评测从一个公众号走向大IP,从评测走向电商。他们是老爸评测发展壮大的亲密伙伴,更是老爸评测的重要合作伙伴。然而,近年来,公司在发展壮大的过程中吸引了很多企业家投资,老爸评测逐渐成为企业家的赚钱工具。因此,老爸评测在公益和获利的选择上势必会发生分歧,赚更多的钱是股东的要求,做公益则是广大粉丝的需求。如何平衡两者的关系成为老爸评测不可回避的难题。

(2)在应对此等危机时,老爸评测该采取什么样的措施?

①对于"变相营销"指责,老爸商城要及时分析原因。在视频下面链接

处标明产品来源和检测过程及检测结果,打消消费者疑虑,赢得消费者信任。在做广告宣传时,时刻注意消费者的感受,尽量为消费者争取更大福利。

②关于产品质量问题,老爸抽检要及时检查商品质量,防止以次充好,保证检测产品和上架售卖产品是标准一致的。如果商品出现瑕疵,要全力做好售后服务。评论区有差评留言,则要及时与消费者沟通,客服及时跟进处理。或者组建粉丝试用团,收集粉丝的试用感受。粉丝试用团的好评达到一定比例后,才算产品通过检测。这样做既保证产品质量,又可提升消费者信赖度。

③在技术检测方面,老爸评测应该选择更加专业的检测团队和第三方检测机构。其一,根据产品类别选用相应检测团队,保证产品品质达标。其二,在公布评测结果时,也应该用更加谨慎的态度和严谨的词语,甚至可以聘请行业专家进行评测结果审定,保证测评结果真实有效,并用消费者能够接受的语言方式呈现。

④老爸评测需要找到电商以外的收入来源。其一,如果一个品牌的所有产品都通过老爸评测测试,那么这个品牌可以成为老爸评测的成员,共同获利。其二,当老爸评测成为公认标准时,它可以为其他行业企业提供测试服务。

⑤提升老爸评测其他人员的形象,降低对于魏文锋个人形象的依赖。在拓展和宣传公司业务时,弱化魏文锋的个人影响,突出公司形象,实现代表从个人到公司的转变。

⑥平衡盈利和公益之间的关系,是每一家社会企业必须要面对的难题。如果没有前期的公益举动,老爸评测不可能积累足量粉丝,更不能实现公司盈利。因此,公司在做公益的同时,要吸引其他投资,将公益活动变成合作企业的必要条件,既能降低开展公益活动给公司造成的经济损失,又能收获更多合作伙伴。

(五)建议课堂计划

本案例可作为专门的案例讨论课的材料来进行讨论。以下是按照时间进度提供的课堂计划建议,仅供参考。

整个案例讨论课的课堂时间控制在120分钟内。

课前计划:提前1周要求学生按照4—6人的规模组建团队,以小组为单位开展讨论和总结。将案例电子版/纸质版材料发给学生,附上启发思考题让学生在课前完成阅读,并了解电子商业模式发展的相关背景知识。要求学生制作用于课堂讨论的PPT,并将PPT于课前一天发送至教师邮箱。教师制订详细的教学计划,包括案例讨论的形式、步骤,每个讨论点的时间划分。教师根据整理的讨论点及教学大纲制作PPT。

课中计划:课中计划可以根据以下4个部分实施,包括背景介绍、小组讨论、课堂互动与总结,具体内容如表1所示。

表1 课中计划

课中计划	教学内容	时间控制
背景介绍	由教师对老爸评测的创立背景和运营情况进行简要概述,抛出本次课的主题并介绍焦点案例的典型性,同时提出拟讨论的若干思考题。目的是让未完成课前作业的学生对本案例有初步的了解,并通过学生间的交流,让做过作业的同学扩展自己的思维,达成一定的共识,为后续讨论奠定良好的基础	10分钟
小组讨论	教师可以根据课堂实际情况,将学生分成小组,让每个学生在组内简要交流课前就已经形成的对案例启发思考题的看法。教师此时应当作为旁观者,仔细观察每个小组的讨论情况	15分钟
课堂互动	教师可挑选2个较具有代表性且观点重叠率不高的小组进行PPT展示,每组时间为15分钟。每组汇报完后其余小组的学生提问,随之进行讨论,教师在其间做好引导,在黑板上记录关键性观点,并对汇报给出点评	80分钟

续 表

课中计划	教学内容	时间控制
总结	教师可以将 PPT 与板书相结合,对本案例讨论课进行总结:评价小组讨论与回答情况,结合案例对相关知识点进行关联性整理和总结	15 分钟

课后计划:在案例分析的基础上,教师可让学生结合课堂讨论结果和关键点总结,形成最终的小组案例分析报告,作为团队作业成绩的参考。

板书设计:本案例的课堂教学板书计划如图 5 所示。

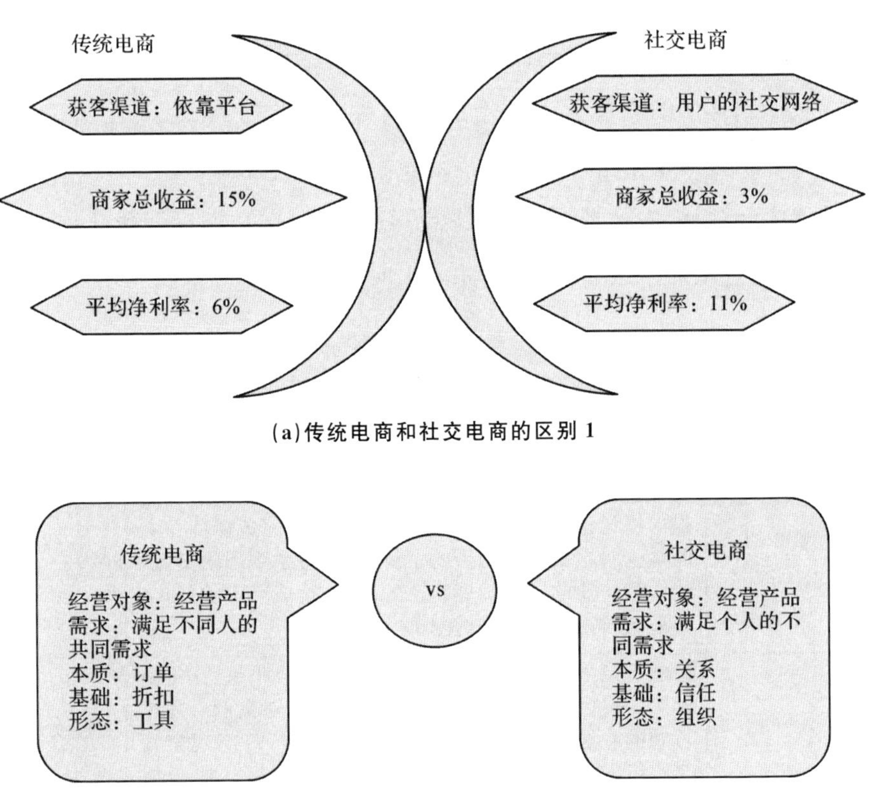

(a)传统电商和社交电商的区别 1

(b)传统电商和社交电商的区别 2

案例引入

- 大家现在习惯于在线下实体店买东西还是网上购物？
- 大家有过网购被骗的经历吗？
- 现在下单之前会做攻略吗？
  - 问同学？
  - 看评价？
  - 看博主？
  - ……

(c)情景引入

公司介绍

老爸评测

让天下老百姓过上

安全放心的生活

(d)介绍公司

观看视频

(e)观看抖音 APP 中“老爸评测”账号发布的视频

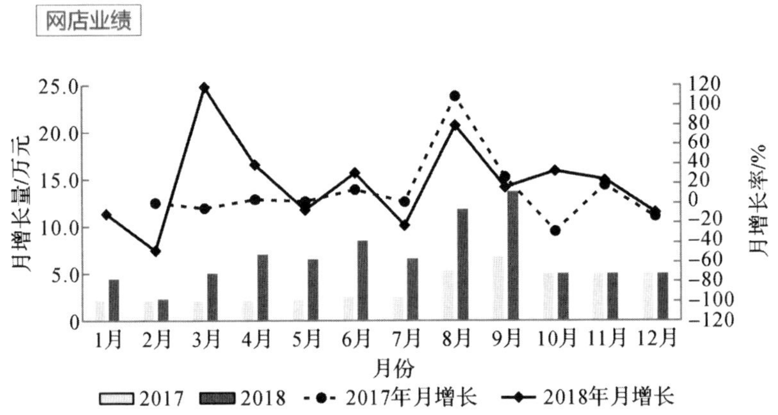

(f)分析老爸评测业务提升的原因

图5 教学板书计划

(六)参考文献

[1] AUSTIN J, STEVENSON H, WEI-SKILLERN J. Social and commercial entrepreneurship: Same, different, or both? [J]. Entrepreneurship theory and practice,2006,30 (1):1-2.

[2] MICHELINI L,FIORENTINO D. New business models for creating shared value[J]. Social responsibility journal,2012,8(4):561-577.

[3] STROTHOTTE T G,WÜSTENHAGEN R. Structure of sustainable economic value in social entrepreneurial enterprises[J]. Research on technological innovation,2005(9):129-140.

[4] MCGRATH R G. Business models: a discovery driven approach[J]. Long range planning, 2010,43 (2):247-261.

[5] OSTERWALDER A, PIGNEUR Y. Business model generation: a handbook for visionaries, game changers, and challengers [M]. Hoboken,NJ: John Wiley & Sons,2010.

[6] MAGRETTA J. Why business models matter[J]. Harvard business review,2002,80 (5):86-87.

[7] THOMPSON J D,MACMILLAN I C. Business models: creating new markets and societal wealth[J]. Long range planning,2010,43 (2):291-307.

[8] BOWMAN C,AMBROSINI V. Value creation versus value capture: towards a coherent definition of value in strategy[J]. British journal of management,2000,11 (1):1-15.

[9] 苗青,张晓燕."义利并举"何以实现?:以社会企业"老爸评测科技有限公司"为例[J].吉林大学社会科学学报,2018,58(2):104-112.

[10] 许艳芳,朱春玲.社会价值、经济价值与社会企业创业策略的选择:基于制度逻辑理论的案例研究[J].管理案例研究与评论,2022,15(1):51-68.

[11] 苗青,赵一星.良币亦可驱劣币:社会企业对流通经济的新启示[J].中国流通经济,2018,32(11):13-21.

双枪科技:讲出一双筷子背后的中国故事

李元祯　范展翊

一、案例描述

(一)引言

2016年9月4日,G20峰会在杭州召开。作为当天晚宴各国元首唯一带走的国礼,双枪筷子再次进入公众视野。小小筷子竟然可以作为中国文化的代表走向世界舞台,离不开双枪人的辛苦耕耘。从缺资金、缺设备的小作坊,到国内市场占有率60%的筷子行业龙头,再到“中国筷子第一股”,双枪科技股份有限公司(以下简称“双枪科技”)屡创辉煌。公司创始人郑承烈每每与人讲到双枪成为民族品牌的奋斗史,总禁不住热泪盈眶。

(二)下岗职工再就业

1991年,郑承烈毕业后被分配到庆元县城建局下属的建筑公司,拿到了许多人梦寐以求的“铁饭碗”。但好景不长,3年后郑承烈所在的建筑公司解散,他被迫下岗另谋生计。

郑承烈决定下海经商。他卖过香菇原料,开过食杂店、化妆品店、书店、服装店等,但手上积蓄所剩无几。此时,他哥哥经营的筷子厂濒临破产,接手筷子厂成为郑承烈的最后机会。郑承烈想尽办法让企业起死回生,很快发现消费者对筷子的需求还停留在实用层面,生产工序简单、价格低廉的竹筷占据市场主流。中国市场经济蓬勃发展,人均可支配收入日益提高,百姓的生活品质也日渐提升。郑承烈认为,精美的工艺筷必将取代传统竹筷,成为未来市场主流,于是他将剩余积蓄全部投入筷子厂的建设并将公司名称更换成双枪。

对于白手起家的郑承烈来说,创业道路怎能一帆风顺。资金、技术、人才“三座大山”,压得初创的双枪喘不过气。资金不足,致使工厂无法安装变压器,生产中只能靠柴油机发电。竹制品是小众行业,市面上没有满足公司生产需要的新机器设备。郑承烈并未屈服于现实困境,带领只有初中学历的技术员夜以继日地学习先进的机械知识,走自主研发之路。历经了无数个不眠之夜后,公司成功研发了生产工艺筷的新式机器设备。

打通了工艺筷的生产道路,市场推广又让郑承烈发愁。传统销售渠道自然难以维系,公司必须开拓新的消费市场。1996 年底,郑承烈带着 12 款 180 万双工艺筷,前往义乌小商品市场拓展销路。但出乎郑承烈所料,由于市场反响好,180 万双工艺筷 2 天就销售一空。

(三)艰苦奋斗树立双枪品牌

竹制品行业门槛较低,产品附加值、利润不高,竞争却十分激烈。郑承烈发现,义乌生产的产品贴上国际品牌标签后,身价翻倍,并且不愁销路。他敏锐地意识到,公司要想做大做强,必须要树立自己的品牌。

“市场竞争,说到底就是品牌竞争。”郑承烈说,“大多数筷子厂以生产外观单一的传统筷子为主,产品差异很小,最后以价格取胜。”筷子行业规模小、利润低,但却竞争异常激烈。双枪科技想要突围,必须实行差异化发展道路,生产不同品类产品,提高产品附加值。此后,双枪科技将生产重心转移到漆筷生产,不断创新漆筷的颜色、图案,并融入纺漆、套花、移印、雕刻等中国传统工艺技术。同时,公司尝试将文创融入传统竹制品,如将手工绘制、手工雕刻等工艺移植到筷子头部,增加竹制品的表现手法。

郑承烈认为,筷子承载着中华民族优秀传统文化,应该成为中华文化的传播载体,讲述自己的“中国故事”。公司研发设计了系列文创筷,如“儿童筷”寓意“筷筷”乐乐成长,“喜筷”寓意成双成对、钟爱一生,“寿筷”寓意相依相伴、双双到老,此外还有百家姓筷子、生肖筷子、星座筷子,等等;同时,为产品赋予内涵故事,如西湖、黄鹤楼、一百零八将等。由于差异化战略成功实施,目前双枪科技生产的筷子单价为几十元到上百元不等,这极大地提升了产品附加值。

(四)一双筷子承载民族文化

优良的品质、独具一格的设计让双枪科技的产品占领了大部分市场份额。但双枪科技并不满足于当下成绩,继续扎根研发,努力创新,率先在行业内成立竹筷研发中心,将年销售额的5%用于开发新产品、新设备。双枪公司因此被评为国家林业重点龙头企业。

双枪科技承接了G20杭州峰会各国元首国宴上筷子的设计和制造事宜,产品设计无缝对接G20杭州峰会主旨精神,最终一稿通过。之后,双枪科技拿到第二届互联网大会的展销权,设计出寓意“国泰民安”的“国泰筷”。会上,习近平主席陪同俄罗斯总理梅德韦杰夫参观了双枪科技筷子专卖店,“国泰筷”迅速登上各大新闻网站头条,几近脱销。双枪公司的筷子作为使者还参与了金砖五国会晤、海南博鳌论坛、“一带一路”国际高峰合作论坛,向世界展示“中国制造”和“中国文化”。

参加高端国际会议活动的曝光度,为公司带来巨大影响。双枪科技竹材研究院执行院长练素香说:“习近平主席夜访乌镇向梅德韦杰夫总理介绍‘国泰筷’,‘国泰筷’销量大幅提升,消费者争先恐后在网上下单抢购。”练素香认为,公司应该迅速转型升级,抢占互联网市场。随后,双枪科技加大对电商投入,力争占领下一个销售高地。经过20余年的积累,双枪筷子成为双枪科技文化载体,也成为中国文化的传播载体。

讲好属于筷子的“中国故事”靠的不是一时的“噱头”,而是依靠公司的生产设计创新能力。互联网销售不足以维持公司持久的竞争力,企业转型升级才是重点。在生产制造环节,公司加大投入研发新技术,更新生产设备。“技术上的突破包括竖式碳化、竹毛条 T 形加工、一碳免二碳加工和水煮炭等,技术革新让竹材利用率由原来的 38%—70%提升至 85%—95%。”练素香说。公司对大部分生产设备进行改良更新,对新式立式蒸煮锅实行碳化、蒸煮、防霉防裂、染色、软化等多种工艺处理;立式烘干塔全程自动调控烘干作业的温度、湿度和风机风速,烘干作业时间短、效果好。截至 2020 年末,下属子公司拥有 40 项发明专利、99 项实用新型和 122 项外观专利,获得“省级高新技术企业研究开发中心”“浙江省专利示范企业”“第二届中国绿色产业博览会金孔雀奖”等殊荣。

公开上市是对一个企业在盈利能力和技术实力方面的极大肯定,双枪人心中也装着一个上市梦。2021 年 8 月 5 日,双枪科技成功在深交所主板上市,成为“筷子第一股”。双枪科技站在更大的平台上,实现引领行业绿色转型和缔造日用餐厨具领域民族骄傲的梦想。

(五)成为“一所优秀学校”

创立初期,双枪科技重心是企业盈利和发展。随着公司发展壮大,双枪科技承担更多社会责任。2019—2021 年,公司年均税收达 5000 万—7000 万元,员工有 1450 人,上下游产业链企业共 100 多家。公司的发展推动了当地竹制品产业链的发展,创造就业岗位千余个,辐射 5 万余户竹农。

在郑承烈眼中,双枪科技是竹制品行业中的“黄埔军校”,从输出产品与品牌到输出管理和思想,公司的核心思想是“让员工当老板”“去除 KPI,人人当老板,大船就能变舰队”。双枪科技在全国有 55 个办事处,其中 50 个是员工 100%持股。改革管理体制,公司采用事业部制,调动各部门员工的积极性。因此,公司有员工 1000 余名,但人员流失不到 5%。“这样的机制,是双枪让每一个员工都把自己当成创业者,都把自己当成老板。”郑承烈骄傲地说。

在选人用人方面,双枪科技也有独到之处。“只有不适合的岗位,没有不适合的人才。”公司实行员工定期轮岗制,各部门之间平行调动,培养员工综合能力。“企业要吸引优秀人才必须筑巢引凤,而非引凤筑巢。”郑承烈说。双枪科技的薪资待遇一直是业界最高,应届毕业生年薪10万元,优秀本科生和硕士研究生外加10万元安家费。

(六)尾声

上市并非终点,而是双枪科技发展的新起点。上市所募集资金主要用于公司日用餐厨具自动化生产基地建设、信息化建设及补充流动资金,进一步提高双枪筷子、砧板产品的市场占有率,巩固行业领先地位。上市公司要向投资者负责,双枪科技要进一步改革管理体制。在新的发展阶段,双枪科技必然面临新的挑战。

二、案例拓展

(一)教学目的与用途

本案例主要适合“战略管理”课程中对有关差异化战略及企业社会责任等章节和知识点的学习使用,适合工商管理学科本科生、企业管理研究生、MBA和EMBA等学习。

本案例描述双枪科技创始人郑承烈的奋斗创业经历,通过对双枪科技差异化战略的分析,揭示了差异化战略对于企业发展的重要性;引导学生从行业背景及企业背景出发,分析双枪科技实行差异化战略的动因;以双枪科技承担的企业社会责任为例,引导学生深入思考企业发展与企业社会责任之间的关系。

郑承烈的创业故事是筷子的“中国故事”,既体现了“艰苦奋斗精神”,又体现了“善于闯、勇于试、敢于冒”的浙商精神。课程思政聚焦于“浙商精神”在管理学中的体现,并与实践融合。

(二)启发思考题

1. 郑承烈是怎样解决双枪科技创立之初的3个困境(缺资金、缺技术、缺人才)的?其中体现了他怎样的“浙商精神”?

2. 双枪科技是如何实行差异化战略,从而使产品脱颖而出的呢?

3. 双枪科技在发展过程中承担了哪些企业社会责任?为共同富裕的伟大事业做出了哪些贡献?

(三)分析思路

本案例以中国市场经济体制确立为背景,从企业管理角度出发,结合红色精神之“艰苦奋斗精神”及“浙商精神”,思考双枪科技从最初的小作坊到“筷子第一股”的发展历程;并基于郑承烈的创业之路,探究“浙商精神”在双枪科技发展之路上的作用。本案例从创新创业角度出发,解读了“浙商精神”在双枪科技发展中起到的作用。同时,随着环境变化,分析新挑战下双枪科技如何更好地发展。

教师可以结合课堂情况,根据自己的教学目标来灵活使用本案例。本案例分析思路如图1所示,仅供参考。

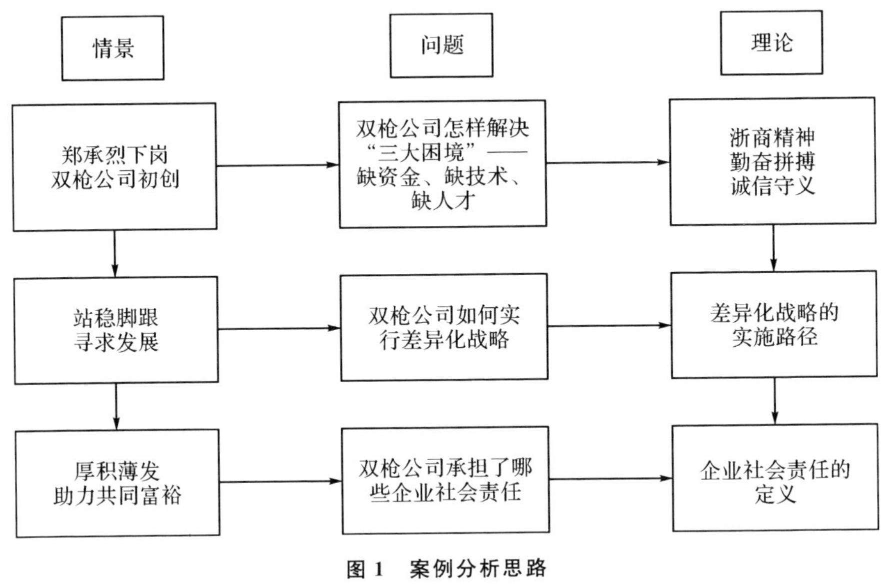

图1 案例分析思路

(四)理论依据及分析

使用该案例时,教师可能需要用到以下相关理论,并且希望学生掌握相关理论知识,能结合理论对具体情况进行分析。

1.郑承烈是怎样解决双枪科技创立之初的3个困境(缺资金、缺技术、缺人才)的?其中体现了他怎样的"浙商精神"?

【理论依据】

浙商精神。新时代浙商精神是指弘扬坚韧不拔的创业精神、敢为人先的创新精神、兴业报国的担当精神、开放大气的合作精神、诚信守法的法治精神、追求卓越的奋斗精神。创业、创新、担当、合作、法治、奋斗,体现了新时代中国企业家的共性和浙商群体的个性,更体现了未来浙商需要努力的方向。

【案例分析】

郑承烈在冲破三大困境(缺资金、缺技术、缺人才)中体现了浙商精神4个方面的内涵。一是任时敏行。郑承烈察觉到工艺筷是未来筷子的发展趋势,便以最快速度组织设计和研究,直至投产,占有市场先机。双枪科技缺乏资金,郑承烈便把目光瞄准了彼时刚刚兴起的义乌小商品市场。二是开拓创新。郑承烈在开拓义乌小商品市场之初并不顺利,商贩不愿意销售定价较高的工艺筷。他采用“先销售、后付款”的代售模式,成功说服商贩销售工艺筷。三是勤奋拼搏。第一,双枪科技创立之初缺乏资金,无法使用变压器生产,只能采用柴油机发电生产。第二,技术条件不好,缺乏专业技术人才与生产机器。第三,郑承烈身先士卒,亲自带领员工研发机器设备和工艺。四是诚信守义。诚实守义的品质为郑承烈赢得更多合作机会。

2. 双枪科技是如何实行差异化战略,从而使产品脱颖而出的呢?

【理论依据】

(1)差异化战略。差异化战略所追求的“差异”是产品的“不完全替代性”,即在产品功能、质量、服务、营销等方面,企业为顾客所提供的是竞争对手不可完全替代的。差异化可分为产品差异化、市场差异化、服务差异化和形象差异化。

(2)差异化战略动因。一是降低客户对价格的敏感程度。客户对品牌的忠诚,可以降低其对价格的敏感程度,让公司避开价格竞争。二是形成进入障碍。差异化可以使企业生产的产品与其他企业生产的产品有所区别,使企业产品与其他企业的产品之间的关系不是完全替代关系,可以从一定

程度上缓和竞争。三是强化企业的非价格竞争手段。为诱发顾客的特殊偏好,获得或扩大差别优势,企业主动地实施非价格竞争策略,在产品设计、产品广告、销售服务、销售渠道等诸多方面下功夫,吸引和拉动顾客。四是降低产品的可替代程度。通过使企业的产品与服务具有特色,让消费者对该产品产生依赖性,减少转换的可能,从而避免被其他企业的产品所替代。

【案例分析】

郑承烈从材质、花纹、油漆入手,将纺漆、套花、移印、雕刻等中国传统工艺技术融入漆筷生产,提高筷子的附加值;将传统手工绘制、手工雕刻等工艺移植到筷子头部,增加筷子的表现手法;针对不同场景和消费人群,设计不同主题的筷子,如“儿童筷”“寿筷”等,提高产品的竞争力。

经过数十年的发展,双枪科技在生产技术、研发实力、销售渠道等方面都处于行业领先地位。

郑承烈从产品差异化和销售差异化做起,将双枪塑造的竹制品做成业内最具有号召力的品牌。双枪科技致力于推动日用餐厨具行业向前发展,投入资金进行生产线自动化改造,已研发“自动激光雕刻机”“自动筷子包装机”“自动砧板包装机”等一系列自动化设备,加工生产规模处于行业领先地位。双枪科技建立全员参与的研发设计机制,使市场信息能够及时反馈到研发设计部门,将研发设计落实到产品制造全过程,从而提高新品研发设计的命中率。

3. 双枪科技在发展过程中承担了哪些企业社会责任?为共同富裕的伟大事业做出了哪些贡献?

【理论依据】

企业社会责任的内涵。企业在创造利润、对股东利益负责的同时,还要承担对员工、对社会和环境的责任,包括遵守商业道德、生产安全、确保职业健康、保护劳动者合法权益及资源等。除对投资者和员工的责任外,企业应尽的社会责任主要还有公众责任、社区责任和环境责任等。

【案例分析】

在企业发展过程中,双枪科技维护员工权益,改善员工待遇,关爱员工发展,不断满足客户对于筷子的品质、美观需求,切实保护股东的投资利益。同时,其带动当地竹制品产业链发展,创造了大量就业岗位,促进了农村高质量发展。

(五)关键要点

1.关键点

本案例主要分析郑承烈创办双枪的历程及如何在竞争激烈的筷子加工企业中脱颖而出,并且关注双枪科技如何承担企业社会责任,促进共同富裕。本案例聚焦于实施差异化战略和承担企业社会责任的相关知识点。学生在学习案例的过程中,应结合双枪科技发展的不同阶段,根据其逻辑与脉络进行思考。

2.关键知识点

(1)实施差异化战略的动因。

(2)实施差异化战略的内外部条件。

(3)企业社会责任的内涵。

3.关键能力点

(1)逻辑思维能力。

(2)理论联系实践的能力。

(3)解决实际问题的能力。

(六)建议课堂计划

1. 时间计划

本案例课程的教学安排可参考如表 1 所示的计划进行设计,并根据实际情况进行自主调整,全部案例教学的时间控制在 80—90 分钟。

表 1 课程计划

<table>
<tr><th colspan="2">教学计划</th><th>主要内容</th><th>建议时间</th></tr>
<tr><td colspan="2">课前计划</td><td>将案例材料及相关思考题发送给学生,提前让学生了解筷子行业概况、竹木制品加工业的发展历史等背景知识,同时认识企业基本的竞争方略。让学生阅读案例正文,并以小组为单位进行初步讨论,建议 5—6 人为一组</td><td>提前 1 周</td></tr>
<tr><td rowspan="3">课堂计划</td><td>案例引入</td><td>教师先简要介绍竹木制品加工业的发展历史并引导学生进行回顾,同时对双枪科技的概况进行简要介绍</td><td>5 分钟</td></tr>
<tr><td>小组汇报互相提问</td><td>每个小组派出一位代表对案例进行梳理、汇报并展示小组对案例启发思考题的讨论结果与观点。教师和其他同学可以根据汇报内容提出自己的看法与问题并进行探讨</td><td>60 分钟</td></tr>
<tr><td>分析总结</td><td>教师针对各个小组的汇报进行简要分析点评,强调案例的要点并梳理双枪科技如何执行差异化战略,如何承担企业社会责任,如何在日常经营中践行“浙商精神”,帮助学生理解案例中企业实际运营与理论之间的联系</td><td>15 分钟</td></tr>
<tr><td colspan="2">课后计划</td><td>引导学生进一步收集双枪科技的相关信息,了解公司的最新动向和当地对竹制品加工业的扶持政策。同时要求各小组根据本篇案例、课堂讨论、教师总结与归纳等内容,在课后进一步讨论,形成独立的观点,最终提交一份案例研究报告</td><td>2 周内提交</td></tr>
</table>

2. 课堂提问逻辑

本课堂的提问逻辑建议如表 2 所示,可根据实际情况调整。

表 2 课堂提问逻辑表

问题序号	课堂提问问题	对应逻辑
(1)	你怎么看待传统的竹制品加工行业?	了解案例背景信息及相关理论
(2)	谈谈你对差异化战略的了解	
(3)	谈谈你对企业社会责任内涵的了解	
(4)	双枪科技在创办初期遇到了哪些困境?在郑承烈解决这些困境的过程中体现了他怎样的“浙商精神”?	对应启发思考题第1题:郑承烈是怎样解决双枪科技创立之初的3个困境(缺资金、缺技术、缺人才)的?其中体现了他怎样的“浙商精神”?
(5)	市场对筷子的需求呈现怎样的变化趋势?双枪科技是如何执行差异化战略以获得高附加值的?	对应启发思考题第2题:双枪科技是如何实行差异化战略,从而使产品脱颖而出的呢?
(6)	双枪科技自身的研发能力、行业经验等条件能否支持企业执行差异化战略?	
(7)	双枪科技在创办之初承担了哪些企业社会责任?	对应启发思考题第3题:双枪科技在发展过程中承担了哪些企业社会责任?为共同富裕的伟大事业做出了哪些贡献?
(8)	成为竹木制品龙头企业之后的双枪科技承担了哪些企业社会责任?为助力共同富裕的伟大事业做出了哪些贡献?	

(七)参考文献

[1] 牛东晓,王永利.企业需要实施差异化战略[J].技术经济与管理研究,2006(1):41.

[2] 石洪景.企业实施差异化战略研究[J].消费导刊,2009(12):127-129.

[3] 林吕建,唐玉.论当代浙商精神的科学内涵[J].浙江社会科学,2011(8):61-67.

[4] 于晓萍.谈企业差异化战略的实施[J].现代商业,2007(27):112-113.

"绿水青山就是金山银山":华仕科技业务流程再造与优化之路

孙　琦　高亚亚　徐维东

一、案例描述

(一)引言

2019年春天的一天,浙江华仕管道科技有限公司(以下简称"华仕科技")总经理孙少杰正在办公室里品尝刚上市的大红袍。公司经营已经步入正轨,他踌躇满志,盘算着华仕科技的未来发展方向。此时,一阵急促的手机铃声打断了他的思绪,打来电话的正是新安江"五水共治"督导组组长李方军。"部分村民将未经处理的养殖废弃物偷偷排放到池塘里,从而导致池塘水又变臭了。现在'你来我停,你走我排'的现象非常严重,污水治理负责人员疲于奔命,却始终无法解决。"李方军焦急地说着新安江的情况。随后,他问孙少杰:"怎样才能保持'五水共治'的成果,防止偷排现象,控制新安江的水质不会反弹呢?"孙少杰陷入了沉思……

(二)白手起家创公司

1. 开基立业

2010年1月5日,上海乐通管道公司驻杭州的业务推广负责人孙少杰急着上班,开车经过学院路与余杭塘路交叉口路段时发生严重堵车。地下水管爆裂,地面出现大面积积水。一辆89路公交车车头栽入地面一个塌陷处,车轮悬空,车辆无法动弹,造成严重交通瘫痪。孙少杰到办公室时迟到近 4 个小时。

这件事让早在 2005 年就开始接触管网检修的孙少杰意识到:城市管网是一座城市的良心,是需要体检和治疗的。然而,多年市场推广经历让孙少杰深刻地感受到我国城市地下管网建设长期滞后于城市发展需求——从“谋生活”到“盼生活”,新时代人民群众热切期盼清新空气、清洁水质、清丽山川。我国“重地上、轻地下”的思想根深蒂固,管网建设标准低、管理水平低下的情况非常普遍。城市管网检测和修复行业主要采用传统的开挖修复模式(见图 1)。但这种开挖式的修复存在着较多的问题。

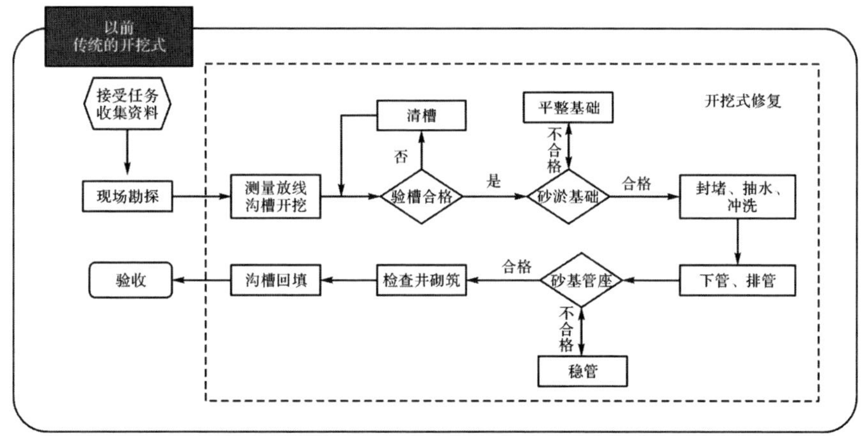

图 1　管道修复的传统开挖修复操作流程①

在管理理念方面:国外的城市管道能做到每年检测 2 次,而国内多数城市管道自建成起二三十年都不曾检测过,直到出现破裂、堵塞、变形、错位、脱节、跑冒滴漏等问题才会检修。

在操作技术方面:城市管网传统检测手段是通过作业人员的目测法观察水位差,使用手电筒、反光镜等进行管内检测,没有任何影像资料,管线症结也都是技术人员根据自己的经验进行现场判断,导致管线信息采集不统一、精确

① 资料来源:贾永斌. CCTV 检测技术在“控源截污”工程中的应用[J]. 科技创新与应用, 2021(5): 136-139。

度低等问题,特别是在不同规格管道交接部分易存在漏判、错判等情况。

在维护成本方面:企业在施工运营期内主要凭借技术人员的经验,难以确定管件的具体位置,更难确定管道症结位置,盲目东挖一下,西挖一嵌,根据不同路段情况,开挖修复工期 5 到十几天不等,全面封道浪费大量时间与金钱。城市市政工程管理处人员每天疲于奔波维修,处理各种突发事件,但效率仍旧提不上来。

在环保安全方面:管道维修施工时,通常是晴天尘土飞扬,雨天淤泥堆积。同时,从管道中挖出的垃圾裸露在外,臭气熏天,广大群众无法忍受,民怨四起。排水管道中存在多种有害有毒气体,危害在管道内作业的检测技术人员的健康。传统绞车清淤对于大块的顽固污泥并不起作用,开挖路面有可能破坏地下输气管道、电缆等设施。

管网问题还未解决,另一个消息又传入孙少杰耳中:公司因为内部矛盾无法经营下去。“浙江省管网检测、修复市场刚起步,绝不能就此放弃啊!”孙少杰心中油然萌生一个想法:既然如此,何不自创公司服务社会?只有改变传统管网修复流程,才能彻底摆脱传统管道修复的困境。于是,2010 年,孙少杰怀着满腔热忱与另一个合伙人创办杭州华仕管道工程有限公司,抓住环保倒逼机制带来的发展机遇,积极作为,主动转型,进行新旧动能的转换。公司致力于为城市基建提供闭路电视系统 CCTV 检测(见图 2)、非开挖修复、污染源调查等管网综合问题的解决方案,花费巨资从国外引进机器人检测排水管网,布局建设以机器人检测、非开挖等环保技术为主的绿色产业。由此开启浙江省地下管道修复流程再造的绿色发展之路。

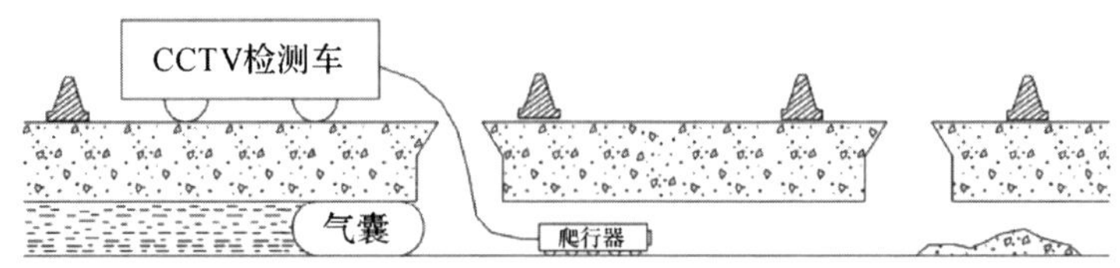

图 2　CCTV 检测工作示意图①

2.眼见为实

凭借多年工作经验,孙少杰将国外 CCTV 检测车引入华仕科技。在公司总部办公室,孙少杰自豪地介绍着管道检测设备:“CCTV 检测技术采用高分辨率的管道内窥摄像系统,通过电源线连接装有摄像头和探照灯的爬行器,实时、连续地记录地下管道的现状,地上显示器可以实时接收管网信息,是排水管道的优秀‘侦察兵’。通过控制台来调整摄像头的速度、焦距、高度等,如果在管内遇到障碍物,控制台可操纵爬行器的行进方向,避开障碍物,灵活性也非常好。”有顷,孙少杰继续道:“公司发展初期规模小,无法投入较多资源全面深入推广。于是我们凭借着这种全新的非开挖式管道检测修复流程从分包商处承接较小项目,从承接数米、数百米、数千米……管道修复业务开始发展,逐步扩展业务。”

自此,华仕科技利用 CCTV 检测技术进行业务流程再造的全新非开挖式城市管道修复流程(见图 3)落地实现,并逐渐渗透到城市管网修复市场。管道检测与修复业务流程再造后,华仕科技的管道修复业务效率也得到全面提升。

在操作技术方面:华仕科技引进的爬行器可以轻松进入管道,携带的摄像头可以拍摄管道内部情况,位于控制台上的技术人员接收到机器人拍摄的信息,根据精准定位到管道内的破损等缺陷和特殊结构的实时画面,进行清晰且精准的记录和判读,有效避免盲目验收,减少返工和内部问题的反复发生。

① 资料来源:李阳,王升阳,汪帆. CCTV 检测技术在城区街道排水管网系统缺陷排查中的应用[J]. 城市勘测,2020(6):164-167。

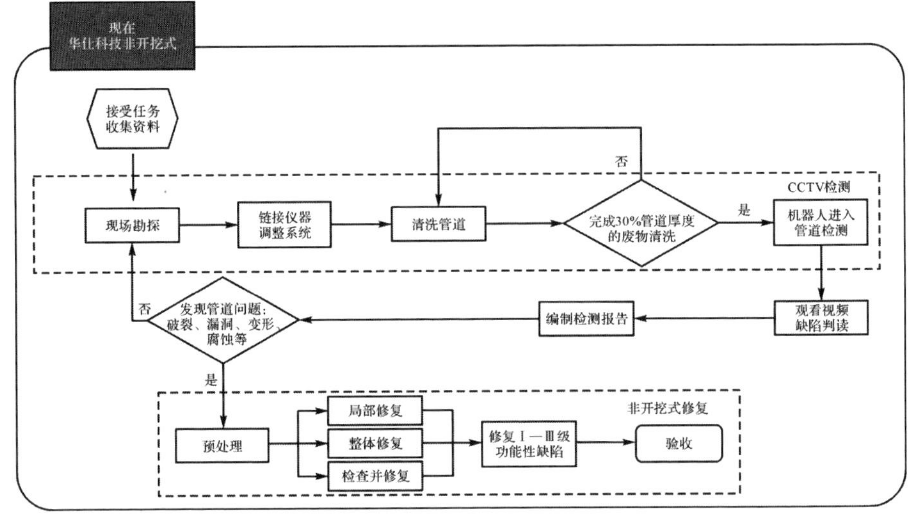

图 3　华仕科技非开挖式城市管道修复业务流程①

在维护成本方面:华仕科技依靠国内领先的紫外线固化法、CIPP 内衬翻转法、不锈钢环扣法等技术,对管道进行非开挖式修复可以实现对地下污水管网整体或局部"点对点"的精确修复。检测到问题后,华仕科技采用非开挖式修复方式,在地表不需要开挖沟槽的条件下修复各种地下管线问题(见图 4)。相比于开挖施工,非开挖式修复方式只要打开相应的井盖,工期更短,通常 2 小时就可以完成检测和修复。

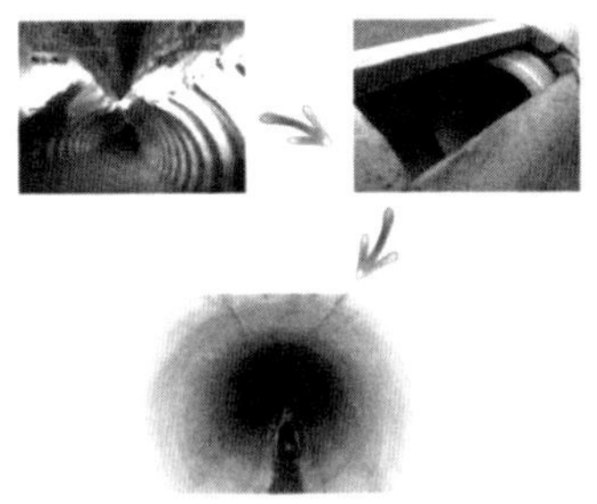

图 4　非开挖式修复地下管线②

① 资料来源:笔者根据实地调研、访问企业管理人员整理。

② 图片来源:笔者从华仕科技介绍手册中整理。

在环保安全方面:在施工过程中,华仕科技不是全面封堵道路,而是围蔽施工地段一侧,对行人与车辆通行影响较小,不影响排水管线上方的电力管线等设施。在施工现场,华仕科技采用污水处理车进行固水分离,垃圾装袋,污水排回井内,减少了因开挖路面引起的交通堵塞、空气污染等现象。

(三)敢问路在何方

1.把握机遇

2013年2月16日,浙江省杭州毛源昌眼镜有限公司董事长金增敏在微博上说,浙江省温州市瑞安仙降街道河流工业污染严重,如果环保局局长敢在河里游泳20分钟,他就提供20万元奖金。类似这样的河流污染情况在浙江随处可见,当地群众怨声载道。相关数据表明,浙江省各级污水处理机构的实际污水处理率、运行负荷率、专业化营运水平和执行标准较低,有不少污水处理设施在"晒太阳",问题亟待解决。

该微博一发,立即引发网民对河道治理的激烈讨论和广泛关注,孙少杰却看到了其中的市场机遇,立即召开公司高层管理会议。会议桌上放有两份资料:一份是微博热议的街道河流污染问题,另一份是关于浦江两次治水失败及再次招标的资料。孙少杰向各部经理询问河道治理及浦江治水失败的看法。有一位经理认为:"类似的河流污染情况在浙江省随处可见,治水任重而道远,况且公司现在所做的管道检测和修复业务都比较吃力,很多客户对非开挖修复理念持怀疑态度,公司哪来的精力考虑从没接触过的河道治理?"另一位经理持不同看法:"我们已经实现了管道检测修复,河道治理也可以运用我们的CCTV检测确定污染源、非开挖疏通河道等技术。非开挖技术是建设绿色生态城市的有力践行,为城市居民带来福祉也等于为公司注入强大的发展动力!"一语中的,孙少杰清了清嗓子道:"民有所呼,我有所应。浦江治水是我们非开挖技术深入河道治理领域、服务浙江的机会。习近平总书记鼓励经济发展与生态环境保护相辅相成。推动绿色发展,不仅可以满足人民日益增长的优美环境需要,还可以推动公司更加可持续、更为安全地发展,所以这次招标我们一定要好好准备。”会议中,孙少杰和各部经理就河道污水治理流程再造讨论了很久很久……

2. 脱颖而出

中标浙江省浦江治水项目后,华仕科技第一时间安排技术骨干对浦江进行多次实地调研和数据分析,提出河道治理流程的新方案(见图5),发挥公司优势,利用CCTV检测技术对浦江河道污水治理流程进行再造。为保证治水效果,华仕科技针对浦江开展“清水零点行动”,并对打击偷排直排行动提出了具体方案。

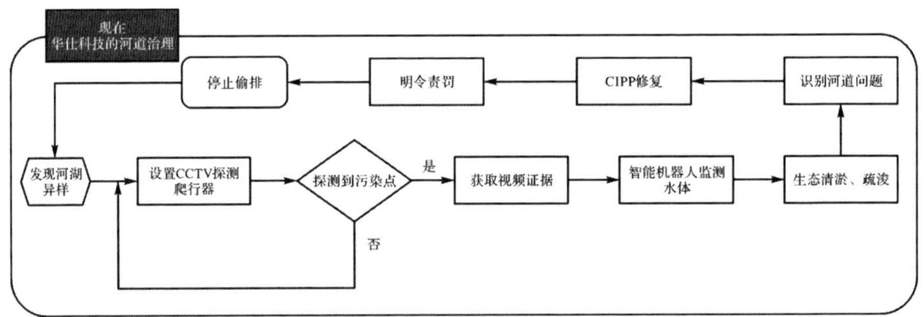

图5 华仕科技河道治理业务流程①

第一,清理河道垃圾。由于管道沉积污染物众多,上游来水大,华仕科技对排水和废物淤积清理问题进行多次讨论,决定采用CIPP(Cured In Place Pipe,原位固化法)整体翻转修复技术施工。

第二,CCTV检查。华仕科技组织团队深入浦江区域进行水质检测,采用CCTV检测爬行器对污水河道展开全面检查。

第三,识别污水点,获取视频证据。借助CCTV检测,华仕科技将连

① 资料来源:笔者根据访问企业管理人员整理。

接河道的管道内破损、腐蚀等画面传输到显示器,获取水质含量等相关信息。

第四,修复。借助非开挖技术疏通河道,对城区污水管网出现破裂、腐蚀等症结处进行 CIPP 管道紫外光固化修复。

在省政府、县政府及华仕科技三方的共同努力下,浦江县 426 条"牛奶河"、577 条"垃圾河"和 25 条"黑臭河"全面消灭,乡村重现诗意,城镇复苏活力。浦江治水成效显著,浦江段断面水质从劣Ⅴ类提升至地表水Ⅲ类,生态水环境质量公众满意度从全省倒数第一到全省第三,不久后成为全省第一,此后连续多年荣获全省"五水共治"优秀县大禹奖。站在清澈见底、鱼水嬉戏的浦江边,孙少杰露出会心微笑。朗朗晴空,徐徐清风,百姓之盼,即企业发展之要。华仕科技在浙江省"五水共治"中的优秀表现,为公司推行业务流程再造、推广非开挖技术奠定了坚实基础。

(四)突破瓶颈越关山

1.技术困兽

随着公司发展壮大,孙少杰又有了新烦恼:仅靠 CCTV 检测技术,华仕科技能长期发展下去吗?竞争对手就不会引进国外技术吗?公司的竞争优势能长期保持吗?彼时,杭州即将举办 G20 峰会,华仕科技迎来新的发展机遇。公司将 CCTV 检测、非开挖修复技术设备进一步推向市场,业务量陡然增加。华仕科技已不是当初为大公司做配套项目的小企业,但是公司盈利增幅不大,反而出现各种新问题。导致这一状况的原因有:一方面,中国管道特质与欧美国家不同,如国内管道口径较小,却是引进国外设备按照他国标准生产;机器人检测需求量增加,进一步暴露国内管道施工的局限性。另一方面,进口设备老化,维修成本增加,市场空间扩展不足。当时,一台工业机器人设备价值好几百万元,修补管道破损所需的 CIPP

材料每片 25000 元,而且消耗量大。工业机器人设备是按照欧洲标准生产的,拆卸设备零件所用的工具都要从国外进口。工业机器人设备的维修费用高得离谱,一颗螺丝钉的价格就高达 6 万元,而且订货周期长,降低了客户满意度。

2. 化茧成蝶

“健康水生态、优质水资源”的追求,“科学水管理、持久水安全”的迫切,让孙少杰感到华仕科技作为地下管网守护者的责任。同时,海外技术高昂的引进成本及不便性给了华仕科技一个警醒:道向己求,莫从他觅,绝不能仅仅做服务型企业,也绝不能单纯依赖于国外设备引进。观念一变天地宽,公司高层领导和孙少杰相互配合讨论,一致决定要努力创新,突破国外技术封锁,自己动手开发新产品。于是,华仕科技开启自主研发之路,从单纯服务型企业向服务业制造化道路迈进,并创办子公司浙江管迈环境科技有限公司,建立管道非开挖修复材料研发中心和材料生产工厂。子公司引进专业人才提高研发和设计能力,将各类专业技能考核常规化,定期开展管道技术更新培训班。同时,与浙江大学、中国地质大学、中国科学院等高校和研究机构合作,在管道疏通、检测设备、非开挖修复材料等方面进行探索与创新,从事管道非开挖修复材料、机器设备和环保技术的研发和生产。

经过不懈的努力与创新,华仕科技于 2017 年成功研发适合中国管道特质的检测修复设备,申请发明专利 30 余项。如今,华仕科技自主研发生产能力已覆盖管网、河道检测、修复设施材料,包括管道检测机器人(见图 6)、CIPP 修复车、高压射水疏通清洗设备、临排车等,产品覆盖局部修复、整体修复和检查并修复所需要的全部材料,并且使用效果达到或超过国家标准(GB/T 51241—2017)。由此,华仕科技实现产业链上游材料、设备的自主研发和生产,产品实现规模经济,价格大幅下降,如自主生产的

CIPP 材料每片 700 元,而进口价格是 25000 元。至此,华仕科技可以提供完工时间可控、修复质量可控的全流程管道修复技术及相关产品和工具。

"城市管网绿色建设之路任重而道远,华仕科技将继续奋斗在前线,把领先的科学技术投入产品研发和制造过程中,锻造顶尖的施工技术,在治水之路上走出具有时代特色的步伐!"孙少杰如是说。

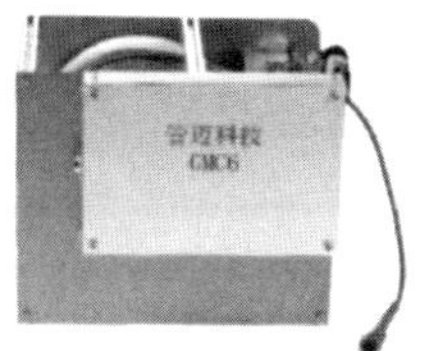

图 6　管道检测机器人①

3. 更进一竿

2016 年 12 月,中共中央办公厅、国务院办公厅联合出台《关于全面推行河长制的意见》,明确提出 2018 年底在全国范围内建立河长制的政策目标。"河水有问题,直接找河长"已成为百姓共识。在新发展理念中,绿色发展是一大理念;在三大攻坚战中,污染防治是一大攻坚战。"五水共治"反弹状况不断反馈到华仕科技的企业办公处。由此,华仕科技开启河长制的信息支撑流程优化之路。

第一阶段,孙少杰与地方河道管理部会谈,了解传统河长制的特点及弊端。河长制实行环保责任具体化、环境绩效考核刚性化,但由于数据支撑不足、信息残缺混乱,河长们在跨行政区特别是省际流域治理及管理方面有心无力。由于缺少收集数据信息的技术工具,河长们难以科学准确地判断水资源的污染状况。

第二阶段,华仕科技带领技术骨干人员开展实地勘察,利用专业技术

① 图片来源:笔者根据实地调研企业拍摄。

和经验分析得到浙江省河道污染原因是污染在水体,根源在岸上。在岸上,管网有污水流入河湖,只有从源头控制管网,才能有效减少污水反弹。

第三阶段,结合浙江省数字化发展和自身技术研发优势,华仕科技提出利用河长制优化河道治理流程的方案。解决城市内涝问题绝不是逞一时之能,城市水环境建设需要持久跟进,污水反弹让前期努力付诸东流。治水不易,护水更难。为确保治水常态长效,华仕科技运用互联网打造智慧大数据云平台,为客户提供优质水环境治理解决方案;自主研发5G智能管家平台,打造河长制端到端的数据赋能服务的理论流程,如图7所示。

图7　数据赋能"互联网+河长制"的理论流程①

"数据分析的价值在于实时监测和预警,赋予我们预见未来的能力。"孙少杰表示。数据赋能"互联网+河长制"的理论流程分4个环节。首先是数据生产。利用河长管理信息系统收集前端数据,包括基础的静态数据及检测监控和业务过程产生的动态数据,后端开展无差别简单清洗和加工,初步挖掘数据的粗放价值。其次是数据分析。强化数据信息监管和数据利用,通过人工智能、专业研判、人工纠偏结合的方法开展数据分析和精加工,发现各类问题并分析症结、规律,抓住工作不足,衡量目标差距,找到发展方向。再次是数据驱动。数据反作用于管理,为管理赋能,既包括能力(手段)也包括能效(效率),针对性解决各种问题,提升河长履职效率,提高河长系统预警和决策能力。最后是达成效能。数据驱动管理服务成效,提供数据共享与交换,达成管理能力到管理绩效的高效转换。成效数据化,又重新被系统采集,驱动新的赋能循环,不断迭代进步,形成长效机制。根据该理论流程,基于"互联网+河长制",华仕科技优化了河道污水治理

① 资料来源:笔者根据实地调研、访谈企业管理人员整理。

的业务流程,如图 8 所示。同时,加快落实“河长制”“5G 智能管家平台”建设体系,大力发展以非开挖技术为主的绿色产业,发挥信息支撑优势,培育数字经济。华仕科技主动顺应新时代数字经济发展趋势,坚定不移地推进绿色化、生态化、数字化、智能化转型升级。

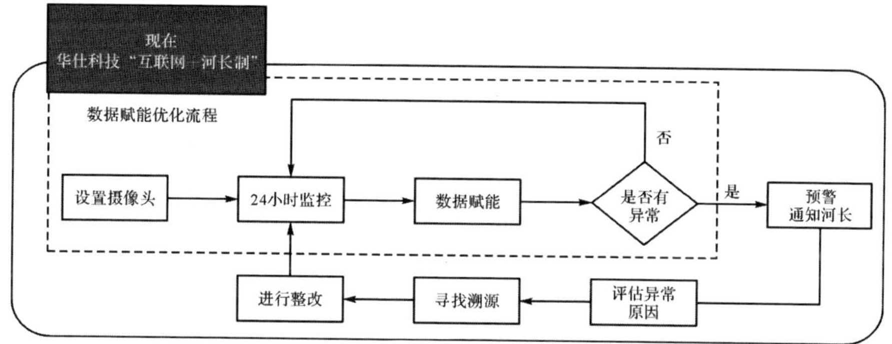

图 8　华仕科技“互联网+河长制”的河道污水治理优化流程①

生态环境监测是生态环境管理的“顶梁柱”“生命线”和“奠基石”,是生态环境保护和生态文明建设的基础性工作。真实、准确、全面的环境监测数据是深入打好污染防治攻坚战,落实精准治污、科学治污、依法治污,改善环境质量的重要支撑。2020 年 12 月 23 日,浙江台州市五水办主任梁晓永一行在黄岩区观摩浙江省首个“5G 智能河长助手”(河湖排水口智慧管控系统)试运行情况。“这个头戴斗笠、脚踩四轮,在水上漂的小机器人正是我们最新投用的‘5G 智能河长助手’”(见图 9),台州市治水办相关负责人自豪地表示道。华仕科技研发建立的“5G 智能河长管家”云平台,依托地理信息系统技术和远程视频监控,以及“5G 智能河长助手”秒探水质与浮沉,全兼容走航,测查水底“暗盗”,可对河湖水质进行实时监测,可精准针对排出口,准确定位污染源头。该助手可 360°高清聚焦,昂首或匍匐前进,不放过地下管径任何死角。隐藏在水下的传感器可以快速完成对水

① 资料来源:笔者根据走访企业、采访企业管理人员收集、整理。

质 pH 值、溶解氧、氨氮、浊度等指标的实时监测;与阿里云合作,该助手可不分昼夜,行走海陆空,穿梭地上地下,将周边 10 多米范围内的河道信息传输到手机端和 PC 端(见图 10),守护城市“脉络”,保卫江河湖海。

图 9　5G 智能河长助手①

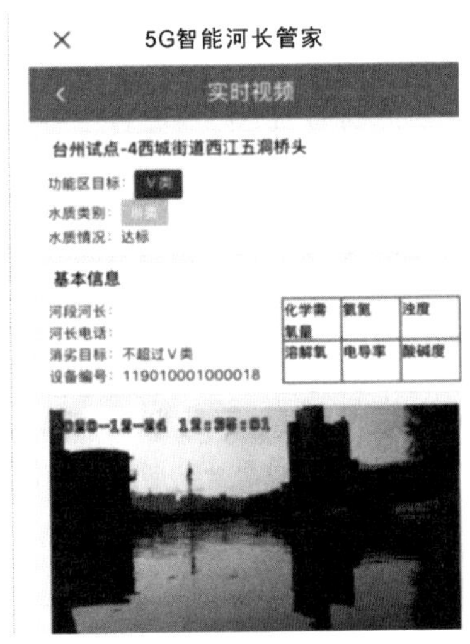

图 10　“5G 智能河长管家”云平台②

① 资料来源:http://www.huashi168.net/192038-16461/207580_218698.html。

② 资料来源:http://www.huashi168.net/192038-16461/207580_218698.html。

4. 生态形成

河长制流程优化之后,"绿水青山就是金山银山"理念完全融入华仕科技。公司提出"水环境的问题根源在岸上,关键在排口,核心在管网"的发展战略,制订"厂网路河一体化"发展目标。根据多年从业经验,华仕科技总结提出流域治水的三重境界(见表1)。结合浙江省污水零直排的"五字方针"(查、订、改、建、管),公司提出排污系统性解决方案,从小区管道检修到河湖治理,实现城市"动脉"与"毛细血管"的全畅通,实现排水口"晴天无排水、雨天无排污",形成"消灭黑臭水体—解决城市内涝—管网检测修复—智能河长管家—数据信息智慧平台—水环境流域治理"的全面生态治理的优化理念,完善"污水处理—雨污分流—管网疏通—源头截污—水体净化"的"厂网路河一体化"治理流程。同时,公司积极研究非开挖绿色城市地下管网修护的实施方案,推动形成绿色生态的发展格局,推进建立生态引领的城市可持续发展模式。华仕科技为挽回记忆中"能游泳的河流"做出了积极贡献。

表1 流域治水的三重境界①

境界	目标	做法
第一境界	消灭黑臭水体	从表面治理黑臭水体
第二境界	污水达到清洁排放	污水处理厂处理过的水达到地表四类水排放②
第三境界	污水零直排	从源头截流治理,让所有污水集中到污水处理厂,指标达标再排放到江河湖海;所有雨水不串流,就近直排河湖,达到污水排放的最高境界,彻底解决"五水共治"反弹的问题

① 资料来源:笔者根据走访企业,采访企业管理人员后收集、整理。

② 地表四类水主要指标:COD<30 ml/L,氨氮<1.5 ml/L,总磷<0.3 ml/L,高于污水处理一级A水平。污水处理一级A标准指标:COD<50 ml/L,氨氮<5 ml/L,总磷<0.5 ml/L,总氮<15 ml/L。

(五)尾声

《周易》有云:“穷则变,变则通,通则达,达则兼济天下。”正如这句话所言,华仕科技创始人孙少杰在不断奋斗,为做到兼济天下而努力。作为华仕科技最新发展理念及目标,“厂网路河一体化”将系统保证“五水共治”与“污水零直排”成果,达到“大江大河全域清澈,小河小溪涓涓清流”的治水新境界,真正补齐生态环境短板,优化河道污水治理业务,这必将是一项造福子孙后代的事业。人不负青山,青山定不负人,生态环保是顺应人类发展规律、确保中华民族永续发展的关键抉择。希望我国的河流能够恢复到孙少杰儿时的样子,河道两岸绿树成荫,清清浅浅的溪水淙淙作响,蛙鸣一片,田间地头沟渠里鱼虾嬉戏,河底的石头清晰可见,孩子们在溪边玩耍嬉戏。这不仅是孙少杰的童年回忆,也希望能成为今后所有孩子的美好回忆。然而,前路仍旧充满挑战,华仕科技从服务型转向服务业制造化,面临业务流程端到端的有效衔接和管理优化问题;同时,如何在“绿水青山就是金山银山”理念的指引下,突破地下管网问题的预警及技术壁垒;如何对“智能河长管家”平台的数据信息进行精准化分析处理,提高智慧平台的运营效率,实现线上线下运维的高效结合,保证公司与各合作方的平衡与协调发展。让我们拭目以待。

二、案例拓展

(一)教学目的与用途

本案例主要适用于“运营管理”课程中有关业务流程再造及服务业制造化等章节和知识点的学习,适用于工商管理学科的本科生、企业管理的研究生、MBA 和 EMBA 等学生。

本案例以华仕科技面对市场需求的不断变化,以努力发挥自身优势,迎接挑战为主线,描述其如何一步一步成长为一家拥有全产业链的服务型制造企业。本案例旨在引导学生思考如何进行管道修复与河道治理的业务流程再造,引导学生从全局角度分析造成这些流程困境背后的原因,并启发学生运用信息化技术及业务流程优化理论对当前困局提出改进建议。案例的核心是让学生深刻理解业务流程再造与优化理论、原则、过程,熟悉服务型企业制造化的动因和手段。最后,让学生牢固树立“绿水青山就是金山银山”理念,引导学生养成绿色生产生活方式,保护生态环境,建设美丽中国。

(二)启发思考题

1. 华仕科技创建之前,浙江省管道修复的现状是怎样的?华仕科技如何对管道修复流程再造以实现业务流程再造的落地实现?

2. 在河道污水治理方面,浙江省遇到了哪些问题?华仕科技是如何发挥自身优势对河道治理进行业务流程再造以达到非开挖技术的全面复制推广?

3. 管道修复及河道治理业务流程再造之后,华仕科技在发展过程中遭遇到什么发展瓶颈?华仕科技是如何突破这些瓶颈的?

4. 华仕科技是如何利用信息技术对河道治理业务流程进行优化的?优化后实现的“厂网路河一体化”治理流程的效果如何?

(三)分析思路

教师可以根据自己的教学目标(目的)来灵活使用本案例。这里提出本案例的分析思路,仅供参考。本案例描述了华仕科技进行管道修复和河道治理业务流程再造,确定服务业制造化和信息化技术相融合的业务流程优化,以及后续实施的效果。通过对本案例的学习,帮助学生理解企业业务流程再造与优化的原因及解决办法,辨别、分析企业是否有能力和资源支撑对业务流程的再造与优化。

具体分析思路与步骤如图 11 所示。

图 11　案例分析思路与步骤

本案例的特色在于:华仕科技对管道修复与河道治理进行了新的技术改造,在行业中脱颖而出。该企业集智能研发、科技生产、项目运营管理于一体,为客户提供水环境整顿治理的一体化解决方案。面对新环境、新政策、新要求,华仕科技为企业运用现代信息化技术手段改造和优化业务流程并给出合理的河道治理业务流程优化方案提供了有益的借鉴。因此,希望教师在教授案例过程中引导学员围绕这一主题进行重点讨论。

(四)理论依据与分析

1. 华仕科技创建之前,浙江省管道修复的现状是怎样的? 华仕科技如何对管道修复流程再造以实现业务流程再造的落地实现?

【理论依据】

业务流程再造理论。业务流程再造是指对企业进行根本性再思考和彻底性重构的过程。再造其实是为了更好地服务客户而对企业进行严格的从零开始的重新设计。由组织过程重新开始,从根本思考每一个活动的价值贡献,利用先进的制造技术、信息技术及现代的管理手段,最大限度地实现技术上的功能集成和管理上的职能集成,以打破传统的职能型组织结构,建立全新的过程型组织结构,从而实现企业经营在成本、质量、服务和速度等方面的改善。

业务流程再造具有根本性、彻底性和显著性 3 个特征。根本性是指要对流程存在的本质意义进行探讨和反思。在流程再造的过程中,流程再造负责人需要对流程最基本的问题进行思考,这些问题包括:为什么要执行此事? 为什么要如此执行? 什么是我们的需求? 都是谁的需求? 为什么我们要满足这些需求? 这些需求与组织战略是否一致? 如何满足我们的这些需求? 彻底性是指对现有流程完全抛弃,不再对其进行表面化的改善、改变或者修补。通过根除现有的不合时宜的架构与流程,独辟蹊径地完成相关流程的设计。显著性是指流程改造并非缓和、渐进性地改善,而是一日千里地跃进,可以说是为企业下的一剂猛药。一般而言,渐进式变革需要"精雕细琢",而猛烈的革命则必须"除旧布新"。

业务流程再造分为 5 个阶段,其比较清晰而具体地描述出企业流程再造的历程。业务流程再造前三阶段可以很好地分析华仕科技对传统管道维修破旧革新的过程,具体步骤如图 12 所示。

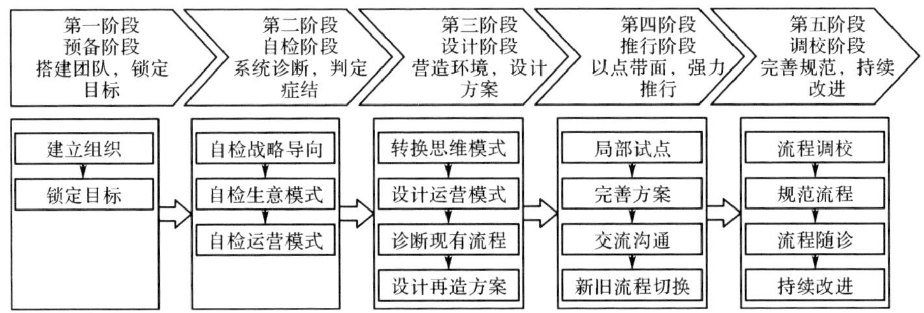

图 12 业务流程再造步骤

(1)预备阶段。该阶段的主要任务是搭建团队,锁定目标。一是建立组织。在企业管理高层建立由企业掌舵人牵头的流程再造工作推进机构,并给予充分授权,直接向企业最高管理层负责,并建立定期进度报告和追加授权制度。二是锁定目标。识别目标市场,对企业客户源进行分析,重点包括现有客户群的忠诚度、流失客户的特征及流失原因、潜在客户的成长性及共性特征、客户的需求、满足客户需求的可能性,为客户区分重要度。只有找准最重要、最有价值的客户群,企业战略才能有的放矢。

(2)自检阶段。该阶段的主要任务是系统诊断,判定症结。一是自检战略导向。对比检查针对各类客户各层次需求的满意率和满足率,再根据差距检查战略导向存在的问题,并对企业战略导向进行调校。二是自检生意模式。依据调校后的企业战略导向推动生意模式转型。三是自检运营模式。运营模式是生意模式的具体体现,也是推进并最终实现生意模式调整或者重构的关键。要依据生意模式转型的方向和特征,对现有运营模式进行彻底的适应性诊断,确定其症结所在。

(3)设计阶段。该阶段的主要任务是营造环境,设计方案。一是转换思维模式。流程再造要顺利推进,必须在发起之初,就尽早消除组织对变革的抗拒。二是设计运营模式。变革时要发动全员,自下而上,引导员工发挥积极性和原创精神。集中群众的智慧和高层的判断力,根据新的适应客户和市场需求的生意模式,为企业选定新的、相配套的运营模式。三是诊断现有流程。比照新选定的运营模式,进行流程效率和效能评估,判定症结所在。四是设计再造方案。组织内外部专家,在系统诊断的基础上,参照标杆企业流程再造的经验和做法,以新的运营模式为中心重新设计企业流程和推进流程再造的实施方案。

(4)推行阶段。该阶段的主要任务是以点带面,强力推行。一是局部试点。选定试点单位,进行局部试点,对实施方案和新流程进行试验性验证。二是完善方案。根据试点采集的信息分析情况,以及对方案预期目标的验证情况,对设计方案进行修订完善,对预期目标进行调校,确定方案实施顺序和重点。三是交流沟通。在流程再造推进过程中,必须建立沟通渠道。流程再造方案出台前应广泛而充分地与全体员工交流沟通,取得大多数人的理解和支持。四是新旧流程切换。流程再造虽然要稳妥推进,不能冒失,但一旦条件成熟,需要全面推进时,又必须快刀斩乱麻,果断地完成新旧流程的同步切换,废旧立新。

(5)调校阶段。该阶段的主要任务是完善规范,持续改进。一是流程调校。在流程运行过程中,要不间断地对其与新的运营模式之间的适应性进行调校,通过短期的模式,来彼此适应。二是规范流程。新的流程出台后,要进行有计划的推广,让价值链相关企业、客户、利益相关人知晓、关心,并及时给予评定,将新的流程相对固化下来,作为一段时间内的标准。三是流程随诊。客户需求在不断变化,市场格局在不断调整,企业也需要不断调整自己的生意模式、运营模式,与此同时,要对流程随时进行诊断,查找问题,提供改进意见,供决策参考。四是持续改进。流程再造并不是一劳永逸的,而是一个循环往复、逐级递进的过程。企业要根据诊断情况,对流程反复完善,不断改进。

【案例分析】

(1)华仕科技创建之前,浙江省管道修复的现状是怎样的?华仕科技是如何对管道修复流程再造的?本案例分析如下:

业务流程再造的根本性特征需要流程再造负责人回答:为什么要执行此事?为什么要如此执行?即为什么要对管道修复的原有流程进行改变。

我国传统管道检修采用开挖式模式,在管理理念、操作技术、维护成本和环保安全4个方面存在较多问题:

第一,管理理念陈腐。与国外相比,国内地下管网管理理念过于陈腐,通常是在管道出现破裂后才检修,对民众生活造成较大影响。

第二,操作技术落后。传统开挖式操作是检修人员使用基本工具现场下井查看,根据个人经验判断。这种检测方式不仅难度大,而且检测粗糙,大大降低了信息的准确性和统一性,易导致管道错判、漏判等严重问题。

第三,维护成本高昂。地下管网具有密集特征,陈旧的管理理念造成管道施工质量参差不齐,落后的检修操作技术难以确定管道症结的具体位置。同时,盲目开挖的周期长,从开挖到检测再到填埋恢复,一般要5—10天,甚至更长,时间成本高。

第四,安全环保系数低。排水管道中的有害气体增加了下井作业风险,路面开挖存在破坏地下输气管道、电缆等设施的安全隐患。传统开挖施工时,从管道中挖出的垃圾裸露在外,环保度低。

综上所述,华仕科技对管道修复的流程再造很有必要。传统的管网修复模式和流程存在弊端,开挖回填式管道检修影响城市建设和企业发展,有悖于城市美化。孙少杰决定自创公司就是为了改变传统管网修复的现状,更好地满足客户所倾向的少污染、高效率修复管网的需求,重点解决损害群众健康的突出环境问题,着力打赢黑臭水体的污染防治攻坚战,为改善城市生态环境质量献出一份力。这正是孙少杰建立华仕科技的战略设想,华仕科技需要做的是彻底摒弃传统管道修复流程,根除现有不合时宜的架构。

(2)华仕科技如何对管道修复流程再造以实现业务流程再造的落地实现?本案例分析如下:

流程再造其实是为了更好地服务客户而对企业进行严格的从零开始的重新设计。华仕科技业务流程再造的核心思想是要改变原有的管道修复方式,重新设计管道修复业务流程,追求全局最优,而不是个别最优。利用业务流程再造五阶段的第一至三阶段,具体分析如下:

准备阶段的主要任务是搭建团队,锁定目标。2010 年,孙少杰目睹地下管道破裂造成的交通瘫痪及通过资料收集发现传统管网建设面临的诸多局限性,激发他寻找国内管道修复的新流程,创建致力于管网修复的杭州华仕管道工程有限公司。公司创立之初,对客户源和市场潜能目标做了深入分析。我国城市地下管网建设长期滞后于城市发展需求,传统的开挖修复方式需要将路面挖开,影响交通,污染环境。市政工程管理人员疲于奔波维修,办事效率低下,群众满意度低。同时,传统开挖技术的局限性及城市地下管网的健康修复的迫切性,让孙少杰看到非开挖技术在管网建设方面的潜在发展机会,即采用先进设备,非开挖技术的市场潜在成长性极大。为此,华仕科技锁定管道修复业务流程再造目标,并致力于为城市提供 CCTV 检测、非开挖修复、污染源调查及治理等管网综合问题的解决方案。

自检阶段的主要任务是系统诊断,判定症结。创立华仕科技之前,孙少杰已有多年管网推广经验,对传统管网与现代化管网有着深刻认识,所以华仕科技的战略非常明确——为城市提供 CCTV 检测与非开挖修复、管道修复等。业务流程再造的关键在于如何更早更准地识别管道存在的问题,减少管道破损、爆裂对管网和环境造成的影响。华仕科技抛弃传统手电筒、人工下井的“剖膛破肚”式检修方式,从国外引进 CCTV 设备检测排水管网,有明确的发展流程。

设计阶段的主要任务是营造环境,设计方案。要顺利推进流程再造,必须在发起之初就尽早消除组织对变革的抗拒。华仕科技创立之初便引进国外 CCTV 设备、CIPP 内衬反转法,可以看出孙少杰和他的创业团队一直在关注如何提高管网修护的服务效率。传统管网修复在管理理念、操作技术、维修成本及安全环保系数等方面存在弊端。华仕科技引进 CCTV 检测设备代替人工下井,并清晰直观记录管道内的症结状况,无论是管道破损还是特殊结构,都可以在控制台上轻松地查看溯源,提高验收效率。找到管道存在的问题后,华仕科技采用 CIPP 内衬反转等专业且先进的非开挖技术对管道进行精确修复,极大地缩短工期,修复时间从传统开挖的数天减少到数个小时。管道修复完成后,华仕科技采用现场固水分离的方法,使安全和环保都有明显改善。华仕科技在流程改造中深刻理解和落实生态环境保护理念,最终形成非开挖绿色发展方式,推动城市地下管网修复的科学、绿色发展。

2. 在河道污水治理方面,浙江省遇到了哪些问题?华仕科技是如何发挥自身优势对河道治理进行业务流程再造以达到非开挖技术的全面复制推广?

【理论依据】

参考前述业务流程再造阶段的第四、五阶段,可以比较清晰而具体地描述出华仕科技对河道污水治理流程再造的历程。

【案例分析】

浙江省在河道污水治理实践中主要面临 4 个方面问题:一是众多河流工业污染严重,污水偷排时有发生;二是现有设备无法检测污水源头;三是污水处理机构实际的污水处理率、运行负荷率、专业化营运水平和执行标准较低;四是浦江两次治水失败,引起网民对河道治理的讨论和关注。

华仕科技凭借竞争优势让最初使用新流程的客户真切地感受到业务流程再造以后的甜头,让顾客彻底放弃原有的流程,改用新的业务流程。

在推行阶段,华仕科技基于 CCTV 检测及非开挖技术,最初是从分包商处承接较小的项目进行试点,从承接数米、数百米、数千米……管道修复业务逐步发展。在看到杭州毛源昌眼镜有限公司董事长金增敏在微博上对浙江省温州市瑞安仙降街道河流工业污染严重问题的发言及浦江治水项目的招标信息后,孙少杰抓住机遇完善非开挖流程方案,确定方案实施顺序和重点——不局限于管道检修,而是增加河道污水治理,实现河道污水治理的预期目标。

在流程再造推进过程中,必须建立沟通渠道。流程再造方案涉及所有组织机构和全体员工的利益和权力调整,方案出台前应取得大多数人的理解和支持。在孙少杰主持的公司高层管理会议中,有管理者担心公司增加新业务会使得原本并没有完全被客户接受的非开挖管道检修流程的推进更加吃力,从而采取犹豫谨慎的态度。另有管理者提出用公司掌握的技术拓展河道治理业务,不会增加现有设备的推广困难,反而会创造新的利润。公司高层进行流程完善的商榷,孙少杰最终决定进入河道治理领域,随后公司开始为浦江治水招标做前期准备。

流程再造要稳妥推进,不能冒失,一旦条件成熟需要全面推进,必须废旧立新,果断完成新旧流程转换。在浦江治水施工时,华仕科技采用清理河道垃圾、CCTV 检测污染源、识别污染点、CCTV 传输信息检测水体、非开挖技术疏通河道、CIPP 管道紫外光固化修复的修复流程,高效完成浦江的污水治理工程,最终浦江县 426 条"牛奶河"、577 条"垃圾河"、25 条"黑臭河"全面消灭。由此,华仕科技完成了从单一管道检修流程到管道与河道两者兼顾流程的转换。

在调校阶段,华仕科技不断调校新的业务流程,主导浦江污水治理项目并达到预期效果,浦江段断面水质从劣Ⅴ类提升至地表水Ⅲ类,生态水环境质量公众满意度从全省倒数第一到全省第三,此后浦江连续多年获全省“五水共治”优秀县大禹奖。因此,华仕科技CCTV检测技术和非开挖流程得到业界和客户肯定,河道治理业务流程再造得到更大范围的推行使用。

客户需求在变化,市场格局也在调整。企业要随时对流程进行诊断,查找存在的问题。流程再造不是一劳永逸的,而是一个逐级递进的过程。企业要根据诊断情况,不断改进和完善流程。华仕科技始终与客户保持密切联系,浦江治水效果连续多年名列全省前茅,可见一斑。另外,成本上升、供给速度缓慢、竞争优势下降及新技术出现等方面的挑战,对华仕科技发展提出了新的要求,鞭策华仕科技不断前进。

3. 管道修复及河道治理业务流程再造之后,华仕科技在发展过程中遭遇到什么发展瓶颈?华仕科技是如何突破这些瓶颈的?

【理论依据】

(1)业务流程优化。流程优化是指一项通过不断发展、完善、优化业务流程,从而保持企业竞争优势的策略。在流程的设计和实施过程中,要对流程进行不断的改进,以期取得最佳的效果。对现有工作流程的梳理、完善和改进的过程,即称为流程的优化。

(2)业务流程优化分析思路(见图13)。流程优化分析思路中的“问题导向”思路即,强调遇到的问题,用系统的观点分析问题,弄清楚问题的来龙去脉和前因后果,找出问题的症结所在,然后研究解决问题的途径和方法。

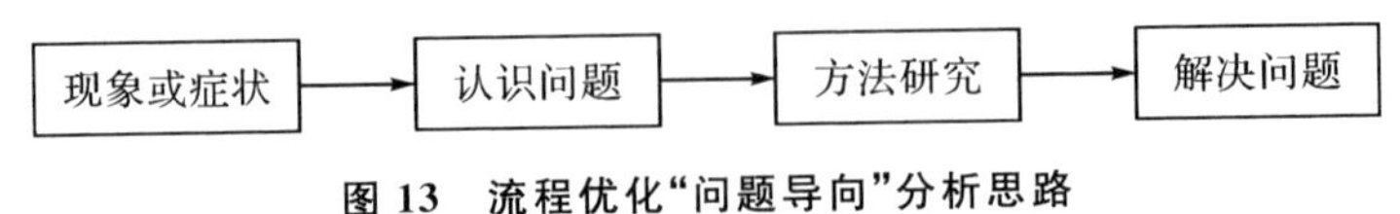

图13 流程优化“问题导向”分析思路

(3)服务业制造化的路径。服务业制造化的过程是生产性服务企业重构价值链的过程。生产性服务企业通过沿价值链的前后向延伸将制造环节纳入自身的价值链,从而突破产业边界,实现以服务业为主导的产业融合。服务企业制造化的动因之一来自经济新常态下生产需求和消费需求的变化,越来越多的用户希望得到一整套"产品+服务"的解决方案。在需求结构变化的推动下,服务业制造化向前后延伸其价值链:服务业制造化向价值链的前端延伸,从事产品的研发、设计等,在承接高技术制造业研发业务外包中逐步实现专业化,形成技术优势并利用技术优势涉足制造领域从而实现成果的迅速转化,实现生产的标准化进而实现规模经济;服务业制造化向价值链的后端延伸,从事产品的销售、安装维护、品牌管理等。生产性服务业制造化在微观层面上表现为生产性服务企业的产品由无形的服务转变为有形产品与无形服务的组合。

综上所述,生产性服务业的制造化过程就是生产性服务企业利用核心竞争力进入制造领域,沿制造业产业链上下游延伸和拓展业务领域,体现为服务企业通过直接设立制造业工厂、联合生产、定制生产等多种形式进入制造领域,实现产出"有形商品+无形服务"的过程。

【案例分析】

在管道修复及河道治理业务流程持续推进中,华仕科技遇到4方面瓶颈。一是成本上升。公司的重要设备多数是从国外进口,维修返厂也要送到国外,时间和金钱成本极高。华仕科技要降低成本,就要摆脱技术和产品对进口的依赖,自主研发、设计和生产产品,从单纯服务走向制造化。二是供给速度缓慢。服务企业制造化的动因来自经济新常态下生产需求和消费需求的变化,越来越多的用户希望得到一整套"产品+服务"的解决方案。华仕科技在发展阶段过度依赖国外技术和进口产品,不能完全满足客户需求,严重阻碍公司发展。三是竞争优势逐渐下降。越来越多的企业掌握非开挖技术,而华仕科技没有技术创新和研发能力,往日的辉煌终究是过往。四是新技术压力。华仕科技需要引入现代化生产方式和标准化产品,从而使服务业中具有越来越多自己的制造业元素,实现生产的标准化,进而实现规模经济,升级服务业。

面对以上发展瓶颈,华仕科技将服务业制造化向价值链的前端延伸,从事产品设计和研发,形成技术优势并用于制造领域。2015 年,华仕科技成立管道非开挖修复材料研发中心和材料生产工厂,与国内高校科研院所合作成立研发团队,自主研发生产适合国内小口径管道的 CCTV 检测机器人、CIPP 修复车、高压射水疏通清洗设备、临排车等检测设备和非开挖材料。同时,将服务业制造化向价值链的后端延伸,从事产品销售、安装维护、品牌管理等。子公司浙江管迈环境科技有限公司负责产品开发,华仕科技则负责产品、技术管理与市场推广。随着华仕科技的业务拓展及自身对设备和材料的完全自主生产能力的掌握,公司产品实现了规模经济。自此,华仕科技完成服务业制造化进程,企业产品由无形服务转变为有形产品和无形服务的有机组合,成本优势明显,盈利能力不断增强。

通过自主研发生产、服务业制造化转变,华仕科技最终构建了环境污染少、资源消耗低、科技含量高的产业结构和生产方式,坚定不移地走生态优化、绿色发展之路。

4. 华仕科技是如何利用信息技术对河道治理业务流程进行优化的? 优化后实现的“厂网路河一体化”治理流程的效果如何?

【理论依据】

(1)业务流程优化与业务流程再造的区别。业务流程优化和业务流程再造是企业流程改善的两种境界,马文 · M. 沃泽尔认为两者在变革起点、变革程度、变革频率、所需时间、参与者、影响范围、对组织的影响和风险系数等方面存在不同,具体如表2所示。

表2 业务流程优化与业务流程再造的差异分析

比较项目	流程优化	流程再造
变革起点	基于现有流程,公司战略既定	基于现有流程,公司战略发生变化
变革程度	量变、渐变	质变、突变
变革频率	可持续的	一次性的
所需时间	短	长
参与者	自下而上	自上而下
影响范围	窄,限于部分部门	宽,跨部门甚至跨系统
对组织的影响	维持现有框架	打破原有束缚
风险系数	小	大

(2)信息化与业务流程优化的关系。信息化背景下,单纯的业务流程改造已不能反映业务流程改造与信息化之间的关系。此时,业务流程优化与信息化之间的关系更加明晰,两者相辅相成。

业务流程优化是信息化的前提。流程优化能改进原有的不合理流程,避免对原流程直接进行信息化转变,导致信息化系统的冗杂低效。运用信息技术和互联网可以更好地帮助企业改进业务流程,提高企业绩效。

信息化是流程优化的推动力和载体。信息化的软硬件系统为企业业务流程改造提供了载体。与业务流程优化配合实施的信息化使得流程优化成果得以固化,以免在一段时间之后重新回到陈旧的流程中。

企业信息化后通过及时反应、减少浪费促进流程精益化。一方面,企业通过规范化的信息格式降低了信息解读的成本,使企业能够更快地对信息进行分析和挖掘,找到有用的信息。基于网络的信息沟通与共享,各部门间的信息隔阂被打破,组织间信息沟通的效率得以提高,组织结构的灵活性与有效性得到增强。另一方面,企业通过有效的信息收集、集成与共享,提高了企业数据处理的能力,减少了信息处理成本,加强了业务部门之间、价值链各阶段之间的联系,有助于实现流程的精益化。

企业信息化通过以“用户”为中心理念的落地促进流程优化的精益化管理。信息系统的开发与利用使信息层层传递的层级机构变得不再不可或缺,上层的管理者可以在信息系统中更方便地获取所需信息,也可更方便地将自己的想法传递下去,便于提高管理效率,减少管理失误,降低管理成本。

新的管理模式的出现需要有新的信息化手段给予支撑,而新的信息化手段的出现,必然促进新的管理模式的出现。在企业进行业务优化的过程中,也不断产生新的信息化需求,业务流程优化与信息化技术的螺旋式推进,使企业不断获得竞争优势,并使其管理水平不断迈上新台阶。

【案例分析】

(1)华仕科技是如何利用信息技术对河道治理业务流程进行优化的?

企业进行流程优化的过程就是不断识别、分析公司的短板何在。华仕科技在克服技术瓶颈、实现技术自主化的过程中,另一短板显现出来:河长制对河道监测不彻底,技术工具缺乏影响了对水环境的判断和反馈,从而降低了河道治理效率。在信息化背景下,单纯的业务流程改造不能反映出业务流程改造与信息化之间的关系。

业务流程优化相对于业务流程再造而言,是基于现有流程和公司既定战略,在公司原有战略目标的基础上进行量变、渐变式的变革。华仕科技多年使用CCTV探测非开挖技术,赢得机遇,获得回报,在不改变非开挖式管道修复理念与战略的前提下,结合“河长制”政策和互联网大数据的发展,进行信息化的流程优化。企业信息化与企业业务流程优化相辅相成,业务流程优化是企业信息化的前提条件,信息化是流程优化的推动力和载体。华仕科技自主研发"5G 智能河长管家"平台,实现信息数据高效采集和分析;同时,规范的信息格式降低了信息解读成本,企业能够更快地进行信息分析和挖掘,找到有用信息,进一步促进流程精益化。

以"用户"为中心理念促进流程优化。华仕科技研发的"5G 智能河长助手",实现了城市地下管线信息即时交换、共建共享、智能分析和动态更新,为预警预报重大流域性水质污染事故、监管污染物排放提供帮助,解决了传统河长制管理有心无力的问题,进一步提高企业核心竞争力。

(2)优化后实现的"厂网路河一体化"治理流程的效果如何?

华仕科技在创建"智能河长"的同时,也在打造自己的智慧运营平台,助力非开挖技术、CCTV 检测更加便捷、高效、低成本地解决城市内涝、管网检测修复问题。智能河长管家、数据智慧平台等信息化平台为产品研发、市场扩展、技术服务提供精准信息。信息技术和互联网的发展加速华仕科技业务流程优化,提高企业绩效。过去,黑臭水体一度是民心之痛、民生之患,严重影响人民群众生活。如今,华仕科技结合多年治水经验提出治水三重境界,从源头截取、遏制污染的发生,贯通"厂网路河",实现"污水零直排"的长效养护机制,全面形成"消灭黑臭水体—解决城市内涝—管网检测修复—智能河长管家—数据智慧平台—水环境流域治理"生态治理理念,全方位完善"污水处理—雨污分流—管网疏通—源头截污—水体净化"城市水环境治理流程,健全绿色低碳循环发展的污水治理体系。人民群众真切感受到水更清了,空气更清新了,城市更美了。

(五)关键要点

1. 关键知识点

本案例涉及的知识点有企业业务流程再造的原则、过程及手段,业务流程优化的原因、分析思路及解决办法,信息化技术对企业业务流程再造与优化的挑战及促进作用。

2. 关键能力点

通过学习华仕科技采用业务流程再造与优化的方案,提升学生的逻辑思辨与分析问题、解决问题的能力;让学生识别华仕科技采用业务流程再造与优化的原因,思考采用业务流程再造与优化时需要注意的问题或原则,掌握对企业业务流程再造与优化的思路分析能力;引导学生关注华仕科技在业务流程再造与优化及执行过程中遇到的挑战与解决问题的思路,并针对如何提高管理决策水平提出自己的看法和建议。

(六)建议的课堂计划

1. 课堂安排

本案例可以作为专门的案例讨论课的学习资料来讨论。如下是按照时间进度提供的课堂计划建议,仅供参考,整个案例讨论课的课堂时间控制在 70 分钟左右。

课前计划:教师需要制订详细的教学计划,包括案例讨论的形式、步骤及讨论点的时间划分;教师根据整理的知识点和讨论点及教学计划,制作 PPT 或者其他多媒体材料;提前 2 周发放案例材料,给出启发思考题,请学生在课前完成阅读,以对华仕科技的发展历程及业务流程再造和优化形成初步认识,并对启发思考题有所思考,为正式上课做准备。

课中计划:课中计划可以分为以下 4 个部分,具体如表 3 所示。

表 3 课中计划

课中计划	教学内容	时间
课堂前言	教师开场白:大家有没有觉着浙江省的河水更清澈了?在溪边散步的人越来越多了?借此,教师简要介绍案例,带领学生回顾案例内容,展示案例启发思考题。如果可能的话,可以邀请一位学生简要介绍自己了解到的浙江省“五水共治”给河道带来的影响	5 分钟
分组讨论	教师可以根据课堂实际情况,将学生分成几个小组,让每个学生在组内简要交流课前就已经形成的对案例启发思考题的看法。教师此时应当作为旁观者,仔细观察每个小组的讨论情况	10 分钟
进行互动	教师可按照问题线、知识线两个层次分别对各个小组进行提问,邀请小组代表回答问题,并依据讨论结果对案例进行进一步的总结和指导。下面给出每个问题建议的讨论时间:第 1 题 10 分钟,第 2 题 12 分钟,第 3 题 11 分钟,第 4 题 12 分钟。	45 分钟
案例总结	教师以 PPT 和板书相结合的方式,对本堂课程进行总结,评价小组讨论情况,并结合案例相关内容进行关联性说明,再对本案例所讨论的知识点进行归纳总结	10 分钟

课后计划:教师可以根据实际情况,请学生写一份分析报告,思考如果他们是孙少杰,如何解决浙江省在管道修复、河道治理等方面存在的问题。当然,教师要鼓励学生随时通过微信群、钉钉群提出在写分析报告时产生的问题,并及时帮助解决。

2.课堂提问逻辑

教师可从启发思考题入手,以华仕科技在发展的不同阶段所遇到的不同困境为主线,一步步地引导学生对华仕科技的业务流程再造与优化展开思考。以下为可供教师参考的提问逻辑:

(1)华仕科技创立之初浙江省管道维修的状况是怎样的?华仕科技为什么要决定改变传统管道修复流程?

(2)华仕科技通过什么手段改变了传统的管道维修流程?

(3)浙江省“五水共治”提出之前,浙江省在河道治理方面遇到了哪些问题?

(4)华仕科技如何加入浙江省“五水共治”项目？又做出了什么贡献？

(5)华仕科技快速发展过程中遇到了什么瓶颈？

(6)如果你是孙少杰,会选择继续使用国外进口设备及材料还是进行自主研发？为什么？

(7)华仕科技在河长制的管理中发现了哪些问题？

(8)华仕科技如何借助信息技术优化河道治理流程以实现“厂网路河一体化”的目标？

3.课堂板书设计

本篇案例课堂教学的黑板计划如图14所示。

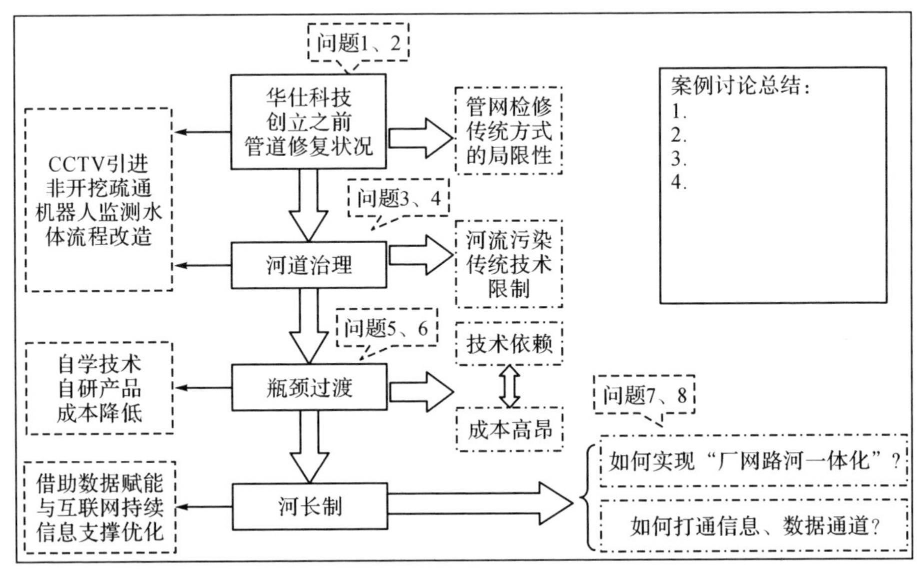

图14 黑板计划

(七)参考文献

[1]水藏玺.业务流程再造[M].北京:中国经济出版社,2019.

[2]水藏玺.互联网时代业务流程再造[M].北京:中国经济出版

社, 2015.

[3]马文・M.沃泽尔.什么是业务流程管理[M]. 姜胜,译.北京:电子工业出版社, 2017.

[4] 罗伯特・G.库珀. 新产品开发流程管理:以市场为驱动[M].北京:电子工业出版社, 2019.

[5]郭琳.基于价值链重构的生产性服务业制造化路径研究[J].中国物价, 2021(3):18-21.

[6]鲁晓兵,孟兆荣,郭红锋,等.企业流程优化实施步骤的探讨与分析[J].中国管理信息化, 2017, 20(3): 83-84.

[7]褚振海,李娜,岳铭,等."互联网+医疗"背景下门诊流程优化与思考[J].中国卫生质量管理, 2018, 25(4): 109-111.

附录

1.华仕科技[①]

华仕科技成立于2010年,位于浙江省杭州市,是浙江省国有参股企业。

公司成立以来,秉承"让城市运行更健康,让我们的生活更美好"理念,致力于研发"5G智能河长管家"平台、解决城市内涝问题、消灭黑臭水体、综合评估检测与修复城市管网、创建"污水零直排区"、机器人与智能制造和智慧大数据云平台的建立等领域,并积累了大量的实践经验。公司最终实现了集智能研发、科技生产、项目运营管理于一体,为客户提供水环境治理整顿解决方案,引领行业进入城市环境综合治理新时代。作为国家高新技术企业和最早把机器人检测排水管网服务引入国内的企业,公司拥有非开挖甲级、CMA、CMMI等多项资质,拥有先进的机器人检测、机器人疏

① 资料来源:公司官网 http://www.huashi168.net/191211-16461/205783.html。

通、非开挖修复先进设备及一批专业技术人才。多年来,公司致力于城市地面以上健康建设、地面以下智慧运营的绿色方向发展,是城市地下管网服务的专家级单位。

2. 华仕科技组织结构图①

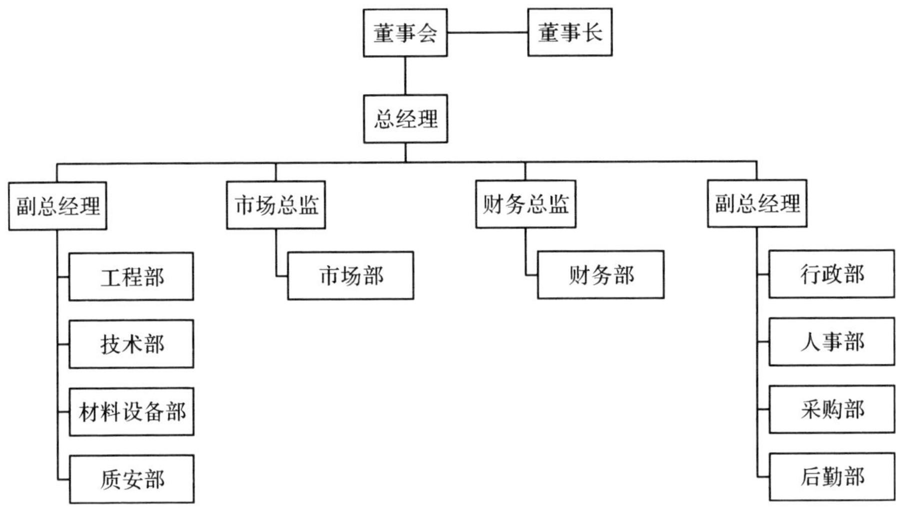

3. 华仕科技发展里程碑事件②

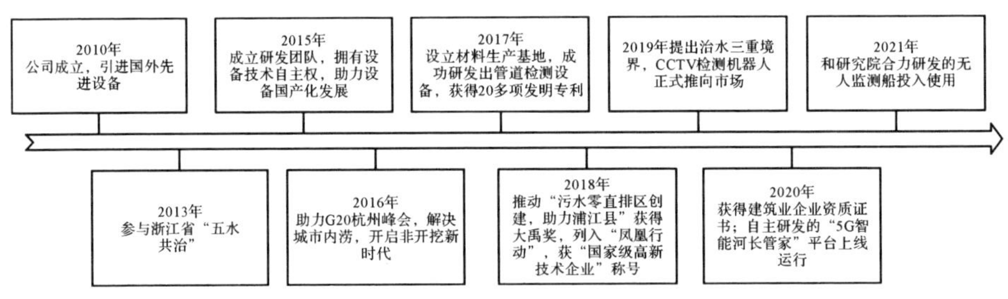

① 资料来源:http://www.huashi168.net/191213_16461/205785.html。

② 资料来源:笔者根据走访企业、访问企业管理人员收集、整理。

4.本案例所涉及的术语解释[①]

术语及解释

术语	解释
非开挖修复技术	非开挖是指利用各种岩土钻掘设备和技术手段,通过导向、定向钻进等方式在地表极小部分开挖的情况下(一般指入口和出口小面积开挖),敷设、更换和修复各种地下管线的施工新技术
"五水共治"	"五水共治"是指治污水、防洪水、排涝水、保供水、抓节水
地表四类水	Ⅰ类水质:水质良好。地下水只需消毒处理,地表水经简易净化处理(如过滤)和消毒后即可供生活饮用 Ⅱ类水质:水质受轻度污染。经常规净化处理,其水质即可供生活饮用 Ⅲ类水质:适用于集中式生活饮用水源地二级保护区、一般鱼类保护区及游泳区 Ⅳ类水质:适用于一般工业保护区及人体非直接接触的娱乐用水区

5.传统修复和CCTV修复方式的修复效果对比[②]

指标特征	背景	传统方式	业务流程再造后
安全性	市政管网的排水管道中有多种有害有毒气体	检测技术人员在管道内作业使得施工过程中的危险系数增加	使用CCTV检测技术,施工人员不须进入管道内作业,提升管道检测工作的安全性
效率		人工判读,在级别交界部分会有漏判、错误判读等情况出现	智能化的缺陷判读,借助计算机技术进行检测,更好地识别缺陷,在验收环节避免出现盲目的验收,减少返工和内部问题的发生
可追溯性		不可追溯	有视频录像,可以追溯

① 资料来源:笔者根据网络公开资料整理。

② 资料来源:其一,都乐.市政管道CCTV检测技术应用[J].交通科技与管理,2020(4):78-79;其二,笔者实地调研采访整理。

续　表

指标特征	背景	传统方式	业务流程再造后
投资成本	进行主动维护的费用主要包括管道检测费用、管道评估费用、管道维修费用	300(万元/千米)	7.56(万元/千米)
发现时间	中国的管道网络没有体检	管段缺陷的发现和修复相对滞后,多数是在问题出现之后才进行调查和修复	可以进行预防性检查,提早发现问题

6.浙江省的"污水零直排"的"五字方针"①

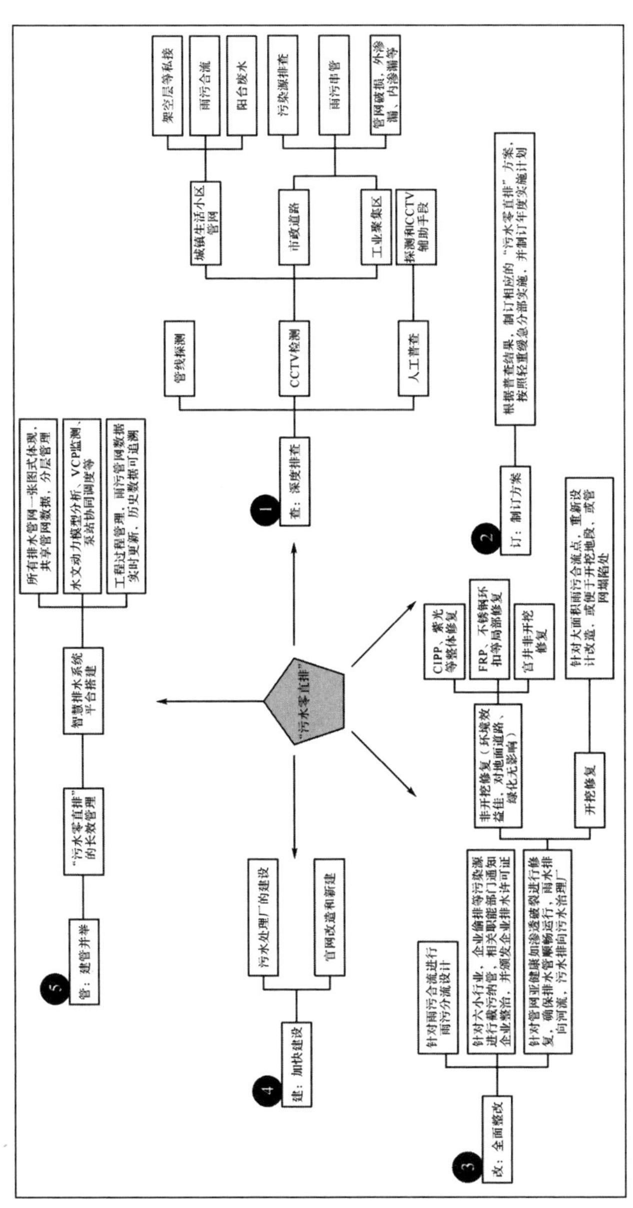

① 资料来源:笔者根据网络公开资料整理。

泰普森:新发展格局下传统外向型企业国际化经营之路

江婷婷　朱承祥　李兆晗　王钰涵

一、案例描述

(一)引言

2022年初,在浙江泰普森实业集团有限公司(以下简称"泰普森")年会上,报幕声刚落,全场掌声雷动,他的耳边响起了"杨总,该您上台了"的话语,他起身整理好衣着缓步上台,掌声更加热烈。他是泰普森董事长杨宝庆,20世纪90年代受改革开放影响,毅然放弃体制内"铁饭碗"下海创业。在台上,他回顾了泰普森的发展历程,从1991年一家只有20台缝纫机的小工厂,到如今成长为一家集设计、开发、生产、销售、服务于一体的大型外向型企业。值得夸耀的是,泰普森拥有国内外专利技术600余项,产品设计多次荣获"红点""红星"等国内外设计大奖,连续8年被评为"中国民营企业制造业500强",先后获得"国家级工业设计中心""国家高新技术企业""国家体育示范单位""国家级科技企业孵化器"等荣誉。

公司成立之初,包括杨宝庆在内的所有人都没有想到,仅仅只有20台缝纫机的小工厂就可以创造出如此巨大的能量。杨宝庆慷慨激昂的讲话将在座的每一位员工都带入曾经的峥嵘岁月中。"企业的船一旦启航,没有守业,只有创业!没有永远成功的企业,只有不断创新的时代企业!"伴随着这句熟悉的话,他鞠躬后缓缓走下演讲台,现场再次爆发出经久不息的掌声。在场员工感慨万千,因为他们知道,在这30年间,泰普森从小作坊一跃成为拥有13000多名员工的大型外向型企业,经历了太多的艰难险阻,早年间的那些故事在他们脑海中渐渐浮现出来……

(二)背景与公司简介

1.户外休闲产业的发展情况

自古以来,对休闲与自由的向往始终蕴藏在中国人心中,早在《诗经》中就记载了大量的休闲思想、休闲文化和户外休闲方式。2019年,我国人均GDP超过10000美元,人文发展指数水平也进一步上升。人均GDP及人均可支配收入的持续增加,加快了我国消费结构升级,刺激体育、休闲、健康等领域消费。

户外休闲对人的发展具有重要促进作用。户外休闲属于深度休闲,可以更好地帮助人们达到“畅(Flow)”的体验,即人完全沉浸到户外活动中,忘记时间,忽略周围环境的一种状态,对人的身心放松起到有效调节作用。

作为体育产业门类下的分支产业,户外运动随着经济的高速发展,产业结构的升级调整,逐渐得到政府部门重视。2014年,国务院“46号文件”颁布以来,国务院及各部委陆续出台扶持性政策,其中《关于加快发展体育产业促进体育消费的若干意见》对我国体育产业发展做了顶层设计和总体部署,提出大力发展健身休闲产业,破除行业壁垒,扫清政策障碍。2016年,国家体育总局同国家发改委、财政部等8部委联合发布《山地户外运动产业发展规划》,对我国户外运动产业做出专项规划和部署,以六维驱动打造山地户外运动产业体系,户外运动迎来新的发展阶段。

2.公司简介

泰普森成立于1991年,总部位于浙江杭州,是全球领先的户外休闲产品生产企业。多年来,公司结合创新和舒适进行设计,为户外爱好者提供出色、优质及专业的休闲产品。泰普森的前身杭州康达皮塑厂,早期主要采取贴牌生产(Original Equipment Manufacturer, OEM)的方式为海外消费者提供户外休闲用品。为了巩固市场地位,2004 年,泰普森在美国成立首个境外分公司——Westfield,并注册“Westfield”(我飞)品牌。经过多年海外市场锤炼,泰普森成长为一家多元化发展的大型企业集团,在中国、美国、欧洲、柬埔寨等地拥有全资子公司和生产工厂,业务范围涵盖休闲制造、文化创意、金融投资、信息技术等多个领域。2014 年,泰普森面向国内消费者销售自有品牌休闲产品。泰普森始终秉承“用科技亲近自然”的发展使命,立志于打造全球一流休闲用品企业。如今,公司在湖州德清建成占地面积达 80 万平方米的休闲产业园。

(三)泰普森国际化经营的 4 个阶段

1. 第一阶段(1991—2003 年):以内促外,扬帆出海

(1)抓住风口,勇做创业“追梦人”。20 世纪 90 年代,杨宝庆大学毕业。受改革开放影响,全国各地创业者激情高涨,杨宝庆也不例外。他放弃了让人羡慕的“铁饭碗”,拿着从家里借来的 2 万元钱下海创业。

(2)瞄准赛道,实现初步国际化。杨宝庆认为自己是个“贪玩”的人,并且一玩就“玩”到海外。与欧美国家民众热衷休闲运动相比,国内户外休闲产业起步较晚,最初只出现在北京、上海等经济比较发达的城市。20 世纪 90 年代,国内渔具类产品还是空白,杨宝庆敏锐地捕捉到市场需求。公司从零起步,杨宝庆带领团队不断学习和研究客户提供的样品和制作手册,生产客户所需要的产品。经过一段时间的学习与消化,公司产品质量得到很大提升。

1999 年,泰普森获得自营进出口权,从而打开了国外市场大门。2001 年,中国加入世贸组织,对外开放进入新阶段。同年,“走出去”写入我国“十五”计划纲要,上升为国家战略,这更加坚定了杨宝庆带领泰普森走向

世界,将产品推向国际市场的决心。杨宝庆将目光瞄准欧美发达国家市场,在各个国家调研户外运动休闲市场,挖掘当地客源。功夫不负有心人,泰普森在欧美市场积累了相当数量的客户资源,通过 OEM 的方式为欧美品牌商代工生产产品。OEM 给泰普森提供了学习和磨炼的机会,在此期间,公司经营团队加强学习和产品创新,确保产品质量符合订单要求。2002 年,杨宝庆在德清经济开发区创办出口海外休闲用品生产企业——浙江泰普森休闲用品有限公司,为出口奠定基础。

2. 第二阶段(2004—2013 年):聚焦海外,深耕国际化

(1)孑孓踯躅,砥砺前行。加入世贸组织后,中国全面履行入世承诺,激起了国内经济发展的澎湃春潮,也激活了世界经济的一池春水。2004 年,中国修订《对外贸易法》,全面放开进出口经营权,鼓励各类企业特别是民营企业开拓国际市场。杨宝庆对行业变化时刻保持着清醒头脑,并认识到公司要扩大市场规模,并驱争先,必须通过创新提升核心竞争力。杨宝庆为公司发展制订两个阶段性目标:主动探索从低端制造向设计、品牌塑造等产业高端延伸路径;做深做精制造环节,降低生产成本,提升利润空间。

为此,公司将理念由“产品经营”转为“品牌经营”,追求以品牌赢得市场、以品牌巩固市场,塑造核心优势。2004 年,泰普森收购美国著名户外运动休闲品牌 Westfield,并在印第安纳波利斯成立 Westfield 美国公司作为公司海外总部,以整合全球资源。2007 年 8 月,美国次贷危机引发的金融危机蔓延全球,欧洲经济受到重创,众多企业倒闭,泰普森却在这场危机中存活了下来。2007 年,杨宝庆在美国和欧洲同步注册了“WESTFIELD”商标,并且通过英国 BSI 公司 ISO 9001 质量体系认证,获得众多户外产品专业销售商的认可。同时,泰普森高薪聘请美国、荷兰、德国的设计师,到泰普森当专职或兼职设计师,将竞争对手的销售队伍吸引至麾下

以加强销售网络队伍建设。公司在俄罗斯远东地区发展代理商;收购德国和荷兰的多家休闲旅游品公司,获得品牌和技术资源。泰普森系列并购举措拓展了欧洲市场份额,占领欧美大部分主流市场。2009 年,泰普森借助国内生产能力,进一步扩大海外出口市场规模。

杨宝庆深知,只有高质量的产品才具有竞争力,质量过硬是品牌经营的基础。2012 年,泰普森全面整合技术、人员、战略、设备等资源,成立企业设计院,对标对表世界优秀企业,建立现代化的创新设计体系,改进产品设计、材料选择、生产流程、工艺技术、质量检测和售后服务;设立品牌管理部门,加强自主品牌建设,负责商标维护、品牌塑造、品牌维权及品牌传播等业务。正如杨宝庆所说:“有益于品牌声誉的事,贴点钱也做;有损品牌声誉的事,赚钱也不干。”

(2)多元奠基,三核联动。由于出口规模不断扩大,资金来源较为充足,泰普森于 2006 年进行休闲产业园二期建设工作,开启了多元化发展步伐。除了休闲制造之外,泰普森涉足文化创意和金融投资(见图 1)。“我们的多元化发展并非毫无章法,而是围绕一个核心的关联多元化。”在杨宝庆看来,文化创意是技术核心,带动制造产业转型;金融资本既可以服务休闲用品供应链上的厂商,也可以扶持企业创新创意。两者有机融合,相辅相成,有助于泰普森以更强的实力进军国际市场。

“全球设计中心在欧洲,全球制造中心在中国,全球消费中心在美国,只有把这 3 个断口连起来,才是真正的全球化。”这是泰普森的野心。国际市场需求瞬息万变,产品设计必须时刻与欧美发达国家潮流动态保持一致,于是泰普森在欧洲建立品牌设计中心。该中心吸引了大批高精尖人才,针对欧美顾客需求设计产品,年均设计新款式 500 余个,申请专利 80 余项。同时,泰普森在美国建立营销中心,致力于品牌收购与营销合作。泰普森凭借当地人脉资源拓展国际化销售渠道,利用国内资源优势建立全球制造中心,朝着自动化、高效率方向发展。品牌形象和社会形象的建立,让泰普森向着国际化不断迈进。

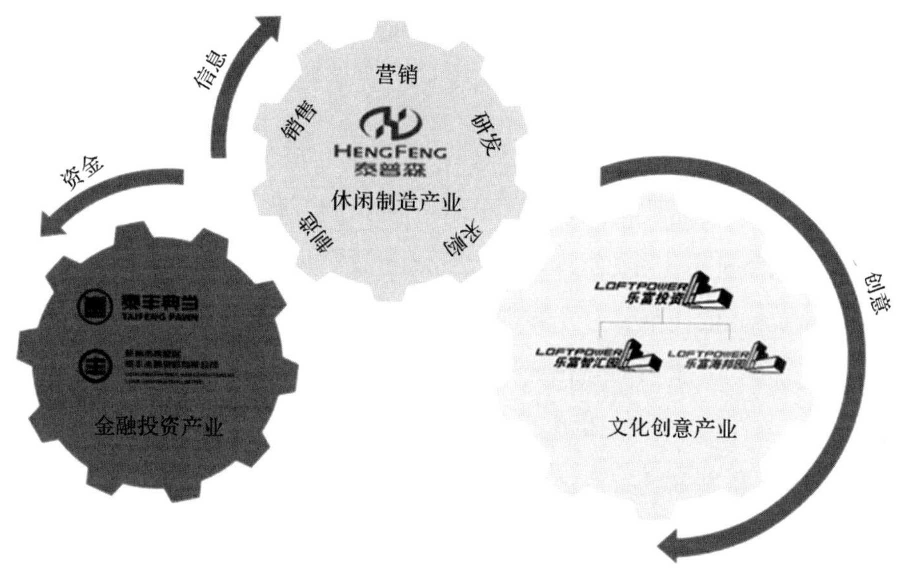

图 1　泰普森产业生态

3. 第三阶段(2014—2019 年):巧借优势,回归母国市场

(1)创新求索,满足个性化需求。随着中国经济发展和大众消费水平提升,国内户外休闲用品市场需求不断扩大,泰普森适时将目光转移到国内市场。2014 年,泰普森在国内注册“我飞”(Westfield)品牌,向国内消费者销售自有品牌休闲产品。“我飞”主打家庭露营、自驾游装备、渔具和户外家具四大系列产品,为国内消费者休闲户外生活提供一体化解决方案。

以渔具产品为例,“我飞”设立研发中心和实验室,并会同国内钓鱼专家团队及顶级设计团队,针对中国钓鱼爱好者的钓鱼文化与习惯、人体工程学特点,改良升级钓箱、钓椅、竿包、工具包、推车等渔具专业化装备。与欧美消费者对露营产品需求不同,国内消费者讲究产品的颜值和舒适度,注重产品的轻量和便携。引进“我飞”欧式钓鱼椅进行改造,采用合金材料减轻重量。此外,还推出透气速干钓鱼椅,极大提升舒适性。泰普森为国内消费者带来的个性化产品,不仅帮助企业扩大了国内市场份额,也促进了中国户外休闲产业的消费升级和发展。

(2)冲出重围,数字化转型添动力。在数字经济时代,数字化转型是企业良性发展的必由之路,也是企业提质增效的重要手段。2015年,泰普森开启数字化转型之旅,基于公司已有的IT布局和运营模式,制订数字化转型“三板斧”策略:一是转变思维模式。更新企业文化,由“天道酬勤”变为“激情创新、精进担当、融合共享”;参观走访数字化标杆企业,增强公司管理人员体验感;依托第三方开展数字化培训,强化公司管理层的数字化意识。二是优化IT组织和强化人才建设。优化内部工作流程,明确部门职责,实现跨部门协作和整体创新流程的高效运作;从珠三角地区引进制造业高端人才,特别是具有数字化管理思维与经验的经理人,并与高等院校合作培养人才。三是重塑业务模式。开发订单系统、生产制造系统、员工管理系统及仓储管理系统等,全面推进制造数字化和管理数字化。经过多年努力,泰普森顺利实现数字化转型,连续多年入选中国民营企业制造业500强。

(3)开拓市场,品牌建设谋合作。依托电子商务平台,泰普森开拓国内零售市场,“我飞”产品先后入驻京东、天猫、苏宁易购等网络平台。

网易严选是网易旗下受新中产喜爱的生活方式品牌,覆盖居家生活、服饰鞋包、美食酒水、养护清洁、母婴亲子、运动户外、数码家电、严选全球八大品类。2019智慧零售潜力TOP100排行榜中,网易严选排第22名。网易严选采用“互联网+工厂”的方式,需求始于用户,提交至平台,反向输出,赋能至供应商“按需生产”,提效降本。而生产出的定制化产品,则经由网易严选送至消费者手上,让产品性能更符合消费者的需求。这种模式对生产商的设计和研发能力提出更高要求,而泰普森每年设计研发投入超过2亿元,申报国际国内外观设计专利、新型实用专利超过200项,在双方合作过程中,泰普森深切感受到互联网为企业带来前所未有的改观。

(4)深谙责任,产业扶贫助振兴。作为浙江省民营经济龙头企业,泰普森带动相关产业发展,带领更多人共同致富。2019 年,公司投资 20 亿元在德清县新建首个文旅项目——象月湖国际休闲度假谷,主要建设法国营地、高端度假酒店、创意街、国际马术学校、创意产业园区等。该项目以"回归自然、享受生活"为主题,旨在打造"中国首个国际化户外生活综合体验地",为长三角地区增加文化旅游、休闲度假的金名片,创建一二三产产业融合的示范区。项目以户外运动体验为主线、以时尚文化生活为内涵、以国际文化交融为特色、以多种经营项目为载体,向国内消费者展现最前沿的国际户外休闲趋势,营造丰富的国际户外文化,让游客认识户外、接触户外、爱上户外。泰普森在履行社会责任中获得消费者的认同,从新经济的引导者变为受益者。

4.第四阶段(2020 年至今):响应双循环,内外贸齐头并进

(1)危中寻机,海外破局稳中进。新冠疫情让泰普森布局海外的步伐更加坚定。新冠疫情期间,泰普森坚持线上不打烊、不断货,跨境电商销售额增长 30%。杨宝庆说:"危机中往往孕育着机遇。"面对复杂严峻的外贸发展环境,泰普森持续推进全球化,用全球化的办法解决全球化问题。泰普森努力拓展新市场、寻求新商机,实施产业链全球化布局,深耕欧美市场,扩大柬埔寨、西班牙等生产基地的产能。2020 年,泰普森在柬埔寨建立生产基地,迈出全球布局的关键一步。柬埔寨生产基地是泰普森全球产业发展战略规划中的重要一环,通过产业链协作助力集团持续高质量发展。

(2)顺势而为,国内赛道寻机遇。后疫情时代,户外经济开始崛起,露营地如雨后春笋,遍布城郊、乡村和山野。露营地发展驶入快车道,露营经济发展被按下"加速键"。从传统外贸起家的泰普森不断切入"新赛道",根据国内消费者喜好,开发更多新产品,发现市场新需求和新趋势,提升服务质量和装备水平。线上线下双渠道发力拓宽市场,公司旗下品牌“我飞”在国内户外休闲市场的影响力日益增大。2021 年 1—9 月,泰普森销售额同比增长 45%—50%,内贸占比从初期不足 10%增加到 20%,未来仍在扩大。在国内露营细分品类排行榜中,“我飞”品牌位列前三。可见,泰普森逐步实现内外贸平衡,实现“两条腿”走路。

(3)资源整合,双向循环添活力。泰普森将国外先进技术和管理经验用于国内市场,完成技术革新,提升技术水平,促进产业升级。同时,国家在开办工厂、出口退税等方面给予泰普森支持,保障公司外贸发展。杭州海关开展“滴灌式”帮扶,鼓励泰普森开展跨境电商出口业务,协助其规划整批出口物流模式,引导企业换挡升级。国内市场规模大需求多,泰普森积极积累产业链延伸所需要的资金、人才等资源。凭借国内产业供应链优势,泰普森稳固占有国外市场份额,形成了内外贸相得益彰的发展模式。

(四)尾声

2022 年,泰普森在海外建仓,外贸订单量快速增长。“以前国外客户下单后,一般要三四周才能收到商品,现在通过海外仓提前备货,国外客户下单后由当地物流直接配送,整个贸易过程最快两三天就能完成,产品自然更受欢迎。”公司物流部经理黄媛说。近年来,泰普森通过跨境电商出口的产品价值超过 1 亿元。面对严峻复杂的经济形势,杨宝庆信心满满,他说泰普森做好了充足的准备。

“未来,我们将保持创新活力,深耕户外休闲用品,利用广阔的国内市场抵消国际市场的不确定性,增强公司把握国际市场动向和需求的能力,带动企业更好地发展。”泰普森常务副总裁张文涛说。

二、案例拓展

(一)教学目的与教学用途

本案例主要适用于“跨国公司管理”“战略管理”等课程,对企业(尤其是新兴市场企业)国际化战略、企业资源编排理论等进行讨论;可作为工商管理和国际商务专业本科生和研究生的课堂案例进行分析和讨论,也可用于 MBA 和 EMBA 教学。

本案例以泰普森国际化发展为主线,通过对泰普森在国际化的各个阶段如何进行国内国际市场资源编排进行回顾,同时描述了泰普森以资源编排为跳板实现国际化螺旋上升的过程。通过案例的分析和讨论,帮助学生了解泰普森在跳板理论各个阶段的资源编排模式与特点,引导学生思考中国传统外向型企业如何利用国内国际两种市场、两种资源形成竞争优势,服务国家新发展格局。

本案例旨在帮助学生学习和理解以下问题:

(1)基于泰普森实现双循环的过程,了解传统外向型企业在国际化的各个阶段如何通过资源编排获得竞争优势,进而帮助学生掌握和了解国际化场景下资源编排的具体内容及特点。

(2)引导学生基于跳板理论的螺旋上升模型对泰普森从 OEM 企业逐步成长为国内国际市场协同发展的大型跨国企业的过程进行思考与分析,加深学生对螺旋上升模型的理解,帮助学生思考新兴市场跨国企业的国际化战略及特点。

(3)回顾泰普森在跳板后阶段遇到的各种阻力和采取的应对策略,帮助学生了解企业在实现国际化后将要面临的各种关键难题,并激发学生思考如何策略性地解决这些难题,培养学生的动态观与系统观,提升学生用理论知识解决企业实际问题的能力。

本案例课程思政体现在引导学生借助跳板理论、资源编排理论更好地理解国家双循环新发展格局思想;归纳和总结企业如何将自身的国际化发展与国家双循环新发展格局思想相结合,培养学生爱国情怀。

(二)启发思考题

1. 基于跳板理论的螺旋上升模型,谈谈泰普森国际化历程分别对应跳板理论的哪些阶段,具体是怎样体现的。
2. 泰普森在各个阶段发展中如何通过资源编排获得竞争优势?
3. 泰普森在跳板后阶段将会面临哪些困难与挑战?如何应对?
4. 泰普森如何通过国际化发展服务国家双循环新发展格局?
5. 结合当前社会发展趋势,谈谈泰普森未来该如何发展。

(三)分析思路

本案例回顾了泰普森从小作坊成长为集设计、开发、生产、销售、服务于一体的大型外向型企业的奋斗历程。按照循序渐进、深入浅出的原则设计启发思考题,从案例信息梳理到理论知识掌握,逐步引导学生运用理论知识点分析案例。

首先,将泰普森国际化进程划分为四大阶段。在推进国内国际两大市场协调发展的过程中,泰普森实现生产要素、产品和服务、资源和能力在国内国际市场的双向流通。教师详细叙述企业各阶段战略计划,带领学生初步了解案例内容,加深学生对螺旋上升模型的理解,帮助学生思考新兴市场跨国企业的国际化战略及特点。

其次,帮助学生了解传统外向型企业在国际化各阶段如何通过资源编排获得竞争优势,帮助学生掌握和了解国际化场景下资源编排的具体内容及特点。从 3 个方面分析泰普森如何进行资源编排,如何构建资源组合形成核心能力,如何通过资源归拢聚合实现内外部环境的匹配,如何将资源转化为能力并实现价值创造。

最后,请学生讨论在跳板后阶段,泰普森所遇到的阻力和应对措施。思考在"走出去"过程中泰普森如何顺应时代浪潮获取和利用自身资源创造价值,提升核心竞争力,畅通国内外市场发展,从而成为行业的领导者。归纳总结企业如何将国际化发展与国家双循环新发展格局思想相结合,以培养学生的爱国情怀。本案例的研究思路与框架如图2所示,仅供参考。

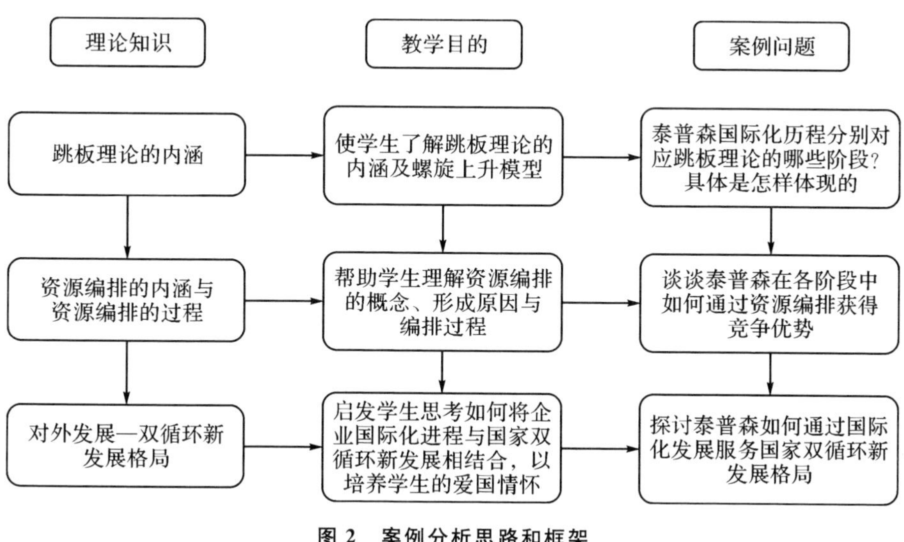

图2 案例分析思路和框架

(四)理论依据及分析

1.基于跳板理论的螺旋上升模型,谈谈泰普森国际化历程分别对应跳板理论的哪些阶段,具体是怎样体现的。

【理论依据】

跳板理论螺旋上升模型。"跳板"机制是指中国跨国企业将国际化作为获取海外资源的跳板,将国内市场作为进一步全球化发展的跳板。通过跳板过程,中国跨国企业既实现国际化发展,又强化本国市场发展,实现生产要素、产品和服务、资源和能力在国内国际市场的双向流通。Luo et al.(2018)认为,国际化跳板的螺旋上升模型主要包含5个阶段(见图3)。从双循环视角看,这5个阶段是中国企业整合利用国内国际两个市场、两种资源的过程。

(1)内向国际化阶段:新兴市场企业通过在国内市场学习外国跨国企业的经验和知识,开发和构建基本技能和能力,积累初始国际化经验。从国家经济循环视角看,这一阶段实际上是中国利用"外循环"(吸引外资)赋能"内循环"的过程,通过引入外资赋能国内经济,帮助中国企业积累国际化经验。

(2)激进的对外直接投资阶段:新兴市场跨国企业通过激进的直接投资方式(特别是对发达国家的跨国并购)快速进入国际市场,获取海外关键技术、先进知识、品牌、管理经验等战略性资源。这一阶段属于跨国企业的"外循环"阶段,即通过国际化获取和利用海外资源。

(3)将能力转移回母国阶段:新兴市场跨国企业将海外关键资源和知识转移到国内市场。该阶段实质上是中国跨国企业通过"外循环"赋能"内循环"的过程,即充分利用海外资源促进企业自身发展,同时促进国内经济发展。

(4)聚焦母国的能力升级阶段:新兴市场跨国企业通过对海外获取的战略性资源进行整合与编排,并结合自身具备的低成本、熟悉母国市场等优势不断升级自身能力,进一步拓展母国市场。

(5)以更强的能力走向全球化阶段:经过前面4个阶段,新兴市场跨国企业能够以更强的能力在全球市场发展,不仅包括母国市场,也包括海外市场。从阶段四到阶段五实质上是中国跨国企业借助国内市场向全球进行更高水平的"跳板"行为。从"双循环"视角看,中国跨国企业充分利用国内国际两个市场、两种资源提升企业核心竞争力,同时扮演着将资源在国内国际两个市场进行双向循环流通的战略角色。

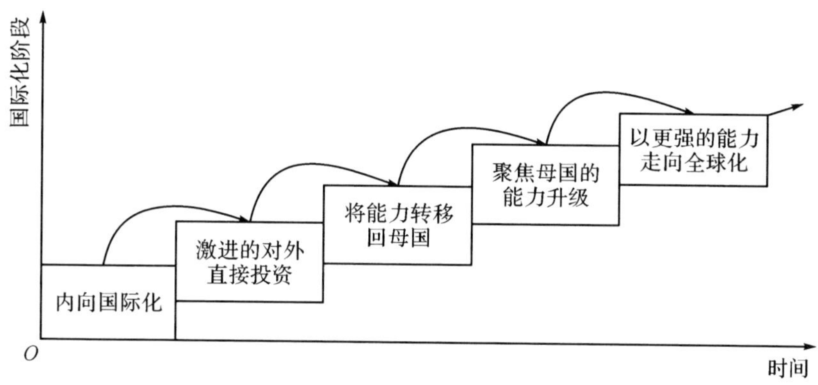

图 3 跳板理论螺旋上升模型的 5 个阶段

【案例分析】

泰普森实现并完善双循环过程主要分为 4 个阶段(见图 4),体现了跳板理论的不同内容。

(1)内向国际化阶段(1991—2003 年)。20 世纪 90 年代,国内渔具类产品还处于空白状态。泰普森团队在与外商交流中捕捉到国内市场需求,于是聘请国外设计师设计开发产品,同时承包跨国公司产品制作,从而学习国外跨国企业的经验和知识,开发构建自身基本能力;通过吸引外资积累经验赋能内循环,积累户外产业的国际化经验。在欧美市场积累相当数量的客户资源后,泰普森通过 OEM 为欧美品牌商代工生产产品。OEM 给企业带来学习和磨炼机会,迫使团队不断加强学习和创新,确保产品质量符合订单要求。

(2)激进的对外直接投资阶段(2004—2013 年)。随着国际化经验的积累,泰普森逐渐将“品牌经营”作为核心。2004 年,泰普森收购美国户外运动休闲品牌 Westfield,开始规模较大的对外投资活动。2007 年,泰普森在美国和欧洲同步注册“WEST-FIELD”商标,并通过英国 BSI 公司 ISO 9001质量体系认证,获得各大户外产品专业销售商的认可。2008 年,泰普森进军欧洲市场,并在俄罗斯远东地区发展代理商。泰普森并购德国、荷兰休闲旅游品公司,获得品牌和技术资源。系列并购快速扩大了泰普森在欧洲的市场份额,占据了欧美大部分主流市场。借助国内生产能力,泰普森进一步扩大了海外出口市场规模。

(3)将能力转移回母国并聚焦母国的能力升级阶段(2014—2019年)。随着国内经济快速发展,人均收入不断提升,国内市场对户外休闲用品的需求日益显现,于是泰普森将目光转移回国内市场。2014年,泰普森在国内注册“我飞”(Westfield)品牌,向国内消费者销售自有品牌产品。泰普森将海外关键资源和知识逐步转移回国内,扩张国内市场。泰普森用“外循环”积累的知识经验拓展国内市场,推动“内循环”发展。

(4)母国能力升级的同时以更强的能力走向全球化阶段(2020年至今)。新冠疫情严重冲击外贸出口行业,泰普森合理地整合与编排海外战略性资源,在整体大环境触底的情况下依旧保有在全球市场极强的发展能力。根据形势变化,泰普森切入“新赛道”,开发众多新产品以满足国内市场需求。泰普森充分利用国内国际两个市场、两种资源提升企业核心竞争力,实现资源的双向循环流通,助力母公司数字化转型,从而更快地推进企业国际化进程。

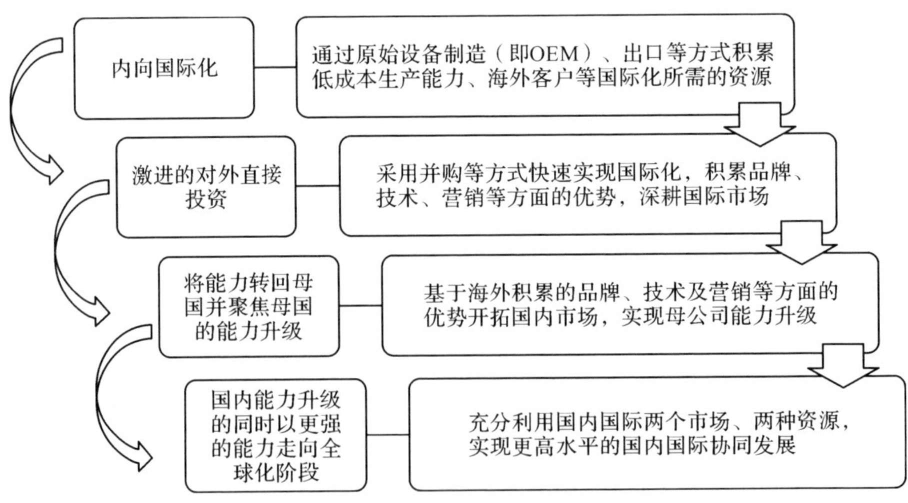

图4　基于跳板理论的泰普森国际化阶段

2. 泰普森在各个发展阶段中如何通过资源编排获得竞争优势?

【理论依据】

资源编排理论。基于资源基础观优化发展而来的资源编排理论,探讨资源管理与价值创造之间的关系,关注企业对资源动态化识别、获取、组合和利用生成能力,进而创造价值形成企业竞争优势的中间过程。该理论强调管理者在构建公司资源组合(包括收购、积累和剥离)、捆绑资源以构建能力(包括稳定、丰富和开拓)及利用市场中的这些能力创造价值(涉及动员、协调和部署)的重要性。

【案例分析】

泰普森在国际化的各阶段中通过资源编排和资源利用形成了国际化发展所需的各种能力,提高了国际竞争力,实现了更高水平的国内国际市场协同发展。泰普森具体的资源编排过程如表 1 所示。

表 1　泰普森国际化各个阶段中的资源编排分析

阶段	资源池构建:资源收集整合	资源捆绑:创造能力	能力利用:价值创造
第一阶段	1. 政策红利:浙江省政府在杭州近郊德清县实施“融创战略”,并在开办工厂、出口退税等方面给予企业支持 2. 国内低成本劳动力 3. 客户资源积累:通过对市场的积极调研,深度挖掘客户喜好,积累大量客户资源	1. 维持型资源捆绑:创业环境优越,创业机会多,稳固 OEM 能力,提升低成本产品生产能力 2. 丰富型资源捆绑:创办出口公司,奠定出口基础,提升企业对外出口能力、创造新销售能力、市场把控能力、风险预防能力和风险抵抗能力	1. 利用环境优势与 OEM 能力,降低生产成本,提升产品价格竞争力,赋能企业出口增长,削弱经营环境复杂化带来的风险 2. 客户资源的积累:助力企业迅速扩大市场份额;精确把控市场,提前预知与预防可能存在的风险,一定程度上减少企业的经济损失

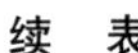

续 表

阶段	资源池构建:资源收集整合	资源捆绑:创造能力	能力利用:价值创造
第二阶段	1. 政策红利:获得进出口经营权 2. 优势互补,市场定位明确:在欧洲建立全球设计中心,在中国建立全球制造中心,在美国建立全球消费中心 3. 企业并购:收购美国著名的户外运动休闲品牌Westfield,在俄罗斯远东地区发展了几家代理商,并成功收购了德国、荷兰的几家休闲旅游品公司 4. 经验丰富,领域拓展:进军文化创意、金融投资、信息技术等多个领域 5. 聘请国外设计和营销团队:高薪聘请美国、荷兰、德国的设计师,到泰普森当专职或兼职设计师,将昔日竞争对手的销售队伍吸引至麾下以加强销售网络队伍建设	1. 维持型资源捆绑:稳固市场品牌优势和成本优势,提升产品生产能力、品牌营销能力和以较低成本获取资金的能力 2. 丰富型资源捆绑:定位明确,优势互促,充分利用市场优势积累资源,拓展企业资源收集能力和多业务整合能力;多元化发展以创造更多产品组合,拓展企业多产品组合销售能力,丰富资金获取能力和获取方式 3. 开拓创新型资源捆绑:聘请专业设计团队,提升企业新产品创新能力和研发活力,创造新发展能力	1. 贯彻品牌经营理念,使自主品牌价值稳步提升,创新技术得到快速积累,导向型产品设计吸引更多消费者的目光,助力产品分销与销售渠道拓宽 2. 多业务整合能力的提升,帮助企业进行多行业相互促进和多产品相互组合,带动产品全面化、多样化销售,形成新销售热点,同时稳固资金链以形成强力资金保障,助力企业市场份额扩大 3. 品牌研发能力的提升,助力产品新附加价值的产生,同时减少成本消耗;新产品为销售市场注入新的活力,带动行业发展
第三阶段	1. 聘请专业团队:以渔具产品为例,携手国内钓鱼专家团队及顶级设计团队,针对中国钓鱼人士的钓鱼文化与习惯、人体工程学的特点进行产品的本土化改良升级 2. 入驻电商平台,致力于品牌营销:2015年,泰普森国内商标"我飞"产品全面入驻各种电商平台。一直以外销为主的泰普森通过京东、天猫、苏宁易购等电商平台积极开拓国内零售市场,实现品牌的快速崛起 3. 数字化转型:从外部引进数字化资源,内部积极开展数字化资源积累,实现研发、生产和销售的数字化转型	1. 维持型资源捆绑:聘请专业团队、利用多年国际化经验协调各方资源,提升对产品的开发能力和营销能力,强化战略制定能力 2. 丰富型资源捆绑:入驻电商平台,开通线上销售渠道和宣传渠道,丰富渠道营销能力、业务管理能力和协调能力 3. 开拓创新型资源捆绑:积极开展企业数字化转型,形成数字化信息收集整合分析能力、数字化研发能力和成本节约能力	1. 创新能力助力研制顾客导向型产品,满足国内消费者的需求,有助于扩大国内市场规模 2. 泰普森生产技术达到国内领先水平,将数字化生产能力转化为产品价值,降低生产成本,优化生产流程,严格把控产品质量,创造高性价比产品,吸引更多消费者目光 3. 利用电商平台的流量与低成本,快速获得消费者关注与青睐

续 表

阶段	资源池构建:资源收集整合	资源捆绑:创造能力	能力利用:价值创造
第四阶段	1.政策红利:国家大力推动双循环新发展格局的建设 2.环境优势:随着后疫情时代的来临,“户外经济”开始崛起,人们的生活水平与质量快速提升 3.新冠疫情期间政府支持:2020年国内疫情迅速得到控制后,企业及时复工,并积极通过网络平台向国内外用户推销产品	1.维持型资源捆绑:疫情被快速控制,企业生产快速恢复,并提升营销能力和生产能力,同时促进企业形成风险预防和应对能力 2.丰富型资源捆绑:户外经济的觉醒基于新市场机会,这体现了人们对生活水平的要求,也体现了企业产品顾客导向型制造能力和营销能力的提升	1.疫情被快速控制,生产快速恢复,相对于国外竞争者,更具有主动性,有利于获取更多国内外订单 2.企业利用自身的技术与研发能力,及时生产新产品满足市场需求,扩大市场规模 3.国家助力双循环发展,出口与国内销售得到保障和支持,助力企业削弱国际化销售的风险,借助政策红利,推动企业扩大销售规模

3.泰普森在跳板后阶段将会面临哪些困难与挑战?如何应对?

【理论依据】

(1)制度距离。制度理论认为,不同制度环境差异明显。制度距离越大,存在的不确定性也越大。制度距离增加跨国企业正确解读东道国政策的难度,增加交易成本,在程序上存在诸多盲点,从而削弱对外交流所带来的经济效益。另外,制度距离的存在,使得企业在并购后存在两种规范,但并不一定能起到“1+1>2”的作用。不确定性和难以获得协同效应降低了海外交流所带来的绩效优势。若对外交流没有得到一定成效,那么企业本土化效果也会大打折扣,最终无法拥有预期的国内市场。

(2)知识距离。随着国际竞争加剧、技术升级和产业转型,知识距离对企业对外交流的成效影响也越发强烈。泰普森这样的中国新兴产业的跨国公司,缺乏先进技术,希望通过并购迅速获得先进技术提升竞争力。一

个国家的知识存量体现了一个国家技术的发展水平，知识差距大小意味着后发者能在多大程度上获得来自发达国家的技术，因此知识距离越大，企业获得潜在技术和知识的机会越大，交流的协同作用也就越大。

跳板理论认为，来自新兴经济体的跨国公司把海外投资视为一个跳板，获得战略资源更有效地与竞争对手进行竞争和降低在国内的制度限制。中国企业的海外交流行为不能仅仅归因于政府的支持，更重要的原因在于企业自身对技术和知识等战略资源的渴求。因此，在跳板后阶段，泰普森在对外交流中所面临的主要挑战是如何正确处理国与国之间的制度距离与知识距离。

【案例分析】

在后跳板阶段，泰普森主要与欧美等西方国家的企业交流，彼此的制度环境差异较大。政治环境、法律规则、经济秩序等方面的差异，既增加了泰普森正确解读东道国并购相关规定的难度，又增加了泰普森在东道国获取合法性的难度。

泰普森采用不同方式与处于不同制度距离的国家进行交流，降低企业成本和风险。在非正式制度距离的环境下，泰普森通过合资入股当地企业，达到开拓当地市场、积累战略资源的目的。在正式制度距离的环境下，泰普森通过新建工厂的方式，规避所有不良影响。

知识距离提供潜在的学习计划。知识距离越大，跨国公司在交流中积累的资源越多。因此，在后跳板阶段，泰普森在对外交流过程中提升国际化能力，增加战略资源，并将积累的战略资源通过本土化措施用于扩大国内市场。泰普森的交流对象主要集中在有技术优势和创新优势的欧美发达国家，为此，泰普森还组建了 200 多人的研发团队，其中来自美、英、德、俄、荷等国的外籍员工 50 余名。通过选聘不同国家的优秀员工，泰普森吸收来自不同国家的先进文化及管理经验,积累更多战略性资源。

4. 泰普森如何通过国际化发展服务国家双循环新发展格局?

当今,我国企业发展面临新的机遇和挑战,党的十九届五中全会提出"加快构建以国内大循环为主体、国内国际双循环相互促进的新发展格局"重大战略部署。这是我国根据发展阶段、环境和条件变化提出的新发展思路,是重塑我国国际合作和竞争新优势的战略抉择。新发展格局中,企业的经济重心由国外转向国内,连通国际国内市场,融合国内国外资源,实现快速发展。

在2022年"潮起钱塘,数字丝路"第六届全球跨境电商峰会上,杨宝庆发表《高质量发展的双循环实践》主题演讲。他指出,近年来,我国外贸企业经营环境十分严峻,从2020年新冠疫情下的迷茫,到2021年订单暴增,再到现在增量有所放缓,市场充满了不确定性。一些企业倒闭,同时也催生新的行业崛起、变化,困难与机遇并存。泰普森积极响应国家双循环政策号召,坚持内贸和外贸两手抓、两手硬的战略,扩大对国内市场的布局和投入,大力发展出口跨境电商,实现了较好的业绩增长(见图5)。泰普森主要从以下4方面助力新发展格局。

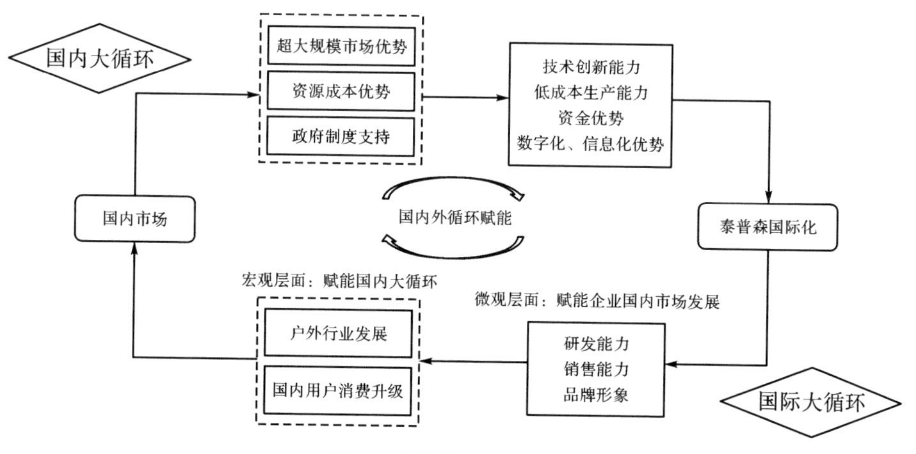

图5 泰普森双循环发展

(1)利用国外市场技术积累,赋能国内产品重塑与技术创新。

拓展外贸业务中积累的知识产权,帮助泰普森构建技术壁垒。当国内户外休闲市场处于起步发展阶段时,泰普森凭借国外市场拓展中积累的经验,引领国内消费市场。

“技术可以是冰冷的,但产品必须是有温度的。只有将技术和需求相结合,才能真正打造出令人心动的产品。”泰普森技术创新设计总监陈国涛说。公司设计部主导设计开发的“一体式超轻床篷”,一举斩获德国红点奖。该产品集床与篷的功能于一体,快速撑收的骨架结构缩短撑收时间,极大地减轻消费者的出行负担。运用高强度超轻的涂硅面料和太空铝合金材料,大大减轻产品重量。

(2)内外两手抓,实现跨境电商外贸销售新模式。

近年来,我国制造企业纷纷借助跨境电商转型升级。跨境电商海外仓出口模式有利于企业节省跨境物流成本,提升跨境物流效率,提供全新的便捷服务和购物体验。

2018 年,泰普森组建跨境电商团队拓展网络销售渠道。创建自主品牌,借助亚马逊、eBay 等第三方主流平台,布局美国、欧洲、日本市场主流的销售渠道。建立独立品牌站,形成长期不依赖第三方平台的跨境销售能力。2022 年 1—6 月,泰普森在天猫、淘宝海外平台的国货露营装备销售量同比增长 100%,帐篷类产品销售量同比增长 84%,户外桌椅家具同比增长 106%。按照目前的速度发展,泰普森未来 3 年新增 30 亿美元、5 年新增 100 亿美元的销售目标一定能实现。

海外仓建立以来,泰普森外贸订单量迅速增长。公司物流部经理黄媛说:“以前国外客户下单后通常需要三四周时间才能收到商品,现在通过设立的海外仓提前备货,国外客户下单后当地物流能直接配送,整个贸易过程最快两三天就能完成,产品自然更受欢迎。”需求越大,市场就越大,泰普森通过跨境电商的新模式在危机中寻求新的发展,实现稳定的外贸销售。

(3)注重品牌建设,打响品牌国际知名度。

杨宝庆认为,多数国内外贸企业最大短板是缺少独立品牌和缺少品牌运营能力。以往,外贸企业主要关注代工生产、产品开发和生产效率,以及原材料采购和生产组织能力,缺乏品牌意识。面对C端消费者,外贸企业要重视品牌发展,同时要具备市场运营和产品推广能力。泰普森成立以来,在国外注册品牌,收购海外品牌。持续的研发投入,泰普森的产品也通过美国UL、欧盟CE和澳大利亚AS认证,出口额大幅度上升,成为行业龙头骨干企业和浙江省外贸出口重点企业。近年来,泰普森通过国际化发展积累品牌形象,建立独立品牌站,以品牌产品、爆款产品树立独立站的品牌形象,形成长期不依赖第三方平台的跨境销售能力。

(4)借力国内户外市场风口,挖掘国内需求。

近年来,消费者健康意识逐渐增强,快乐工作、快乐生活成为年轻人的时尚口号。消费理念和消费习惯的改变、消费结构的变化及人均可支配收入的提高,极大地促进国内消费品市场发展,尤其是户外休闲行业。泰普森适时地把国外高品质的休闲理念带入国内,主打家庭露营、自驾装备、渔具装备及户外家居四大系列产品,为消费者自驾露营、休闲钓鱼等户外生活提供解决方案。

2012年以来,泰普森深耕国内消费市场,拥有较好的品牌基础。随着国内户外露营市场的升温,泰普森逐步调整经营战略,开发中高端产品,取得很好的业绩增长。与此同时,泰普森不断寻求与国内销售平台合作,扩大国内市场规模。根据网易严选提供的用户反馈信息,泰普森开发贴合消费者需求的产品,全面提升"产品力"。

近年来,户外露营在人们的生活中悄然兴起,逐渐成为一种节假日放松休闲的新风尚,特别受到青年人和中年人的青睐。现实中,我国户外露营却面临野外生存技巧不足、户外露营装备不全、露营地建设缺乏统一规范、露营地用地性质模糊、从业者不够专业等行业瓶颈。泰普森把握住市场机遇,建设露营基地,设计生产露营设备。公司研发设计的户外营地车,单月销售超过6000辆,户外露营产品销售额同比增长100%。

5.结合当前社会发展趋势,谈谈泰普森未来该如何发展。

【案例分析】

(1)以国内市场为抓手,实现国内国际双循环。新发展格局的重点是建立国内大市场的主体地位。改革开放以来,我国实行以出口导向为主的经济发展战略。但是随着我国经济体量的增大和新冠疫情的影响,部分企业尤其是中小企业不能适应外向型发展模式,纷纷寻求新的发展路径。泰普森凭借品牌优势,积极参加国内展销会,拓展消费渠道,打开国内市场;提高创新能力,着眼于创新技术研发、创新能力培养和创新资源储备;完善创新政策体系,提高企业员工开展研发活动的积极性;挖掘创新人才,优化人员素质结构,促进企业优化升级。未来泰普森若能以科技创新突破发展瓶颈,激发企业内生动力,畅通国内大循环,必能为高质量发展提供持续动力。

(2)数字化转型升级,精准高效对标国内市场。当前,数字经济之于实体经济升级的重要性日益凸显。大数据、云计算、物联网、区块链、人工智能、5G通信等信息技术与实体经济融合发展,提升了实体经济的全链路生产效率、创新力。作为外向型企业的泰普森应充分利用消费者数据,有针对性地创新产品开发和产品营销手段,拓宽国内市场。互联网及产业融合发展也将为消费升级提供关键动能,未来泰普森可以凭借品牌优势谋求更多的合作生态,利用电商平台及电商技术拓宽海内外销售渠道,利用大数据技术了解国内消费者需求,合理配置通信、云计算及人工智能等基础设施资源,实现公司的高质量发展。

(3)精细化市场定位,谋产品开发与品牌建设。国内市场潜力巨大,未来泰普森将重点招聘产品开发和市场开发人员,包括营销和品牌建设人才。公司负责人表示:"我们擅长供应链和产品生产,却缺乏品牌建设和产品开发。与项目开发不同,产品开发要分析消费群体和消费行为,并理解产品。"因此,泰普森将加大产品开发、品牌建设和宣传的力度。此外,泰普森要创新营销方式。由于国内大众市场尚未成形,泰普森还要关注细分市场,如发烧友市场,专注高端渔具的营销。

(4)树立共同体意识,资源叠加助力共同富裕。作为高科技实业公司,泰普森在生产制造中要践行绿色低碳发展理念,构建"绿色工厂",推进绿色循环发展。同时,泰普森要承担社会责任,服务国家政策,助力共同富裕。实现共同富裕,乡村振兴是必经之路。泰普森从事户外休闲运动,与乡村振兴各类产业兴旺息息相关。随着国内旅游业回暖,露营市场前景广阔,泰普森要找准村企合作结合点,共建以户外运动体验为主线的休闲基地,携手谱写共同富裕新篇章;要找到户外经济与乡村振兴融合的切入点,让消费者认识户外、接触户外、爱上户外。作为浙江省制造业龙头企业,泰普森如果能够适应国内市场的新发展,践行社会责任,必将实现村企民共富共赢。

(五)关键知识点

在本案例教学过程中,让学生把握以下关键要点:了解泰普森通过资源编排获得的竞争优势;掌握跳板理论螺旋上升模型的 5 个阶段;关注企业在跳板后阶段完善双循环战略过程中可能遇到的典型问题和有效应对策略。

(六)课堂计划提议

本案例作为专门的案例讨论课的资料来进行讨论,参与案例讨论人数应当控制在 30 人以内。以下是按照时间进度提供的课堂计划建议,仅供参考。整个案例讨论课的课堂时间控制在 55 分钟之内。

课前计划:教师制订详细的教学计划,包括案例讨论的形式、步骤及讨论点的时间划分;提前1周发放案例资料,提出基础理论思考题和启发思考题,帮助学员熟悉案例理论基础,并请学生在课前理解案例背景和基础理论,完成初步思考。

课中计划:课程用时控制在55分钟之内(见表2),完成案例介绍、课堂讨论、分组讨论、案例分析、归纳总结等知识教学环节。

表2　课中计划

课中计划	教学安排	时间控制
案例介绍	教师简要介绍案例内容,让学生了解泰普森的发展背景和案例中所使用的理论基础,重点关注跳板后阶段所处的时代趋势和公司将会面临的挑战	10分钟
课堂讨论	教师可提出更深层次的思考题,引导学员独立思考	10分钟
分组讨论	教师可提出更深层次的思考题,引导团队合作,调动学生的思考积极性	10分钟
案例分析	教师可让学生分享自己的思考和感受,引导学生进行案例分析	15分钟
归纳总结	对问题进行剖析解答,并对本次课程进行点评,让学生学有所得	10分钟

课后计划:让学生了解当前双循环发展新趋势,并结合时代背景和所学理论基础,对相关企业进行分析研究,融会贯通,为以后学习打下基础。

(七)案例后续进展

现如今户外运动、驴友徒步已从早期的休闲活动转变为轻奢的生活方式、潮流文化。泰普森逐步回归国内市场,发挥在户外运动上的资源优势,引领国内新的生活方式。泰普森投资兴建的莫干山象月湖国际休闲度假谷是以“回归自然、享受生活”为主题,打造的“中国首个国际化户外生活综合体验地”。

泰普森董事长杨宝庆表示:“未来休闲户外产品的发展空间更加广阔,

我们非常有信心把产业做大做强。”

（八）参考文献

[1] 刘勇,李丽珍.“双循环”新发展格局下企业转型发展的机理、路径与政策建议[J].河北经贸大学学报,2021,42(1):41-50.

[2] 杨勃,吴波,江婷婷.新发展格局下国内市场与中国企业国际化如何双向赋能:基于四家中国企业的探索性案例研究[J].外国经济与管理,2022,44(9):3-18.

[3] 江小涓,孟丽君.内循环为主、外循环赋能与更高水平双循环:国际经验与中国实践[J].管理世界,2021,37(1):1-19.

[4] 张璐,周琪,苏敬勤,等.新创企业如何实现商业模式创新?:基于资源行动视角的纵向案例研究[J].管理评论,2019,31(9):219-230.

[5] 蔡莉,尹苗苗.新创企业学习能力、资源整合方式对企业绩效的影响研究[J].管理世界,2009(10):1-10,16.

[6] 刘新梅,赵旭,张新星.企业高层长期导向对新产品创造力的影响研究:基于资源编排视角[J].科学学与科学技术管理,2017(3):44-55.

[7] 张媛,孙新波,钱雨.传统制造企业数字化转型中的价值创造与演化:资源编排视角的纵向单案例研究[J].经济管理,2022(4):116-133.

[8] LUO Y, TUNG R L. International expansion of emerging market enterprises: a springboard perspective[J]. Journal of international business studies, 2007, 38(4):481-498.

[9] LUO Y, TUNG R L. A general theory of springboard MNEs[J]. Journal of international business studies, 2018, 49(2):129-152.

[10] PITELIS C, TEECE D J. The new MNE: 'orchestration' theory as envelope of 'internalisation' theory[J]. Management international review, 2018(58):523-539.

[11] SIRMON D G, HITT M A, IRELAND R D, et al. Resource orchestration to create competitive advantage: breadth, depth, and life cycle Effects [J]. Journal of management, 2011, 37 (5): 1390-1412.

[12] WALES W, PATEL P C, PARIDA V, et al. Nonlinear effects of entrepreneurial orientation on small firm performance: the moderating role of resource orchestration capabilities[J]. Strategic entrepreneurship journal, 2013,7(2):93-121.

[13] SIRMON D G, HITT M A, IRELAND R D. Managing firm resources in dynamic environments to create value: looking inside the black box[J]. Academy of management review,2007, 32(1): 273-292.

知识付费四袋大米:新东方的体面撤退

林 莉 陈 曦 周心怡

一、案例描述

(一)引言

每隔一段时间,网络直播平台就有带货主播蹿红,成为百姓热议话题。2022 年 6 月,新东方英语名师董宇辉以一己之力,让"东方甄选"直播间一炮而红,风靡全网。网友在社交平台友情吐槽"知识付费四袋大米",迅速登上抖音热搜榜。

第一次进直播间,董宇辉在卖大米。他说自己吃过很多菜,但没有味道,因为每次吃菜都得回答问题,迎来送往,小心翼翼不敢放松。他怀念在家炒土豆丝、麻婆豆腐、西红柿鸡蛋,让人吃得舒服。于是在对"家味"的无限怀想中,很多网友下了第一单。

第二次进直播间,他还在卖大米。他说想把天空大海给你,把大江大河给你。好东西都想分享给你,譬如朝露晚霞,三月的风六月的雨,九月的露十二月的雪。世间美好都想赠予你,你对他的好就像这盛夏一样,如莎士比亚诗句"我是否可以将你比作夏日"。于是作为对美好祝愿的回礼,很多网友下了第二单。

第三次进直播间,他仍然在卖大米。说他没有带你看过长白山皑皑白雪,没有带你去感受过十月田间吹过的微风,没有带你看过沉甸甸弯下腰,犹如智者一般的谷穗。他没有带你去见这一切,但是他想让你品尝这样的大米。于是在对锦绣河山的畅想中，很多网友下了第三单。

第四次进直播间，他依然在卖大米。他提到当老师的时候，自己有职业要求，希望每次出现在镜头前都是清醒振奋，心态良好的。哪怕前一秒还在处理生活中的苟且和痛苦，也希望自己西装革履地站在孩子面前，给孩子美的启迪，让孩子感受到他的重视。也许是他对职业的敬畏和热忱触动了人心，很多网友下了第四单。

新东方直播间的粉丝量从100万增加到1000万，用时不到7天；直播间日销量从75万元陡增至6257万元，用时不到10天。与此同时，这把火也烧到了股市，港股新东方在线股价扶摇直上。2022年6月6日至16日，新东方在线股价盘中最高点达33.15港元，累计上涨795.95％。

一粒沙能窥见整个世界。一大批优秀的新东方教师从站在讲台上影响教室里的学员，到入驻直播间影响上万在线观看直播的粉丝。这样大跨度的转型究竟是缘于什么？转型背后又藏着怎样的战略布局呢？

（二）山雨欲来风满楼

1.新东方：脚踏实地的奋进者

1993年，新东方在北京成立。2006年，公司在美国上市，旗下拥有优能中学教育、满天星亲子教育、泡泡少儿教育和前途出国咨询等子品牌。截至2021年7月，新东方在全国有7个经营分部、122所教育学校、1547所教育中心，年均面授学员2000余万人次。

作为中国规模最大、最具影响力的综合性教育集团，新东方始终秉持“追求卓越，挑战极限，从绝望中寻找希望，人生终将辉煌！”的企业精神，为中国青少年提供全面优质的教育服务及产品。2020年，新东方在香港二次上市，市值2335亿港元，公司员工超过10万人。2021年，新东方学员报名人数达296万人，同比增长13.5％；营业收入达42.77亿美元，同比增长 19.5%。英国品牌评估机构发布的《2021 年商业服务品牌 100 强》榜单中,新东方名列第 28 位。

2. 俞敏洪:笃定前行的有志者

俞敏洪出生于江苏江阴,1980 年考入北京大学西语系,本科毕业后留校任教,1991 年离开北京大学创办东方大学英语培训部。培训设在北京中关村二小,设施只有一张桌子、一把椅子加一块黑板。创业之初生源很少,天刚蒙蒙亮时,俞敏洪就拎着糨糊桶出去寻觅电线杆贴广告。若干年后,新东方同事和学员寻他开心,总是调侃“老俞最喜欢什么? 电线杆! 老俞喜欢中关村的每一根电线杆”。

寒冬清晨贴广告的背影渐渐走向了太阳升起的地方。新东方如野草般生长,业务快速扩张,市场延伸至全国 20 多个城市,年营业收入从一两千万元增长到两三亿元,发展速度和规模令人惊叹。

俞敏洪的成功却并非一蹴而就,而是历经波折,屡经生死。树大招风,俞敏洪被同一拨匪徒打劫两次,因其过往待人处世重情重义方才躲过一劫,幸免于难。美国“9·11”事件后,新东方留学市场遭到重创;“非典”暴发,迈入井喷期的新东方迎来死劫。在俞敏洪灰暗的记忆中,那段时间报名人数呈断崖式下降,登记退费的学员队伍,从四楼办公室延展到一楼大厅。俞敏洪清楚,只有保住“新东方”这 3 个字,新东方才有未来。俞敏洪冒着巨大的财务风险,坚决维护学员的合法利益。他的一系列举动,让“诚信”成为新东方的金字招牌。

古语有云,天将降大任于是人也,必先苦其心志。俞敏洪内心所遭受的煎熬与苦楚是难以估量的。新东方在美国上市不久,创始人徐小平、钱永强各奔前程。船重千钧,独留俞敏洪一人继续掌舵。其实在新东方上市前,俞敏洪已有解甲归田之意。奈何蛇无头而不行,鸟无翅而不飞,俞敏洪唯有继续带领新东方砥砺奋进以续华章。当他再次站在新东方上市敲钟台上时,时光已过十四载。

2019 年,新东方稳坐教育培训行业的头把交椅,此时俞敏洪再次萌生退隐之意。然而,突如其来的新冠疫情再次打断了他的退休计划。

(三)满座顽云拨不开

1. 天降“不测”

2020 年初,新冠疫情开始肆虐,杀得国内线下培训机构措手不及。疫情深刻影响着新东方,其线下业务全部停摆,不能移到线上的只能退费或延迟,同时,美国、英国等主要留学地疫情反复,新东方海外考试培训和留学咨询业务亏损惨重。

跌宕起伏中,俞敏洪坚信人生遇到的困境恰是提升自我的契机。他在直播中分享道:“疫情后多数教育公司与之前大不同,公司遭遇困难后也会成长。在困难面前,人们常有两种选择:一是直接放弃,觉得实在太难了,就再也不做了;二是继续奋发,认为这是老天的考验,让自己变得强大。企业家不要因为遭遇疫情或公司出现危机,就感到失望。这是对你们的考验,给你们提升的机会。虽然我已年过五十,仍然期待新东方变革,在疫情中重生。”

疫情防控期间,为了不影响教学进度,教育主管部门要求中小学校停课不停教、停课不停学。于是,网课成为中小学生在线学习的主要形式,新东方迎来新的发展机遇。

2021 年 7 月,国家发布《关于进一步减轻义务教育阶段学生作业负担和校外培训负担的意见》,规定学科类培训机构统一登记为非营利性机构,不得上市融资;校外培训机构不得占用国家法定节假日、休息日及暑假组织学科类培训,新东方斥资布局线上教育直接化为泡影。不到半年时间,新东方股价跌幅达九成,市值蒸发近 2000 亿元。2021 年 10 月 25 日,新东方全面关停K9业务,关闭线下门店1500余家,辞退员工6万余人,返退学员学费,发放辞退员工补偿金、退租教学点赔偿金近200亿元。

"双减"政策发布前,俞敏洪预感风暴即将来临,便召集公司高层讨论应对之策。有人悲观地认为,新东方若暂停所有K9业务,不如转型做托儿所。俞敏洪听后潸然泪下。对他来说,新东方不只是自己创立的企业,是个人的企业的理想和抱负,更是历经绝望痛苦后的精神依托。眼看多年苦心经营的企业即将付之一炬,俞敏洪心余力绌,无计可施,怎么能不哭?

世事无常,新东方迎来生与死的至暗时刻,一切又将从零开始。

2. 长夜难明

前路漫漫,志合者不以山海为远。"双减"政策发布后,新东方总部会议室的灯光就未熄灭过。面对风暴,新东方内部讨论会一场接着一场开。转型方案不断被提出,又不断被否定。如此反复,新东方新的战略布局依旧模糊。

车到山前必有路,船到桥头自然直。2021年底,新东方开启首场助农直播活动,俞敏洪亲自为"东方甄选"直播间站台,500余万元的销售额蕴意着好兆头。而后26场"东方甄选"直播累计销售额454.76万元,抵不过首场直播业绩。新东方再次陷入转型泥淖,不得不拓展新领域,探索新出路。天眼查数据显示,2021年以来,新东方先后成立公司197家,业务涵盖直播电商、图书教具、非学科培训、幼儿托管等领域。网友戏称"新东方转型靠成立新公司"。

道阻且长,行则将至,行而不辍,未来可期。新东方的成功不在于拥有一手好牌,而在于如何把一手坏牌打好。

(四)长风破浪会有时

俞敏洪深信,机会总是留给有准备的人。只要准备充分,就能把握机会。新东方教师凭借一身“文”艺，找准“人设定位”，采用颠覆传统的“带货+教学”新模式，迅速在直播带货的红海中确立了优势，成功破局。新东方教师的直播技巧不如网红主播，但英语教学绝对是降维打击。新东方直播团队很快获得传统艺能嫁接直播带货带来的新红利，工作绩效以一日千里的速度蜕变成长。正可谓“山重水复疑无路，柳暗花明又一村”。

直播带货业务逐渐步入正轨，身兼“二职”的教师缺口增大，新东方以月薪5万元的高价公开招聘双语主播。“在选择主播的时候，更加重视主播的内涵，如谈吐优雅、修养到位、有趣有料。”消费者希望更多新东方名师前往参与直播间互动，俞敏洪表示，“我们鼓励感兴趣的老师尝试主播岗位，相信公司长期积累的人才，会成为我们未来持续发展的重要力量。恳请大家给予东方甄选更多时间和耐心”。

在直播选品上，新东方计划建立一个大规模的农业平台，携手几百位教师通过直播带货协助农产品销售，支持乡村振兴事业。共同富裕和乡村振兴，包括发展新农业、培养新农人，已经被确认为“十四五”期间政策鼓励的重要发展方向。当前农产品以线下直销为主，直播助农有利于拓宽农产品销售渠道，助力农业复工复产和激发农村市场活力。毋庸置疑，新东方又一次站在时代风口上。在俞敏洪看来，这是对“永不言弃”的诠释与演绎，更是对浓浓乡情的回馈。中国需要更多有企业家精神的企业家。俞敏洪在《在动荡的时代做不动荡的自己》中指出，“我们每个人都感受到了时代的动荡，不光是中国，而是世界。但是，我们每个人都在努力让祖国变得更好，我们都发挥自己的力量，我们不希望跟着时代动荡，而是想成为中流砥柱，为国家添砖加瓦”。

“快”字当头，浮躁之风弥漫。在中国，鲜有企业能静下心来确立长远发展目标，制订长久发展战略。毕竟没有人愿意错过“东方甄选”和董宇辉的这班流量快车。面对暴涨的流量需求，教育培训机构纷沓而至，有说法语的，有讲故事的，有聊情怀的，一时“八仙过海，各显神通”，好不热闹。模仿新东方模式的教育培训机构,忽视了新东方直播带货爆红背后的隐患,如直播间客户黏性不高、直播风格可复制性强等问题,忽视了自身真实发展状况如不具备可以媲美新东方的强大品牌效应。哗众取宠不可持续,生搬硬套贻笑大方。唯有拿出更多的诚意来做内容,坚持持久有效的输出,不断创新创造才能走得更加长远。

“东方甄选”直播间的爆火,众人视线再次聚焦新东方的全局发展上。为贯彻落实国家“双减”政策,2021 年 10 月 25 日,新东方停止经营内地从一年级到九年级义务教育阶段的学科培训服务(即 K9 业务)。在此次业务调整中,新东方物尽其用,决定将闲置的 8 万余套课桌椅无偿捐赠给乡村学校;希望人尽其才,保留或调配有学前教育资质、高中学科教授能力或大学员业务培训能力的原 K9 业务教师。同业者黯然离场,俞敏洪却留下了难能可贵的体面、温度与情怀。正如网友预料的那样,“一个久站 C 位的人能有侧身让贤的胸襟,总不会落到大败亏输的境地”。2022 年 6 月,“东方甄选”直播间再次返场,收获无数掌声。俞敏洪表示,“东方甄选一热闹,大家以为新东方只做直播了。其实新东方主要做的事情还是教育,教育是新东方的主要业务”。

在现行政策下,新东方持续深耕教育领域,业务聚焦素质教育、大学员培训及学前教育。例如,新东方制订面向中小学员的素质教育体系,开设街舞、篮球、歌舞剧表演、无人机、机器人等课程,激发学员创新意识,提高学员实践能力,培育德智体美劳全面发展的社会主义事业建设者和接班人。针对国内严峻的就业形势,新东方建立面向大学员的考试培训和职业发展培训体系,全面优化升级现有的四六级、考研、出国考试、教资和财会项目,拓展计算机等级考试、司法考试等项目,打造有深度、有温度、有态度的大学员教育品牌,通过一站式教育服务助力大学员的学习与发展。

随着“三孩”政策的放开,我国学前教育市场规模不断扩大,适龄儿童接受有质量的学前教育成为教育培训行业关注的重点。新东方在北京、南京、杭州、香港等地开设30余所满天星幼儿园,提供高品质的学前教育指导与托育服务。

在不确定的世界中,一切都建立在流沙上,没有任何固定的、可预测的、稳定的模型框架。只要确定方向,抱有风雨兼程的勇气和信念,勇于在不确定性中去寻找确定性,问题就能迎刃而解。

(五)路漫漫其修远兮

寒冬时节,雨雪纷飞。短期来看,各学科类教育培训机构"断臂求生"是无奈之举,其间必然经历一系列挫折与苦难。而这恰是优质教育培训机构脱颖而出,教育市场大放光彩的里程碑节点。相信通过这一番考验,虎口余生的教育公司会有更加光明的发展前景。

当前,学前教育、素质教育、大学员教育等赛道仍处于起步阶段,缺口如何,教学体系如何建设,都是教育培训企业亟待解决的难题,需要沉淀与积累。同时,"东方甄选"的爆火也面临着昙花一现的危机,毕竟情怀退却后,能否足以支撑其在直播领域的长久运营才是真正的考验。不过正如俞敏洪在微信公众号写的那样:"东方甄选的火爆可能是一时热闹,但确实希望东方甄选能够从此打开局面,为新东方的发展,开辟一条全新的道路。"未来的新东方,说东山再起实在太过。青山尚在,俞敏洪能否开拓新领域,让新东方植根再发芽?

曾经创造教育培训神话的新东方,新征程中又将交出怎样的答卷?最后,用俞敏洪自己的话作结:只要信心在,美好的未来就不会遥不可及。

二、案例拓展

(一)教育目的与用途

本案例主要适用于"战略管理""企业战略"课程中有关企业动态能力

管理、企业战略相关内容的教学,也可作为“企业动态竞争:基于资源整合的视角”课程相关内容教学的辅助案例;适用于工商管理专业硕士、金融专业硕士、高年级本科生的课程教学。

对本案例的学习有助于学生了解环境动荡性含义,掌握对动荡环境进行具体分析的要点框架;掌握企业动态能力的基本理论及在企业持续发展中的作用;掌握收缩战略的不同手段及相应的企业资源整合方式,以及理解提升资源整合能力对增强企业竞争优势的建设性意义。

本案例聚焦动荡环境下新东方的战略转型过程,引导学生以新发展理念为根本遵循,紧跟时代步伐,持续学习,不断创新,并将共同富裕、乡村振兴等政策鼓励的重要发展方向融入企业战略之中,进而强化学生对企业家精神的价值理解和认同,进而为国家培养勇于承担社会责任的经管类人才。

(二)启发思考题

1.结合材料及所学尝试归纳怎样的动荡环境驱使新东方产生了“转型”的想法,从宏观环境、中观环境及微观环境的角度分别来谈谈。

2.新东方目前发展的重点业务有哪些?选择这些业务的原因是什么?如果您是新东方的管理决策者,还会选择哪些业务进行发展?

3.新东方是怎样建立、调适、重组其内外部资源实现其业务转型的?试评价新东方这些举措的合理性和必要性。

4.新东方战略收缩过程中有哪些地方容易出现问题?可能出现哪些问题?尝试对可能出现的问题提出您的解决对策。

5.您认为新东方的“体面撤退”给中国教育培训行业带来了什么影响?

(三)分析思路

教师可以根据自己的教学目标来灵活使用本案例。这里提出本案例的分析思路,仅供参考。

本案例以新东方直播卖大米这一热点事件为切入点,揭开新东方一揽子收缩战略的全布局,帮助学生从战略管理的高度理解动态能力理论及企业战略类型的相关知识。本案例的分析逻辑如图1所示,建议教师先引导学生运用波特五力模型等工具分析动荡环境的变化;之后提出企业应该如何调动其改变能力的“能力”的问题,即让学生从动态能力理论的高度思考企业应如何持续地建立、调适、重组其内外部资源,来获得竞争优势,从而弹性适应内外部环境的变化。对收缩战略类型的选择是整个案例的重点,教师可以进一步引导学生讨论紧缩与集中战略、转向战略、放弃战略的差异及对应的选择原因,加深学员对收缩战略的系统认知。

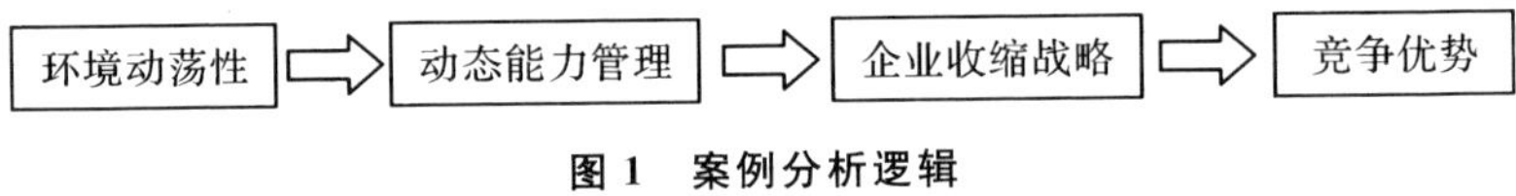

图1　案例分析逻辑

(四)理论依据及分析

1.结合材料及所学尝试归纳怎样的动荡环境驱使新东方产生了“转型”的想法,从宏观环境、中观环境及微观环境的角度分别来谈谈。

【理论依据】

环境动荡性。环境动荡性是指外部环境不断变化且这种变化不可预测的状态,即外部条件的不确定性。当企业处于稳定的市场需要和技术发展环境中,组织面临的问题多为结构性问题,可以利用原有的知识解决这些问题,实现组织预期的目标。此时,动态能力可能对组织绩效的作用不甚明显。而高动荡环境下,企业将面临大量非结构性问题。环境变化破坏现有能力的价值潜力,原有知识价值与作用将随着这种急剧变化迅速过时或贬值,难以帮助企业赢得竞争优势,迫使组织对现有资源进行重新组合。

快速的市场需求变动和技术发展缩短了产品和技术的生命周期,并产生稍纵即逝的机会窗口。动态能力帮助企业及时了解顾客信息和技术变动,从而更好地发现或预测市场需求变动和技术发展的方向,重构资源,获得知识更新,最终打开由市场需求和技术变动赋予的机会窗口,实现组织绩效的提升。因此,动态能力可以看成是战略选择,当机会来临,其赋予企业追求新方向的选择。环境动荡性越高,这些选择可能越有价值。

【案例分析】

宏观环境方面:2021 年 7 月,国家“双减”政策落地。该政策规定,学科类培训机构不得上市融资,学科类培训机构统一登记为非营利性,校外培训机构不得占用国家法定节假日、休息日和暑假组织学科类培训等,这直接将新东方打入谷底。不到半年时间,新东方的股价跌幅达九成,市值蒸发近 2000 亿元。如前所述,为贯彻落实国家政策,2021 年 10 月 25 日,新东方全面关停占公司营业收入 80%左右的 K9 业务,关闭线下门店 1500 多家,辞退员工 6 万余人,返退学员的学费,发放辞退员工的补偿金及退租教学点的赔偿金等近 200 亿元。

新冠疫情暴发后,新东方全面停止线下业务,其中不能移到线上的项目退费或延迟,取消雅思、GMAT(Graduate Management Admissions Test,经企管理研究生入学考试)等海外考试。美英等主要留学地疫情反复阶段,新东方海外考试培训业务和海外留学咨询业务亏损严重。此外,疫情蔓延,我国经济增速放缓,主要经济体存在不同程度的萎缩,教育行业也难以幸免,新东方更是举步维艰。

中观环境方面:教育培训行业进入衰退期,新东方前景黯淡。以作业帮、猿辅导、掌门一对一等为主的在线答疑软件,以学而思网校、果肉网校为主的线下培训课程,以腾讯企鹅辅导精品课、网易“有道精品课”为主的线上培训课程异军突起，严重削弱了新东方的竞争力。此时，新东方试图挽留生源的意愿强烈，消费者议价能力有所提升；大量裁员导致教员工作量增大，新东方员工议价能力有所提升。此外，民办学校及在职教师的私教课程兴起，加大对新东方市场的威胁。

微观环境方面：新东方裁减大量员工，直接影响留任员工的工作积极性。留任员工普遍感到朝不保夕，这使新东方的危机和压力进一步加剧。"双减"政策发布后，新东方承受着剧烈的阵痛，管理者俞敏洪泪洒讲台，企业大受打击，员工士气低落。

2. 新东方目前发展的重点业务有哪些？选择这些业务的原因是什么？如果您是新东方的管理决策者，还会选择哪些业务进行发展？

【理论依据】

动态能力理论。动态能力理论考察企业如何通过收集、整合、构建、重置内外部资源和能力，从而形成敦促企业适应快速变化的社会、商业环境的新能力。相比传统能力理论，动态能力理论采用动态分析的方式，同时考虑企业本身和同业竞争者，对企业资源的处理更为完整，其分析企业如何识别市场的诉求，从而构建或塑造自己的资源及能力；在不断发展的市场中，让企业根据变动从战略角度合理配置甚至是重新构建资源和能力；在重新识别和重新配置资源与能力的前提下，不断地学习、发展新的资源和能力。

动态能力理论继承了传统能力理论中对企业资源和能力的肯定，认为企业核心优势是资源和能力。在传统能力理论的基础上，动态能力理论横向扩展了对比角度，分析对象从静态转变为动态，涵盖更多影响因素，从而使得理论分析更有实际参考价值。换言之，在现代商业社会中，能够存活的企业均具备属于自己的核心竞争力或核心资源。但只是满足这点的企业并不具备在竞争激烈的商业社会中持续保持竞争优势的能力,因为包括企业本身的一切都在飞快变化。倘若企业想要达到、保持甚至超越理想的经营状态,必须自发地学习、创新,在对自身有明确的认知下,重新识别市场需求和定位,重新整合、配置、吸收和积累资源。

【案例分析】

目前,新东方重点发展的业务有以下 4 类:素质教育培训类业务,如开设街舞、篮球、无人机、机器人等课程;大学员培训类业务,如留学服务、考研培训、四六级培训等;学前教育类业务,如双语教学、托育服务等;直播带货业务,如“东方甄选”平台直播带货。

“双减”政策落地后,学科类培训机构大面积关停或整顿,新东方首当其冲。国家呼吁教育回归初心,且中小学员培训需求旺盛,素质教育类培训自然成为新东方的重点发展对象。

受新冠疫情影响,中国经济增速放缓,就业压力增加。同期,本科学历竞争力减弱,考研考证人数激增。为了更好地挖掘大学员培训市场潜力,新东方优化升级已有的四六级、考研、出国考试、教资和财会项目,拓展计算机等级考试、司法考试等培训项目,打造有深度、有温度、有态度的大学员教育品牌刻不容缓。

“三孩”政策全面放开,我国学前教育规模快速扩大。为幼儿提供良好的学习环境已成为国内教育培训机构的共同使命,新东方自然不会错过。

作为电商领域最火热的形式,直播带货无疑是新东方不容错过的尝试。新东方以教授英语起家,拥有“寓教于卖”的独有优势,其融合了教育市场和销售市场,拓展了客户群体。同时,直播带货助销农产品,有利于新东方树立企业形象,提升企业名誉。

综上所述,无论何种业务成为重点发展对象,都体现了新东方的动态能力。新东方重点发展业务可以分为两类:一是原有基础业务,包括素质教育培训类业务、大学员培训类业务和学前教育类业务;二是新涉猎业务,如直播带货业务。要将原有基础业务升级成为重点发展业务,必须事先盘点自身所拥有的有效资源,摒弃无效资源,吸纳发展过程中所需的新资源,进行建立、调适和重组。对于直播带货这一新业务,新东方要利用一切可以发挥作用的原有资源,结合自身特点,形成独特的带货风格。同时,要寻找与自身发展相符的直播型人才,以保障直播业务的良好发展,实现较为完美的动态管理。

作为新东方的管理决策者,还可以选择发展AI教育。疫情之后,线上教学成为常态。为达到更好的教学目标,线上教学需要使用AI技术监控学员上课的专注度、参与度,提升教育教学效果。通过AI技术打造教育信息化,突破教育供给瓶颈,实现教育信息共享,最大化赋能城镇教育均衡。AI技术与大数据结合,可以实现教学模式个性化、教育决策科学化、教学管理精细化。在新一轮科技变革的推动下,"人工智能+教育"模式必将成为大势,全场景的教育生态画卷即将展开。

作为新东方的管理决策者,还可以发展成人教育类业务。面对严峻的就业形势,适龄劳动力倾向于考取更多能够增强自身竞争力的证书来获得理想岗位。在现有教资项目、财会项目的基础上,新东方可进一步拓展公务员考试、医师资格考试等课程,满足成人教育类业务市场需求。

3.新东方是怎样建立、调适、重组其内外部资源实现其业务转型的?试评价新东方这些举措的合理性和必要性。

【理论依据】

资源整合方式。企业的资源整合分为稳定调整的资源整合、丰富细化的资源整合和开拓创造的资源整合3种方式。

稳定调整的资源整合是在现有能力的基础上进行较小的改进。通过对现有资源组合进行微调,保持现有人员、技术、管理流程等基础性资源不发生显著变化。丰富细化的资源整合是扩展和延伸当前能力。通过学习新技能(当前技能的延伸)或者通过给当前资源增加一种补充资源,可以实现丰富细化的资源整合。增加的资源可能已经存在于原来的资源组合中,或者是最近开发的,或者是通过提升一种特定能力而获取的。开拓创造的资源整合不是建立在现有知识的基础上,而是需要探索性学习的独特过程。这种资源整合方式可能涉及整合全新资源,而这些新资源是近来从战略要素市场上获取并吸纳到资源组合中的。通过将新的资源组合在一起,用有创意的新方法对资源进行组合,或者创造性地将新资源与现有资源加以组合可以实现开拓创造的资源整合。

从资源整合方式的内涵及实现途径可以看出,这 3 种方式对资源整合的程度依次递进。前两者属于渐进式整合,而后者属于突变式整合;资源整合方式的目的不同,前两者以期维持或扩展当前能力,而后者以期创造新能力(见图 2);资源整合方式的对象有所区别,前者只是针对企业原有资源进行整合,中者开始引入新资源,后者则是对全新资源进行整合。总之,无论从资源的整合程度、整合目的,还是从资源的整合对象来看,稳定调整的资源整合方式与丰富细化的资源整合方式较为相似,与开拓创造的资源整合方式有着明显的区别。

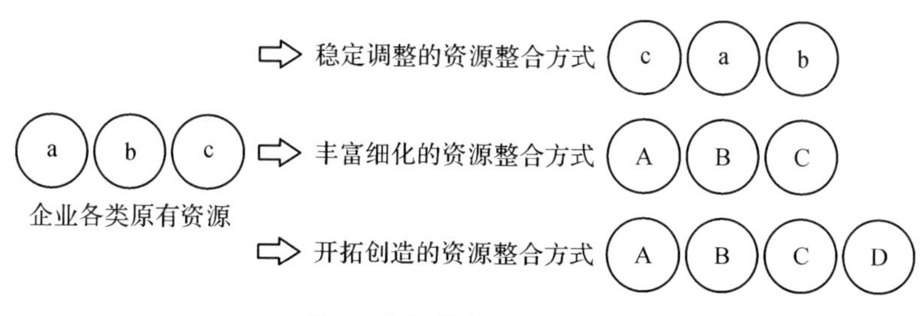

图 2　资源整合方式示意图

【案例分析】

在“双减”政策落地后,新东方关停 K9 业务,将人力、财力、物力集中至 K12 业务及大学员业务。在素质教育迎来政策红利期及托育需求不断增长的当下,新东方顺应行业趋势,将部分学科类业务的人力、财力、物力转移到素质教育类业务和学前教育类业务上。新东方通过稳定调整的资源整合方式,最大限度地减少企业损失。

英语名师与直播带货的全新组合碰撞出新的火花。新东方通过人力资源的技能延伸,打造独树一帜的“知识型带货”标签,成功爆火出圈。直播业务如火如荼地发展,新东方开设了独立的主播岗位,吸纳全新人力资源。创造性转型道路的探索和实践,体现了新东方过硬的资源整合能力。

在新冠疫情和“双减”政策等外部环境影响下,新东方必须提升动态能力,建立、调适、重组其内外部的各项资源,从而在变化多端的外部环境中寻求和把握机会,不断发展壮大。

4. 新东方战略收缩过程中有哪些地方容易出现问题?可能出现哪些问题?尝试对可能出现的问题提出您的解决对策。

【理论依据】

收缩战略。收缩战略是指企业在原有经营领域处于不利地位,又无法改变这种状况时,可逐渐收缩甚至退出原有经营领域,收回资金,等待或另谋东山再起的经营策略。收缩战略分为紧缩和集中战略、转向战略及放弃战略。紧缩和集中战略是指企业减少某一经营领域的投资,从该领域中逐步收回资金,投向有发展前途的经营领域的战略。转向战略是指当企业现有经营领域的市场吸引力逐渐丧失,市场占有率降低,经营活动发生困难时，从原有经营领域脱身，另辟蹊径而采取紧缩的战略。放弃战略是指将一个或几个主要部门转让、出卖或停止经营的战略。

收缩战略有利于企业及时清理、放弃无利可图的领域，消除经营赘瘤，改善财务状况；有利于企业更加有效地调整资源配置，集中优势于有利可图的产品、市场或领域；有利于企业及时甩掉包袱，实现向新的经营领域转移，寻找新的发展机会（见图 3）。实施收缩战略证明企业经营遇到困难和面临挑战，尤其是放弃和转向战略，涉及裁减人员、更换高层领导人等，必定会遇到阻力与困难。随之而来的人才流失、士气低落和消极沉闷情绪，会使企业陷入暮气十足的消极状态之中，进而影响企业未来发展。

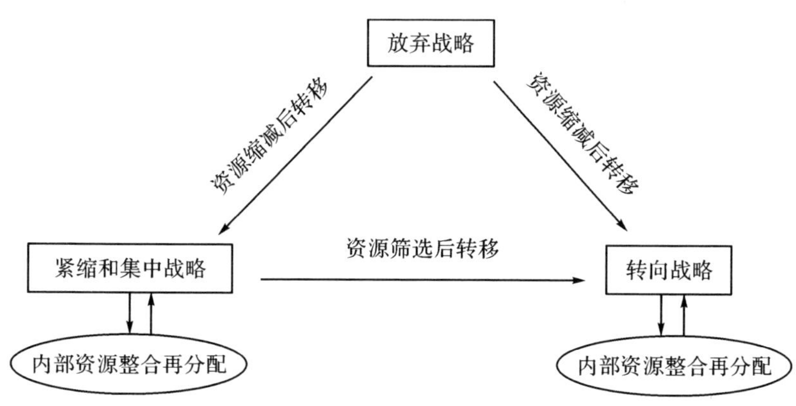

图 3　收缩战略具体实施示意图

【案例分析】

新东方的紧缩和集中战略主要表现为重点发展素质教育类业务、大学员培训类业务及学前教育类业务。但这些业务容易出现虚假宣传、胡乱收费等问题。针对虚假宣传问题，新东方应该向下普及《中华人民共和国广告法》《中华人民共和国反不正当竞争法》《中华人民共和国消费者权益保护法》，提醒属地宣传部门谨慎用语，做到实事求是。若有夸大虚假宣传行为,责令整改。针对胡乱收费问题,新东方应标明收费标准,完善监察制度,定期检查或突击检查各个分部收费情况,严厉惩处违规情况。

直播带货属于新东方的转向战略。新东方卖品中的农副产品,对物流运送要求较高。同时,农产品供应商生产标准不统一,容易导致质量参差不齐。要从根本上解决上述问题,新东方需要建立自己的供应链及专业选品团队,维持稳定供应能力和产品质量,保障直播间口碑。

全面关停 K9 业务则属于新东方的放弃战略。公司在处理返退学员学费、辞退员工补偿金、退租教学点赔偿金等方面,容易出现经济纠纷,承受较大经济压力,尤其是在现金流转过程中不可避免出现拖欠款项或拒绝兑现的现象。因此,新东方要完善操作流程,最大限度地承担企业责任,切实维护消费者、员工及出租方的合法利益。

战略的成功实施需要有效地配置企业资源,其过程中容易导致资源缩减过度或调整不当等问题。新东方关停 K9 业务缩减原有人力、物力、财力资源(如学科类教师、教学场地等),调配至实施紧缩和集中战略中重点发展的大学员培训类业务和学前教育类业务时,存在低估所需的各项资源而对原有资源过度缩减,导致资源缺口和二次损失。对于转向战略中的直播带货新业务,选择合适的管理、直播人才尤为关键。人力资源的不当调整也会阻碍公司业务发展。解决上述问题,管理者需要根据业务规模合理预估所需资源,并善于发现和挖掘下属员工的突出能力和特质;员工要在清楚自身能力、了解工作岗位要求的前提下,勇于自荐,充分发挥主观能动性。经过双方磨合,企业实现让资源以最合适的方式,在最短的时间内,最大化地转换为战略成果。

5. 您认为新东方的“体面撤退”给中国教育培训行业带来了什么影响?

新东方“体面撤退”为中国教育培训行业的同业者转型指明了方向,鼓舞他们勇敢探索,拥抱未来。同时,“体面撤退”的遗留问题,对同业者有一定警示作用。

正向启迪:一是勇于突破,不被教育培训行业固有模式所桎梏。国内多数 K12 教育企业的创始人都出身教师,其固有市场、资源、从业习惯都围绕着应试和课堂。“双减”政策落地后,他们转型做素质教育、职业教育、成人教育,依旧在教育行业的红海中厮杀。东方甄选直播的成功,鼓励同行走出舒适区,积极寻求可以把握的转型发展机会。二是聚焦优势,不轻易放弃自有品牌。即便是跨界转型,公司原有的品牌优势依然可以转化。与其他头部主播不同,东方甄选直播在直播带货中树立品牌形象。即便未来双语直播热度有所回调,新东方自营业务也可继续发展。三是回归初心,积极响应国家政策。新东方全面关停 K9 学科培训业务的果断举措给同业者起了示范作用,警醒他们认清形势,拒绝侥幸。重点发展素质教育类业务,如开设街舞、篮球、无人机、机器人等课程,新东方回归教育本质。此举推动教育培训行业全新发展。四是弹性适应,提高企业动态能力。新东方在这次“体面撤退”中充分展示了企业建立、调适、重组其内外部的各项资源,在变化多端的外部环境中不断寻求和利用机会,从而获得竞争优势的过人能力。这提醒同业者要持续学习、创新,动态识别市场需求和定位,从战略角度合理地整合、配置、吸收、培养资源,从而达到、保持甚至超越理想的经营状态。五是共克时艰,承担企业社会责任。新东方将闲置的 8 万余套课桌椅捐给乡村学校的行为,让人感叹。此外,新东方还计划成立大型农业平台,携手几百位教师通过直播带货帮助农产品销售,支持乡村振兴事业。这样的善举无疑是为教育培训行业注入了一股暖流:发扬企业家精神,广大企业家就能在开拓奋进、众志成城中推动企业实现更大发展,为中国经济航船行稳致远做出新的更大贡献。

负面影响:容易引起目标模糊的同业者盲目跟从。其他教育培训企业看到新东方直播带货爆火的先例,于是盲目跟风,纷纷开展直播带货业务。然而他们忽视了新东方直播带货爆红背后的隐患,如直播间客户黏性不高、直播风格可复制性差等;同时,忽视自身实际发展情况,轻易调整战略布局,模糊了企业发展目标,这些影响企业长远发展。

(五)关键要点

(1)立足新东方所在的动荡环境,有意识地构建分析框架,层层递进地对其环境变化进行剖析,并重视在企业的战略转型中,掌握动态能力分析与传统能力分析的差异,以加深学员对“动态”二字的理解。

(2)资源整合是实施收缩战略的有效工具,不同的子战略往往需要与各异的资源整合方式搭配组合。只有吃透收缩战略3类子战略的区别与目的,才能更好地发挥资源整合的作用,服务于企业竞争优势的持续保持。

(六)建议课堂计划

本案例可用于专门的案例讨论课。以下是根据时间进度提供的课堂计划建议,仅供参考。整个案例讨论课的课堂时间控制在120分钟以内。

课前计划:提前1周发放案例材料,提出启发思考题,请学生在课前完成阅读和初步思考。

课中计划:陈述简要的课堂前言,明确案例基本概况,告知学生回答启发思考题的基本要求(2—5分钟)。之后学生分组上台陈述本组启发思考题的答案(根据班级学生人数分成若干组,各组成员4—5人,各组的发言时间控制在10分钟内,总体时间控制在90分钟内)。再者小组之间互相点评(控制在10分钟之内)。最后教师引导全班学生进一步讨论(各组存在意见分歧的内容及没有涉及的内容),归纳总结案例中所涉及的理论知识,梳理整个案例逻辑(15—20分钟)。

课后计划:以小组为单位,学生采用报告形式并结合其他教育培训机构的资料对新东方的转型战略进行改进,尤其要对失误点给出更加细致的分析及建议,为后续章节内容的学习做好铺垫。

(七)参考文献

[1] 蔡莉,尹苗苗.新创企业学习能力、资源整合方式对企业绩效的影响研究[J].管理世界,2009(10):1-10.

[2] 胡子超.基于动态能力理论的企业相对优势分析[J].当代经济,2021(7):76-79.

[3] 庄鹏泽.新东方转型直播“爆火”的三点启示[N].证券时报,2022-06-18(A1).

[4] 杨学成,陈章旺.网络营销[M].北京:高等教育出版社,2014.

[5] 林萍.组织动态能力与绩效关系的实证研究:环境动荡性的调节作用[J].上海大学学报(社会科学版),2009(6):66-77.

[6] 赵弘.企业家要善用稳定型战略与收缩型战略[J].经济师,2000(4):150-152.

[7] TEECE D J, PISANO G P, AMY S. Dynamic capabilities and strategic management[J]. Strategic management journal, 1997, 18(7):509-531.

[8] SIRMON D G, HITT M A, IRELAND R D. Managing firm resources in dynamic environments to create value:looking inside the black box[J]. Academy of management review,2007,32(1):273-292.

[9] MARCH J G. Exploration and exploitation in organizational learning[J]. Organization science,1991,2(1):71-87.

[10] AHUJA G, LAMPERT C M. Entrepreneurship in the large corporation: a longitu-dinal study of how established firms create breakthrough inventions[J], Strategic management journal, 2001, 22(6-7):521-543.

制造业转型的灯塔:研究院的破冰之路

叶燕华　林　伟　童孟薇

一、案例描述

(一)引言

20 世纪 80 年代以来,“商业服务化”一直作为推动企业进入服务业以获得竞争优势的活动,但如何将服务融入企业的整体战略是高层管理者需要应对的挑战之一。另外,“服务悖论”的提出让管理者开始思考制造业服务化战略是否会在丰富价值链过程中产生更多的成本投入,如同“鲍莫尔成本病”所表明的,服务业发展面临的困境就是就业比重与经济增长呈现负相关性。

以高技术化和全球化为特征的新经济对此质疑,认为制造业服务化作为公司战略层面的选择,是制造业生产发展所必需的“先进服务业”。制造业服务化的逻辑起点是制造业融入服务业的某些属性,服务化进程中要重视与市场需求的契合度,并且当意识到制造业服务化战略目标是获取竞争优势,不只是单纯与绩效间的关系时,制造业服务化转型的道路才有方向。2020 年 9 月 9 日,服务型制造研究院(以下简称“研究院”)应运而生。

新一代信息技术在国内发展和应用,预示着新的市场机遇已经来临。面对产业基底不完善、专业人才缺乏、供需配置效率低下等问题,研究院要做到的是总结发力点,干在实处,使每一处都落在制造业转型的需求上,从环境上培养产业基底,从育才上培养产业未来之星,从供需交互上破除企业协作壁垒,创建新的促进制造业服务化转型的创新生态系统。研究院如同远航的灯塔,为制造业的转型发展带来新的曙光。

(二)敢为人先的诞生

在服务化转型中,制造业始终面临转型发展阻力,如基底困境、人才困境、供需困境。这些困境与我国致力于实现制造强国的战略目标发生强烈碰撞。面对现实,想要在制造业转型中一展拳脚的同志们惆怅之感涌上心头:要怎么扭转乾坤呢?单靠企业自我变革是远远不够的,众人心中萌生建设研究院为制造企业转型变革提供理论支持的想法。

2020年11月3日,浙江杭州临平微风习习、阳光明媚。工业和信息化部党组成员、副部长王江平,浙江省人民政府党组成员、副省长高兴夫共同为研究院成立揭碑。研究院的落成让大家心中悬着的石头落地,制造业服务化平稳转型前景一片光明。

1. 制造企业向制造服务转变

分析国内外制造业的发展现状,不难发现“制造+服务”引领制造企业发展,助推制造行业服务化转型变革。在我国制造企业发展中涌现服务型制造,如电动牙刷生产企业在牙刷中植入传感器以记录用户刷牙数据,通过智能手机分析用户刷牙习惯,帮助用户了解自身的刷牙动作规范性、牙周健康。基于用户刷牙数据,电动牙刷生产企业优化产品设计,吸引更多用户,并在增值服务上绑定用户。这是制造企业转向服务型制造企业的典型代表。

服务型制造企业的服务分为基础服务、中级服务和高级服务3类(见图1)。从客户角度来看,“制造+服务”提供更加优质的体验;从制造企业角度来看,企业产业链得到优化,产品实现增值。企业在服务系统中更加明确客户需求,增强上下游主体之间的沟通联系,从而推动企业升级优化。

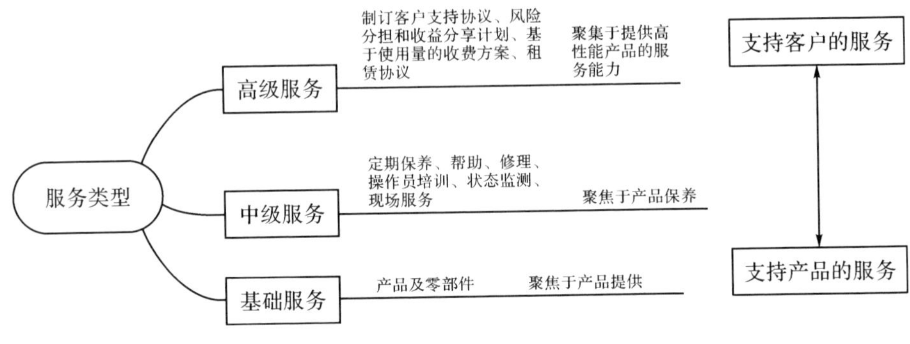

图1　服务类型分类

由此可见,研究院重点在于促进制造业与服务业的深度融合,推进制造业转型升级,提高企业发展质量。

2.单一优势向多方优势升级

多年来,我国大多数制造业企业凭借"单一优势"站稳国际市场。在国内,制造业企业之间的竞争多基于单一成本优势,生存空间越来越狭窄。"内卷"不断加剧,制造业企业要增强综合优势就必须另辟蹊径。因此,制造业企业要升级劳动、知识、技术等核心要素,构建紧密的产业链,形成分工协作、优势互补的服务制造网络体系。在该体系中,有形产品和无形服务都可以带来更好的客户体验,并通过多元化经营实现经济发展。由此可见,服务型制造帮助企业从单一优势向多方优势升级转型,获得更多利润。

工信部清楚地知道,依靠丰富的劳动力和低廉的生产成本是不可能建成全球领先的技术体系和产业体系的。世界贸易组织2014年的数据显示,服务增加值占发达国家制造业出口额的32%,占发展中国家出口额的26%。不难发现,发达国家制造业更加注重增值业务,与客户建立强联系,并根据客户反馈实现企业再升级。企业可以从容地根据客户需求升级技术、设计,在瞬息万变的市场中主动出击,占据主导权,长久生存。

3. 破冰决心向研究平台转化

研究院设在浙江省杭州市临平区,自然具有浙江的独特属性。

“干在实处、走在前列、勇立潮头”,浙江精神潜移默化地融入研究院,可当好“智库”,前路漫漫。但初生牛犊不怕虎,研究院成员相信,只要思想不滑坡,办法总比困难多。勇立潮头的浙江精神鼓舞着研究院成员克服前行中的困难。

研究院的成立预示新征程的开始,从最初面对现状手足无措到坚定对理想目标的追求,再到沉淀分析,最后坚定地在服务型制造业中前行。令人欣慰的是,研究院没有辜负大家的期待。

(三)举步维艰但计无所出

“天将降大任于是人也,必先苦其心志,劳其筋骨。”研究院欲担大任扛大旗,必须了解“苦”在何处。为此,研究院成员深入国内制造企业了解行业发展现状,在调研讨论中总结出国内制造业的三大困境:基底困境、人才困境和供需困境。这三大困境是我国制造业企业在加速转型中面临的重大难题,也是研究院努力的方向。

1. 基底困境

基底困境主要包括制度保障、技术支持和绿色发展等三方面困境。首先,制度保障困难。当前国内多数制造企业对“服务型制造”这一概念比较陌生,市场支持政策缺乏,生产标准体系和市场监管制度不健全。而研究院尚未制定相应规范引领行业发展,无法激发制造企业转型的内生动力。其次,技术支持困难。多数制造企业局限于“小打小闹”,所在城市或工业园区尚不具备完善的大数据或云计算服务网络,在商业和交流中没有广泛使用5G网络,满足不了服务型制造低延时交流的要求。此外,我国网络安全规范尚不完善,难以保障企业生产线、产品和内部隐私信息,导致产业链构建受阻。最后,绿色发展困难。《中国能源发展报告》指出,我国能源消耗位列世界第一,且以煤炭为主;能源消耗方式粗放,普遍存在“高投入、高消耗、低产出”现象。

2. 人才困境

人才困境主要包括选人、育人、用人三方面的困难。首先,选人方面存在专业化人才结构性短缺。在服务化转型升级过程中,加工制造产业向研发、设计、标准、品牌、供应链管理等高附加值区段升级,但现有的高附加值区段人员的专业技能薄弱,难以胜任关键技术岗位需求。现有人才梯队中无法选拔出相应的专业化人才,出现有岗无人的情况。其次,育人方面存在高尖精人才培养困难。“金字塔尖”的核心人才稀缺掣肘我国制造业转型,缺少高精尖人才如同打仗没有兵器、谋划缺乏军师。与此同时,“低端人才”的同质性越来越大,如何培养异质性人才从而打造一批高尖精人才队伍,研究院暂时没有好的解决办法。最后,用人方面存在人力成本高的问题。制造业转型升级急需跨领域人才,他们能把服务领域的需求反馈有效地传递给制造领域。然而现实中制造企业面临严重的用人困难,人才认定制度模糊,跨领域人才在企业发展中无法得到有效认可,并受到表彰激励。

3. 供需困境

供需困境主要包括企业沟通需求困境、专利保护需求困境。首先,在制造企业与上下游企业对接的过程中,无法快捷地对生产中需要的原料、技术等资源进行有效沟通,难以第一时间找到可对接的资源,导致对接质量低。也就是说,在市场、人才资源、技术攻关、生产验证、标准制定等方面企业间无法进行有效沟通。其次,各制造企业对专利申请的了解不透彻,对专利保护办理流程、交易平台、产权管理及相关的一体化服务了解不足,但对于专利保护的需求却十分迫切,由此出现制造企业想要主动地改变现状却又无法实现的困境。

研究院成员不禁感慨制造企业想要在服务化转型的海面上扬帆,难度不亚于在大雾中前进。基底困境、人才困境、供需困境的解决任重而道远,距离交出一份让人满意的答卷还有很长的路要走。研究院成员并不抱怨现实的不完美,而是坚信用自己的努力可以书写完美答卷。

(四)返躬内省但心向未来

面对现实,研究院成员不免有些焦虑。冷静之后,大家纷纷表示要直面困难,剖析其背后的原因。在对现状反复梳理中,研究院成员进行深刻返躬内省,确定了未来发展的定位与使命。研究院成员表示"心有凌云志,无高不可攀"。作为协助制造业与服务业融合发展的核心平台,研究院始终保持积极态度,期待通过构建新的制造业服务化生态系统帮助服务型制造达到新高度。

1. 夯实基底实现未来可期

制造企业转型存在制度缺失、核心技术缺乏、粗放发展等问题,根源在于其缺乏系统思考、整体规划及有效的指引。为此,研究院成员确定了 3 个小目标,并以此作为研究院开展行动的指示灯。

为构建完备制度体系而努力。理想中的服务型制造发展应规则明确,监管制度完善;应强化数据资源全生命周期的安全保护,推进数据安全、个人信息保护等领域立法。对此,研究院开展了一系列计划:营造良好市场环境和政策环境,建立能够反映服务型制造发展的统计指标体系;构建一体化产业政策体系、监管规则,推动建立健全协同监管机制;构建安全风险管理框架和效果评估体系,提升网络安全应急处置能力。

为研发核心技术,建成完备的数据网络而努力。未来,制造业企业必然利用 5G、大数据、人工智能等技术对传统基础设施进行智能化改造,包括全面铺开物联网、云计算等专业服务商,形成完善的 IPv6 网络和 5G 通信商用网络;打造若干国家枢纽节点和区域大数据中心集群,形成全国一体化大数据中心体系,引导数据中心向高技术、高效能、低排放的“两高一低”方向发展;构建多层次的计算基础设施体系,推动公共数据共享交换平台、大数据交易中心等设施建设,提升人工智能基础设施服务能力。

为实现可持续发展而努力。研究院发挥好枢纽作用,携手绿色制造公共服务平台,打造“绿色+制造”的全方位理念传播平台、诊断服务平台、金融对接平台、国际合作平台,探索工业绿色发展新路径,并通过发展绿色制造产业打造经济增长新引擎和产业新生态系统。

2.群贤毕至实现精英荟萃

人才是衡量一个国家综合国力的重要指标,是制造业持续推进转型升级的不竭动力。面对外部环境及转型过程中企业内部组织结构、工作内容的变化,研究院总结分析了制造企业人才失衡的原因,即国内高校人才培养计划与制造业转型需求的高层次复合型人才存在偏差。通过人才培养计划,培养具备相应的数字营销能力(产业洞察能力、产品理解能力、数据能力、客户管理能力等方面)的人才,因此需要设置具备培养技术研发的相应能力的专业课程,然而人才培养过程中忽视了实践的重要性。专业人才满腹学识,却苦于缺乏合适的平台展示。于是研究院重构高级人才培养目标,以满足制造企业的人才需求。

在选人方面,健全以能力、实绩和贡献为导向的多维人才评价体系。推行分类评价,优化评价指标,克服“唯论文、唯职称、唯学历、唯奖项”的四唯倾向。在育人方面,创新人才教育培养模式,加强产学研用协同育人,打通高校和企业两个“蓄才池”。同时,充分发挥高校培养基础研究人才主力军作用,瞄准“高精尖缺”领域优化学科布局,推进大中学教育衔接贯通。在用人方面,追求复合型人才,提高对人才的技术研发能力标准,始终牢记服务型制造以客户需求为导向。服务型制造企业转型升级要求人才不仅要具备创新能力、产品设计和工艺技术改良能力,还需要掌握沟通协作、市场分析、客户服务、大数据等跨学科知识,满足生态系统内不断变化的市场要求及客户的个性化需求。

3.供需配对实现产业集群

由于企业之间没有建立统一的交互平台,彼此的生产活动缺少交集。相互匹配的上下游企业想要开展合作,过程异常漫长。此外,国内企业知识产权意识比较薄弱,通常不清楚自己设计生产的产品是否涉及其他企业专利,是否符合国家版权备案登记条例。研究院积极发挥纽带作用,左右手牵起企业、政府、人才等资源,实现辐射全国的信息交互共享。

首先是链接上下游企业,包括生产中所需的原料、技术等资源。研究院前瞻性地部署一批产业链,推动先进制造业集群化发展,尤其是企业间“线上+线下”无时差沟通。对此,研究院着手规划促进企业在市场、人才资源,在技术攻关、生产验证、标准制定等方面形成紧密协作。其次是优化知识产权认证和保护体系。为实现对企业的一站式知识产权的管理和保护,形成专业的知识公共服务网络,研究院计划在国内多个城市运营国家知识产权相关事宜,实现知识产权的申请、登记、转让交易供需对接。最后是研究院借助“互联网+”的新商业模式,建设深层次的信息交互、工业设计交流平台,彻底解决制造业资源短缺问题。

(五)干在实处以整装待发

研究院在探索实践中,进一步明确发展目标和着力点,逐步发展壮大。

1.重构基底——实现服务与制造深融合

从培育产业基底到促进数字技术与制造业深度融合,再到推进制造业绿色转型,研究院反复思考基础设施建设落地方案。

一是转变认知,服务与制造新要求。为响应国家“十四五”规划和

2035年远景目标纲要中“发展服务型制造新模式”的新要求,研究院牵头组织20余场“服务型制造万里行”主题活动,打造服务型制造先行示范区、样板地。同时,研究院建立全国唯一的“资源库”“智囊团”——服务型制造领域特色实验室,落实研发驱动和实践验证。研发驱动方面,研究院制定评价体系和制造标准,解读服务型制造模式,撰写国内服务型制造发展报告,梳理我国服务型制造发展成效及与发达国家现存的差距等。实践验证方面,研究院协助政府制定市场监管体系,帮助企业分析如何调整原有的业务流程、组织架构、管理模式等,营造良好的产业氛围。

图2展示了服务型制造领域特色实验室的十大主要职能,也是研究院在培育产业基底方面所取得的成绩。

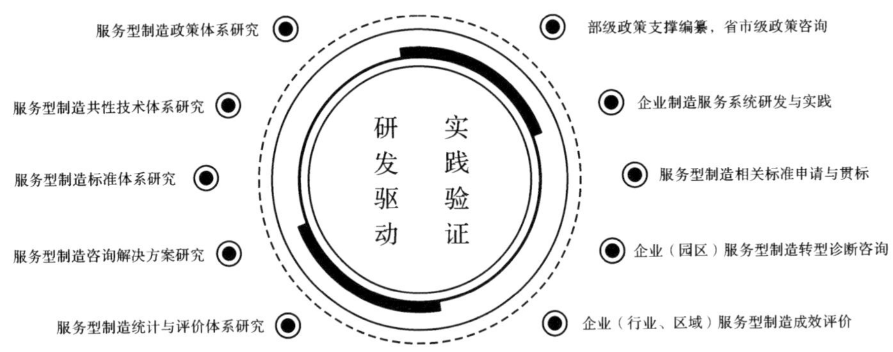

图2 服务型制造领域特色实验室职能

二是技术推进,“数字+制造”新升级。研究院与企业、政府合作,构建生态协同、空间升级、平台赋能和要素聚合的智造新格局。在服务型制造赋能数字化技术板块,研究院尝试利用实时监测、3D测量技术,让生产线工人数量从30多人缩减至2人。研究院响应杭州市临平区“3521”制造业数字化转型计划,开设产学研业务,搭建高端交流、合作、开放平台,帮助生产装备自动化,带动数据流动自动化,推动先进科研成果转化。

三是绿色转型,服务制造新高度。研究院坚定“绿水青山就是金山银山”理念,降低能耗、水耗,加快实现制造业向价值链的中高端迈进。研究院积极开展生产组织优化、低碳园区规划、绿色供应链评估、产品碳标签核算、节能节水共性技术开发、循环经济产业推进、绿色技术产业分析等专项研究，参与制定绿色制造标准，编制绿色制造行业蓝皮书。

研究院扎根中国实践，坚持“慢工出细活”，采取“长驱直入”，让每一项工作都不疾不徐地进行着……

2. 人才强业——培养行业领路人

“百年大党，风华正茂。千秋伟业，人才为本。”制造业发展也不例外，高精尖人才是行业内的稀缺资源。自古以来，人才就居于一个非常重要的地位。战国末期，李斯向秦王上书《谏逐客书》，招贤纳士，积累力量，为统一六国奠定重要基础。对于服务型制造，需要找到打开人才大门的钥匙。

研究院招才、育才、用才一手抓，助力产业持续、稳定、快速发展。研究院通过举办运营大赛、沙龙、会展等活动，发掘一批满足制造业转型升级所需的专业型人才；制订出台《关于进一步促进服务型制造发展的指导意见》，构建服务型制造人才培养体系，并通过整合各方优势资源搭建各色人才成长平台、实训平台；以打造“高端化、智能化、服务化、绿色化”的未来制造工程师创新高地为目标，成立“工程师协同创新中心”，将培养的人才用于实处，解决企业成功转化难、工程师人才引进难、共性问题研发难等问题，将协同创新中心建成“特色鲜明、服务地方、手段督导、市场导向”的高能级产业人才赋能平台。

此外，研究院还推出高端研修特色育才措施。研究院通过高端研修聚合各方优秀资源，把握专家库优势，强化国际先进工业软件应用和实践等高端制造业人才技能培训；通过校企实训，以产教融合方式为制造业转型升级充实人才储备；激励高校构建以需求为导向的动态人才培养机制，如通过参观、介绍、亲身体验等形式，激发学生对服务型制造的兴趣，培养更多“未来智造小工程师”。

3. 团结协作——做制造业的“红旗渠”

服务型制造的发展从来不是单打独斗,各方主体需要团结协作,推进我国服务型制造系统化、规范化发展。如果将服务型制造的建设过程比作红旗渠的修筑,那么团结协作是研究院实现供需配对的首要考虑,关键是搭建“工业设计引擎”综合信息交互平台,促成生态系统构成要素间的协同发展。

该平台涵盖多方面内容,打破以往制造业以单向联系为主的交流模式,实现不同主体间的多向沟通。沟通不限于生产合作本身,还有制造企业的新型外观设计、最新的企业发展动态等内容。该平台推出设计大赛,使得企业与企业不再是一个抽象的客体,而是发生过灵感碰撞的鲜活形象。2022 年,该平台成功举办“前洋杯”(浙江省大学生工业设计竞赛),为挖掘服务型制造未来的潜在人才、帮助企业寻找到“明日之星”起到了重要作用。

工业设计引擎包括成果展示、供需大厅、知识产权、智能设计、制造协同、设计大赛等六大模块,界面清晰地勾勒出自己的作用和优势(见图 3)。

图 3　工业设计引擎页面图①

① 注:图来自研究院官网。

“工业设计引擎”综合信息交互平台如同桥梁,链接各方供给与需求。它从原先的供需大厅与设计大赛,拓展到知识产权、成果展示。在知识产权方面,该平台有效链接制造企业和浙江知识产权局,实现浙江知识产权在线服务。在成果展示方面,众多制造企业在该平台上展示创意与设计,需求与供给的发布与日俱增。该平台是研究院的初次尝试,只要持续打造集需求综合分析、智能应用场景、企业联动服务等于一体的综合性平台,必将辐射全国,惠及全国。

(六)尾声

研究院开展了系列专题活动,建设服务型制造先行示范区、样板地,由点到面推进全国服务型制造转换,多角度发力推动服务型制造深入发展;在搭建塑造国内创新品牌、培养产业集群、延长产业链条的研发设计、知识产权、信息服务等方面,帮助大中小制造企业共享资源,促成新生态系统的协同演化。面对未来的多重不确定性,研究院要坚定向前,从挑战中发现机遇与希望……

二、案例拓展

(一)教学目的与用途

本案例适合学习“管理学”课程中有关 PEST 分析、社会系统理论、目标管理、人员配备章节时讨论使用,也适用其他层次学员的“管理学原理”教学;适用于 MBA、全日制工商管理专业硕士研究生和工商管理本科生教学,也可用于企业内训。

通过对本案例的分析与讨论,学生要理解企业创新生态系统内涵、基本构成要素及结构特征;运用相关模型与框架初步设计和构建产业创新生态系统,有效解决转型过程中面临的困境;掌握系统内构成要素间沟通和协同的策略与技巧,共同协助制造业服务化转型。

(二)启发思考题

1. 结合案例内容,解释什么是服务型制造,并分析研究院成立的外部环境。

2. 结合案例内容,试分析研究院在构建创新生态系统和促进企业服务化转型中遇到了哪些困难。

3. 结合案例内容,试分析这一创新生态系统体现了哪些结构特征,研究院是如何结合这些结构特征确立发展目标的。

4. 通过对本案例的学习和分析,谈谈研究院构建的创新生态系统是如何帮助制造企业进行组织变革的。

(三)分析思路

教师可以根据自己的教学目标灵活使用本案例。这里提出的案例分析思路(见图 4)仅供参考。

本案例主要介绍了研究院成立的背景及研究院如何从基底构建、人才培养及供需适配等 3 个方面为服务型制造企业发展提供支持,可结合相关理论知识对案例问题进行分析,以达到学以致用的教学目的。

在分析本案例时,首先,对研究院成立背景进行分析,可以利用 PEST 框架分析研究院成立的政治、经济、社会、技术等宏观环境情况;其次,可以将研究院面临的支持困境与创新生态系统基本构成要素的发展问题相结合;再次,基于目标设置描写研究院在“创建制造+服务”创新生态系统中的前进方向,可结合创新生态系统理论结构特征的内容,总结提炼出研究院协助制造企业转型的发展目标;最后,基于研究院全面推进系统构建的内容,进一步从认知理念先行、人员配备和全通道式沟通 3 个方面分析研究院协助制造业改革的具体措施。

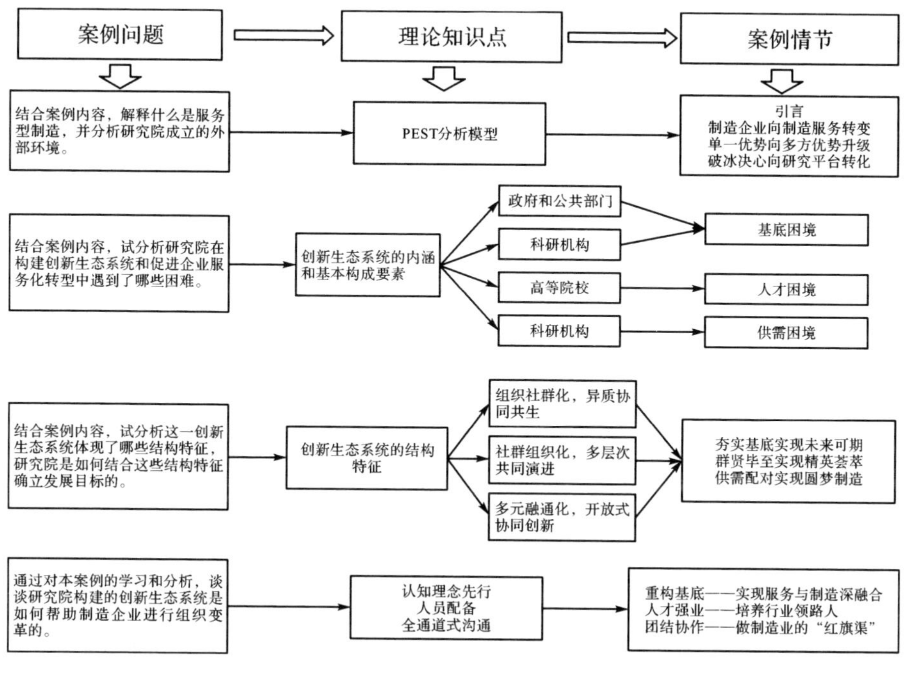

图 4　案例分析思路

（四）理论依据及分析

1. 结合案例内容，解释什么是服务型制造，并分析研究院成立的外部环境。

【理论依据】

PEST 分析模型。PEST 分析模型中的“P”指政治（politics），“E”指经济（economy），“S”指社会（society），“T”指技术（technology）。在分析企业的宏观环境时，通常围绕这 4 个要素展开。政治环境主要包括政治制度与体制、政局、政府态度等，其中法律环境主要包括政府制定的法律、法规；构成经济环境的关键战略要素包括 GDP、利率水平、财政货币政策、通货膨胀、失业率水平、居民可支配收入水平、汇率、能源供给成本、市场机制、市场需求等;社会环境中影响最大的要素包括人口环境和文化背景,其中人口环境主要包括人口规模、年龄结构、人口分布、种族结构及收入分布等因素;技术环境不仅包括发明,还包括与行业有关的新技术、新工艺、新材料的出现和发展趋势及应用背景。基于该框架,研究院主要通过四因素(见图 5)分析制造业服务化转型的外部环境,确定设立宗旨。

图 5　PEST 分析模型框架

进行 PEST 分析时,需要掌握大量的、充分的相关研究资料,并且对所分析的企业有着深刻的认识,否则,分析工作难以开展。

【案例分析】

服务型制造是为了实现制造价值链中各利益相关者的价值增值,通过产品和服务的融合、客户全程参与、企业间相互提供生产性服务和服务性生产,实现分散化制造资源的整合和各自核心竞争力的高度协同,达到高效创新的一种制造模式。研究院首席经济学家罗仲伟认为,服务型制造将是制造业生产模式的重要分支,制造和服务孰轻孰重并不重要,重要的是对市场的理解。简而言之,服务型制造是制造业与服务业深度融合的新产业形态,是制造业企业将制造与服务融合发展的新型制造模式。

基于 PEST 分析模型,本部分对研究院成立的宏观环境进行分析(见图 6)。

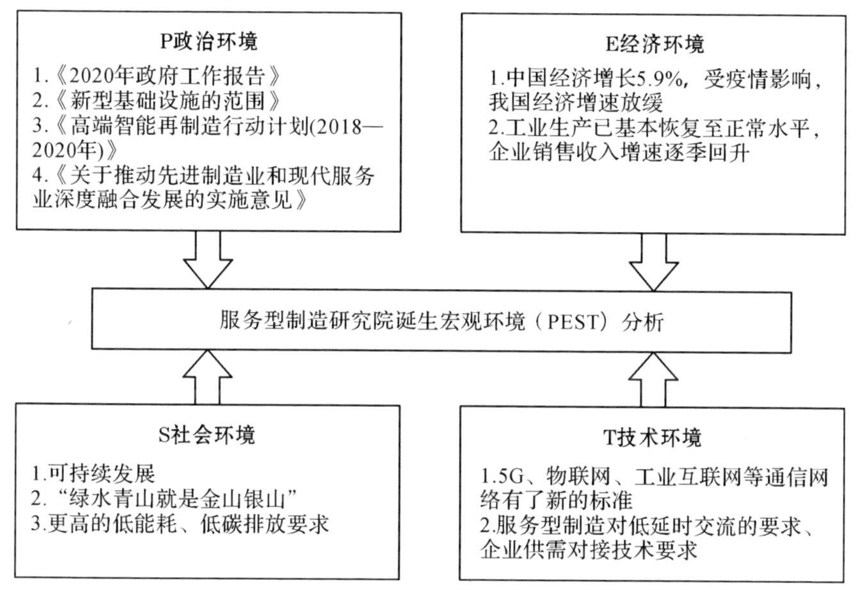

图 6 研究院诞生宏观环境分析

政治环境方面,我国制定了一系列的行动规划来推动制造业的发展。2019 年 11 月,国家发改委、工业和信息化部、中央网信办、教育部等 15 部门联合印发的《关于推动先进制造业和现代服务业深度融合发展的实施意见》,强调我国高端制造业发展过程中要着重推进智能工厂的建设,加快发展"互联网+",激发发展活力与潜力。2020 年 5 月,中国政府发布的《2020 年政府工作报告》指出,要推动制造业升级和新兴产业发展,提高科技创新支撑能力,加强新型基础设施建设,发展新一代信息网络,以及拓展 5G 应用等。2020 年 4 月,国家发改委发布的《新型基础设施的范围》进一步明确制造业基础设施内容,帮助更多制造企业了解我国制造业发展状况,同时分析制造业基础设施方面的发力点。工业和信息化部发布的《高端智能再制造行动计划(2018—2020 年)》规划了我国制造业的发展计划,并预期到2020年我国高端智能在制造发展的智能检测、成形加工技术等方面达到国际先进水平。

经济环境方面,受新冠疫情影响,2020年中国经济增速比2019年实际增速低0.2个百分点。工信部党组成员、总工程师、新闻发言人田玉龙表示,对于制造业来说,外部环境变化带来的严峻挑战既是难题也是机遇,是促进制造业寻求转型升级、提升企业的综合竞争力、形成独特优势的好时机。2020年,我国工业经济在持续稳定恢复,全产业链协同复工复产,全国规模以上工业增加值比2019年增长2.8%,增速逐季回升;2020年以来,我国企业销售收入总体呈现逐季回升的向好态势;2020年1—10月份,我国企业累计销售收入同比增长3.2%。可见,我国经济复苏的态势进一步巩固。

社会环境方面,基于习近平总书记多次强调的"绿水青山就是金山银山"理念,并且随着社会的发展,可持续发展策略逐渐深入人心,人民对居住环境的要求也在不断提高。因此,为满足市场多样化、复杂化的需求,对制造业的能耗及碳排放的要求有了新标准。

技术环境方面,以5G、物联网、工业互联网为代表的通信网络和以数据中心、智能计算中心为代表的基础设施正在蓬勃发展。但是5G网络还未全面普及,无法满足服务型制造对低延时交流的要求。

2.结合案例内容,试分析研究院在构建创新生态系统和促进企业服务化转型中遇到了哪些困难。

【理论依据】

(1)生态系统。

2004年,美国竞争力委员会首次提出创新生态系统的概念。21世纪以来,国际格局、创新主体、创新模式及环境发生了巨大变化,国家及不同创新主体之间的竞合态势愈演愈烈,衍生出许多新模式。因此,企业、政府、研究者与员工之间需要建立起新关系,开创21世纪的创新生态系统。美国总统科技顾问委员会(The President's Council of Advisors on Science and Technology, PCAST)在研究报告《维护国家的创新生态体系》中提出,创新生态系统分为宏观视角下的国家创新生态系统、中观视角下的产业创新生态系统和区域创新生态系统、微观视角下的企业创新生态系统三类(杨荣,2014)。本案例围绕以研究院为核心的产业创新生态系统进行描述。

产业创新生态系统是创新要素围绕核心平台集聚并聚合反应,形成创新价值链和网络并不断拓展的开放系统(张锦程等,2022)。与自然生态系统相似,创新生态系统赋予创新以生态化的新内涵,比拟生物学演化规律来深刻揭示创新过程,研究各创新行为主体之间的作用和反应机制,并发现、解决原有创新机制存在的问题(杨荣,2014)。产业创新生态系统研究可以分成两种:一种是从微观层面的个体视角出发,探讨的是主体间的交互行为和机制,重点关注实现价值创造的过程,即通过各构成要素间的流通与合作将成果转化为给用户带来的高附加值产品(李万等,2014; Ginsberg et al., 2010);另一种是从宏观的产业网络视角深入分析多个紧密连接的主体构成的产业创新系统的整体结构特性,如组织社群化、社群组织化、多元融通化等(Nambisan et al., 2011; Nambisan et al., 2013)。创新生态系统结构除了强调主体间的价值共创性之外(Adner et al., 2010),不同层级结构间也会依托组织群落间的价值共创体系形成价值共享网络,创建互融互通的开放型创新生态系统。

本案例中的核心主体是研究院,一个致力于帮助制造企业向制造服务业转型的平台。研究院视角的创新生态系统是包含研究院在内,为协助产业转型而壮大自身,来强化应对外部各种不确定性与挑战的能力,并以协同创新为核心,与系统内的个体、组织、群落共同实现知识创造,形成基于技术、制度共同演化的动态、共生、开放的"生命"系统。该系统类似自然生

态系统，具有复杂性、时空延展性、演化适应性、继承进化性、栖息性、自组织性和开放性等特征，最终目的是通过互补协作和共创共享获取高质量的技术，推动商业和经济增长，进而帮助企业获得可持续发展的竞争优势。

(2)创新生态系统的构成要素。

自然生态视角下的创新主体指系统中所有有机生命体，涵盖所有创新相关者，包括核心企业，垂直链上的供应商、客户、供应商的上游供应商、客户的下游客户，以及水平方向的高校、研究院所、政府、科技中介、金融机构等。创新生态系统里的所有创新者都发挥各自的作用，并且通过组织和个体间的互动产生新的价值，因此，需要拉近远离核心主体的创新者以确保整体创新的成功。

创新生态系统的构成要素包括核心企业、消费者、市场中介、供应商、风险承担者、竞争者，分为竞争者、合作者、互补者三类，具体指小企业、大企业、高校、研究中心和公共机构。创新生态系统是一个复杂系统，众多主体之间紧密联系、频繁互动，并且每个主体都有较强的主动性，共同建立起价值共创体系。例如，产学研创新三螺旋、产学研政金中多元异质主体，在各主体间形成价值共创关系，通过彼此互联实现价值增值。

生态系统中的创新有机体之间的联系呈现出多层次的结构特征，其中创新组织、创新种群的动态结构更加凸显出这一特征。创新主体间的联系体现在合作、竞争、交互中的资源流动、知识共享及能量交换，可见这一联系是具有动态复杂性的，同时也具有相互制约性、相互依存性。然而，正是这种动态复杂的技术、商业联系，核心平台完善的制度、先进的技术联盟可以带动整个组织网络生态环境的跟进，一个颠覆性创新平台的出现可以极大限度地协助创新生态位和组织联系的重构。创新环境与创新组织间的互动影响着创新生态系统的构建，同时，创新环境的特性受到创新组织行为和组织成果的影响，其中核心平台的创新行为和组织成果影响更大。核心平台可以吸引更健全的创新政策、更完备的基础设施、更优秀的技术人才、更良好的资源供需平台,从而建设一个绿色创新栖息环境。与此同时,环境的优化加速除核心平台之外企业的成立、成长,从而实现更多创新成果和涌现更多的新型企业。

【案例分析】

本案例中,创新生态系统的模型框架如图7所示。研究院创建的创新生态系统模型框架整体包括3个体系:核心层、种群层和外围层。其中,核心层包括种群内和种群间主要形成的3种结构特性,体现为协同共生、共同演进和多元融通;种群层由支持机构组成,包括政府、产学研(人才培养)机构、科研机构、核心制造企业联盟等;外围层属于支撑环境,由政治环境、技术环境、社会经济环境、资源环境等构成,其不断改变着内部种群关系,环境与种群的交互作用影响着生态系统结构特征(杨荣,2014)。基于生态学视角,创新生态种群包括核心企业、大学科研机构、关联企业、政府、技术服务机构和金融机构6类种群,它们在创新生态种群内承担不同的功能。

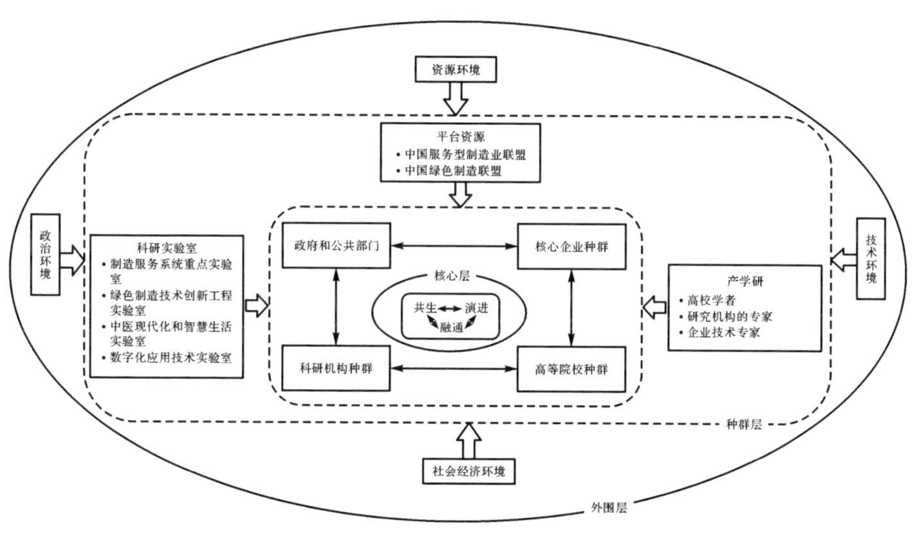

图7 创新生态系统的模型框架

从图 8 可以看出,在构建制造业服务化的创新生态系统的过程中,面临着基底困境、人才困境和供需困境难题,体现生态系统中政府、科研机构、高等院校、核心企业等构成要素间相互协调沟通和演进的欠缺。以研究院为中心的创新生态系统,其成员在不断丰富和更新,创新结构要素也在不断改变。涉及单位主体,包括政府、关联企业、合作伙伴、高校和科研机构、金融机构,都是创新生态系统不可或缺的基本构成要素。

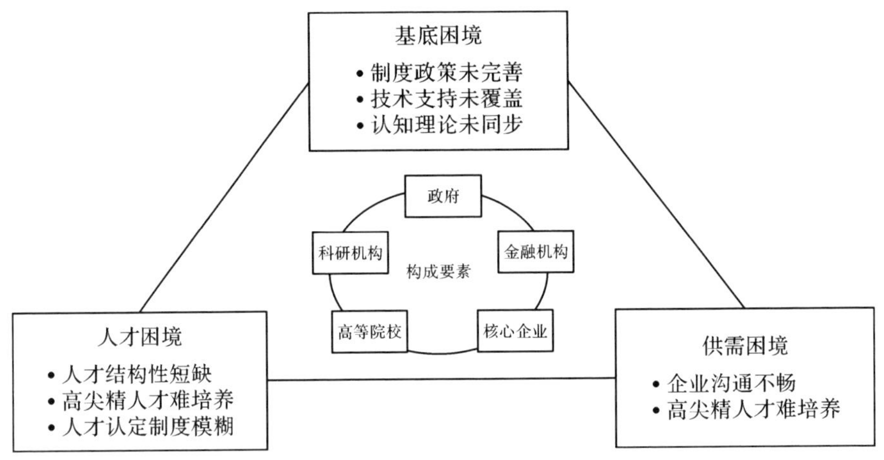

图 8　生态创建困境与构成要素协同关系

政府和公共部门作为构建创新生态系统的重要构成要素之一,主要通过颁布和制定政策,建构政策环境,不断改变研究院服务化转型创新生态系统的制度变迁和认知理念。面对市场支持政策的缺乏,生产标准体系、市场监管制度的不健全,网络安全规范的不完善,知识产权和专利申请制度的低普及度,研究院需要政府协助来构建一个制度化、体系化的生态系统。针对"服务型制造"这一概念未在行业内普及这一状况,政府作为核心政策体系制定者,急需其协同研究院构建制造业服务化转型的政策体系和确立认知理念。

为实现制造业向服务化转型,各研究主体需要整合核心技术资源。目前,多数制造业所在的城市或工业园区缺乏完善的大数据或云计算服务网络,技术支持的覆盖面不大,如5G网络未充分利用到商业和交流中,这使得服务型制造低延时的交流要求无法达成。因此,科研机构需要做到强强联合,比如高校和科研机构合作创办实验室,从而获取科研技术成果;与诸多国内外高校和研究机构合作建设的专业科研机构,是构建创新生态系统的不可或缺的基本构成要素之一。

面对专业化人才结构性短缺、现有的高附加值区段人员的专业技能薄弱等问题,急需从高校这一人才高地选拔出相应的专业化人才。另外,“金字塔尖”的核心人才稀缺考验着高尖精人才培养模式,同时,高质量人力的成本普遍较高。高等院校作为实现技术创新和人才支援的根据地,缺少它的支撑难以集聚大量的高端专业人才,先进的技术仪器、设备及强大的知识创新能力;难以共同组建产学研联合小组,构建新的人才培养模式,进行重点技术攻关。

由于原来制造企业之间未形成全面的沟通渠道,致使制造企业与上下游企业无法快捷地对生产中需要的原料、技术等资源进行有效沟通,相关核心企业作为构建创新生态系统的核心构成要素之一,这要求研究院搭建起一个新型平台帮助企业第一时间找到可对接的资源。更具体地说,核心企业间在市场、人才资源、技术攻关、生产验证、标准制订等方面难以开展有效沟通,难以推动强强联合来协同攻关。对此,早期研究院在构建创新生态系统的过程中,极力构建多主体协同的生态系统,如构建中国服务型制造联盟作为统一平台来联合有关企业、高校、科研院所、金融机构及行业协会等单位共同参与研发项目。但是在与各方合作过程中,协同机制的缺乏致使各方在沟通中无法有效协调各方资源、统一意见。

3.结合案例内容,试分析这一创新生态系统体现了哪些结构特征,研究院是如何结合这些结构特征确立发展目标的。

【理论依据】

创新生态系统的结构特征。创新生态系统强调各创新主体之间作用机制具有动态演化性,有以下3种主要特征:

(1)组织社群化,异质协同共生。创新生态系统的演进过程不仅包含创新的影响因素,也涉及社会情境因素之间及与环境频繁的试错与应答。该系统内含新物种、群落等复杂系统,有着生物学隐喻的特征。组织社群化作为一种社会关系圈,强调成员间相互认同的价值主张,以此形成相对稳定的非正式群组,通过替代的方式实现系统迭代,从而形成可持续发展的路线。同时,在社群化过程中,面对自我增值这一重要环节,可以通过共同进化来实现。产业转型的生产方式社群化助推了社会要素组织形式和专业模式的演化,于是新型经济形态——“社群经济”开始逐渐成形。“社群经济”中,生产者与消费者高协同的主体结构有力推进了生产过程与消费过程密切互动的运行方式,帮助其实现共享目标的获得与给予(何方,2016)。加强对组织间异质协同发展和知识资源重要性的关注是“社群经济”的新型经济形态对创新生态系统的要求,也是二者互动和协同的体现,即通过演化不断实现自我超越。创新持续迸发的基本前提是系统内的“物种”基于竞合关系的多样性共生,这也要求要素、物种等的交互作用,从而实现多样性共生背景下的竞争性合作,最大限度地协助创新生态系统达到最适宜的组织社群化程度。

(2)社群组织化,多层次共同演进。创新生态系统强调创新系统的自组织性、动态演化性、多样性、要素有机集聚的栖息性及创新主体的整体性,是不断演化和自我超越的系统。组织社群化过程中往往会缺乏“意见领袖”这样的层级结构,以致难以适应生态系统的演进进程。而良性创新生态系统内部的要素、物种、种群、群落等都是在相互作用、相互适应中不断发展变化,甚至是相互转化的。因此,社群组织化管理需要发挥其规范发展的作用,实现共同演进。社群组织化中,企业的共同演进过程分为路径生成、路径发展与稳定、路径分化 3 个阶段。

在路径生成阶段,社群组织化的企业在创新生态系统中扮演着共生单元的行动者角色,通过试探式地将资源调动到认为有高附加值的资源或事件中,一旦这一路径畅通,企业就会在创新生态系统中下意识地观望初始生态位,时机成熟后布局自己在系统中的初始生态位并进入成长期。

在路径发展与稳定阶段,基于初始生态位,各企业为驱动先前路径的稳步运行会采取自增强机制,在这一机制中,核心行动者、高附加值的资源或事件活动与创新生态系统的制度共演,相对的动态平衡就此形成,这一良性循环进一步促进企业的自增强机制,形成的自我强化特征让其进入发展稳定期。

在路径分化阶段,路径锁定后会出现路径消解、路径突破、路径偏离,分别意味着终结的生命周期被新路径取代,创新生态系统因突发的变迁中断,经济系统的自我转变打破路径依赖和锁定的演化方式。其中,路径偏离推动着创新生态系统演进。

(3)多元融通化,开放式协同创新。创新生态系统不是孤立封闭的“生态圈”,而是一个开放环境,不断融入的外来创新物种促使系统内的物种竞争、群落演替,甚至系统的整体涨落。在面临瞬息万变的市场需求时,企业越来越多地实施多元化战略锁定目标市场。以开放式创新为切入点的创新生态系统发展,可以增加企业间的互融互通,促进多元化的发展。开放式协同创新系统强调各层次共生单元集聚及聚合反应,重视创新自生态系统中路径的关系,形成并联与串联皆繁茂的通路设计(独成链,共成网,创成态),既强调竞合关系的重要性,又能自调整生态位。

【案例分析】

研究院致力于构建产业创新生态系统,是指为实现制造业的可持续性发展、增加产品的高附加值、满足客户日益多样化和复杂化的需求,在产业模式创新过程中,与其利益相关者(组织或个人)建立各种合作关系来开展创新活动(毛荐其等,2011),从而建立起互动共生、协同演化、开放创新的具有开放性和动态性的网络式系统。对此,研究院提出夯实基底、集聚人才和供需配对三大目标。

制造业服务化战略下创新生态系统包括制造业企业与服务业企业间形成的联合体,各主体间保持着竞合关系,并共同坚持创新来满足多样化需求,在这一过程中多组织社群的方式实现了以知识共享和规范等聚合而成的共同符号系统(Moore, 1993; Harrison et al. , 1995)。研究院在夯实基底、集聚人才和完善供需配对过程中,强调配合政府构建一体化产业政策体系、联合科研机构研发核心技术、携手绿色制造公共服务平台探索工业绿色发展新路径、搭建产学研用平台选育用高精尖人才、建立核心企业统一交互平台,这些目标体现了系统中构成要素间的关联性、多元性、专业性等关系的有序运转,并共同推动着“社群经济”的快速发展。可以看出,制造业服务化创新生态系统的“社群经济”属性让其在信息技术的快速迭代过程中表现出极强的生命力。

基于系统路径演进分析,高附加值活动成为制造业和服务业等各主体实现高质量持续性发展的主要途径,其间夯实基底、集聚人才和完善供需配对,再通过联合各大生产要素集合资源增加“制造+服务”的高附加值。上述三大目标强调了系统中各大要素的共同演进过程,其中形成的多层次等级结构促进了系统主体间融合发展的路径演进,这一过程同时体现了社群组织化,即随着时间推移,自然涌现或者通过有意识的策略行为实现各子群结构由密集到松散的变化。研究院搭建的创新生态系统既联合了各大要素将资源调动到认为有高附加值的价值资源或事件中，同时也强调各大要素在系统中的初始生态位，如衍生“意见领袖”这样的层级结构。研究院搭建起统一交互平台，建立标准化的政策制度体系，可见其在这一创新生态系统中处于核心地位，同时制定的制造业服务化战略刺激着多元化的非正式组织间加强联系。

开放式协同创新顺应复杂多变的外部环境及内部主体间协同的复杂性要求，强调主体间竞合关系的重要性，又能让各主体自调整生态位。另外，鉴于服务的独特性质和服务业经济性质差异较大，制造业服务化战略导向下的“服务链”嵌入制造业产业链可以促进战略性新兴产业高质量发展。研究院联合有关企业、高校、科研院所、金融机构及行业协会等单位，以“平等、开放、协作、共赢”为原则，搭建绿色制造领域的合作与促进平台（如中国服务型制造联盟和中国绿色制造联盟），强调政府、科研机构、高等院校及金融机构等要素之间的合作，重视核心企业之间的良性竞争。为顺应快速迭代的时代背景，处于创新生态系统核心地位的研究院积极改变策略，与客户、供应商、合作伙伴等建立开放合作、共享协同、有机共生的生态化关系，为行业可持续发展带来了新的生机，也为企业未来的创新方向提供指导性意见，是未来制造业服务化发展的指路明灯。

4. 通过对该案例的学习和分析，谈谈研究院构建的创新生态系统是如何帮助制造企业进行组织变革的。

【理论依据】

系统理论。系统理论是指研究系统的一般模式、结构和规律的学问，它研究各种系统的共同特征。系统理论认为，整体性、关联性、等级结构性、动态平衡性、时序性等是所有系统的共同的基本特征。系统理论的基本思想方法是把所研究和处理的对象，当作一个系统，分析系统的结构和功能，研究系统、要素、环境三者的相互关系和变动的规律性，并以系统观点看问题。社会系统学派将组织中的个人与组织之间的关系协作作为其研究的主导方向，其主要观点包括组织是两个或两个以上的人所组成的开放式协作系统，需要将这个系统作为整体来看待，因为其中的每个组成部分都与其他部分相联系。因此，社会系统的有效性取决于人员的有效配备及人员间形成的有效沟通模式。

人员配备是根据组织结构中所规定的职务的数量和要求，对所需要的各类人员进行恰当而有效的选择、使用、考评和培训的职能活动。组织发展中所产生的人力资源需求，除以招聘方式从外部吸引人才加以补充外，更主要的是通过开发组织现有的人力资源来加以满足；基本符合岗位要求的员工能否创造出优秀的业绩，也与组织的培训密切相关，因此，培训是企业人力资源管理中的一项重要工作。关于人才的有效利用，首先需要确保这部分人才的稳定性，避免其流失，这就要求完善人才的激励机制。相对于招聘和人才培养来讲，创新型人才激励制度的构建更为重要。其中创新型人才的创新意识与能力是企业组织提升的核心竞争力，因此可将薪酬、竞争、文化、培训、精神、组织承诺激励等方法组合，同时将精神激励与物质激励有机结合，即在为创新型人才提供物质激励的基础上，也要为其提供精神激励。

有效的沟通互动模式需要组织构建尽可能有效的沟通渠道。全通道式沟通是指所有沟通参与者之间穷尽所有沟通渠道的全方位沟通。这是一种非等级式沟通，所有参与成员都是平等的，人们能够比较自由地发表意见，提出解决问题的方案。各个沟通者之间全面开放，彼此十分了解，组织成员的平均满意程度很高，满意程度的差距也很小。在这一开放式的网络系统中，每个成员之间都有一定的联系，彼此了解。此网络中，组织的集中化程度及主管人的预测程度均很低。由于沟通渠道很多，组织成员的平均满意程度高且差异小,士气高昂,合作气氛浓厚。这对于解决复杂问题、增强组织合作精神、提高士气均有很大作用。

【案例分析】

研究院重视重构基底——实现服务和制造深融合,人才强业——培养行业领路人,团结协作——做制造业的“红旗渠”,帮助制造企业进行组织变革,具体措施如表 1 所示。

表 1　服务化转型具体措施分析

主要策略	案例回顾	案例分析
重构基底——实现服务和制造深融合	①研究院组织开展了多场“服务型制造万里行”主题系列活动	系统具有整体性、关联性、等级结构性,在研究院重构基底过程中与系统内各大主体(政府、科研机构、中介机构等)紧密协同,以研究院为核心,发挥整体力量,为实现“以产业变革推动人类进步”这一使命努力前进。研究院构建的创新生态系统充分体现了开放式协作的特征,积极适应外部环境变化,结合一切可利用资源,坚持可持续发展理念,满足复杂化的市场需求
	②研究院设立服务型制造领域特色实验室;制定统一评价体系、制造标准及相应的市场监管体系	
	③研究院利用先进应用技术;响应制造业数字化转型计划,开设产学研业务平台	
	④开发绿色技术,参与编制绿色制造标准、绿色制造行业蓝皮书等	

续 表

主要策略	案例回顾	案例分析
人才强业——培养行业领路人	①研究院通过系列活动,发掘转型所需的专业型人才	深化产学研合作作为新形势下创新发展的内在要求和必然选择,研究院搭建高端交流平台整合多个高校及研究机构的专家学者,以及优秀企业技术专家,打造了科技成果转化完整链条,进一步深化区域创新与院地合作工作,引领产业创新发展,缓解了服务型制造业的人才困境。研究院在选才、育才、用才上一手抓,通过更新培养人才的方案和措施来完善人员配备,帮助制造企业适应转型过程中的产业环境变化,并培养更多高水平服务型制造专业人才
	②研究院整合各方优势资源,搭建了各色人才成长平台、实训平台	
	③研究院成立独立的运营中心——工程师协同创新中心,开展高端研修作为特色育才措施	
团结协作——做制造业的“红旗渠”	①搭建“工业设计引擎”综合信息交互平台	研究院一直以来希望可以发挥好自己的纽带作用,左右手牵起企业、政府、人才等资源,实现辐射全国的信息交互共享,帮助产业实现全通道式沟通。其中,研究院创建的“工业设计引擎”综合信息交互平台充分地体现了全通道式沟通渠道的搭建。在这一平台上,每个企业都是独立的个体,相互之间没有限制与束缚,可以进行自由交流;通过信息交流,各个制造企业对彼此的了解更加深刻,形成了产业内浓厚的合作氛围,增强了组织活动精神
	②以该平台为载体,圆满举办“前洋杯”(浙江省大学生工业设计竞赛),并牵手各大协同平台	
	③链接各方的供给与需求,将涉及领域拓展到知识产权和成果展示方面	

(五)关键要点

(1)研究院成立和发展的外部环境分析。

(2)企业创新生态系统的概念、基本构成要素、主要结构特征和模型框架。

(3)支持组织变革的关键因素。

(六)建议课堂计划

本案例可作为专门的案例讨论课的学习资料来进行讨论,参与案例讨论的人数应当控制在30人以内。如下是按照时间进度提供的课堂计划建议,仅供参考。整个案例讨论课的课堂时间控制在80—90分钟。

课前计划:教师制订详细的教学计划,包括案例讨论的形式、步骤及讨论点的时间划分;通过邮件或公共信息平台发布预习公告,助教应提前1周将案例正文、辅助阅读材料等相关材料发放给全体学生,引导学生在课前完成阅读、了解研究院相关信息和创新生态系统理论,并提前思考。

课中计划:在课中,完成举例分析、案例综述、分组讨论、延伸问答、归纳总结等知识教学环节(见表2)。

表2 课中计划

课中计划	教学安排	时间控制
举例分析	教师陈述简要的课程前言,让学生举例说明自己了解的制造业发展现状	10分钟
案例综述	教师回顾案例总体情节,站在公正客观的角度讲述案例,指出案例分析的一些线索	5分钟
分组讨论	教师将学生分组,每组4—6人,告知发言要求。注意控制时间,要求在指定时间内各组必须就需要回答的问题达成一致意见	30分钟
延伸问答	每组派代表展示讨论结果,展示过程中可以由其他小组成员进行提问	每组5分钟,控制在30分钟以内

续 表

课中计划	教学安排	时间控制
归纳总结	教师引导全班进一步讨论,根据理论知识点进行案例归纳总结,就学生讨论情况进行点评,并对研究院的创新生态系统进行进一步启发思考	15 分钟

板书计划:根据案例情节设置,建议板书计划如图 9 所示。

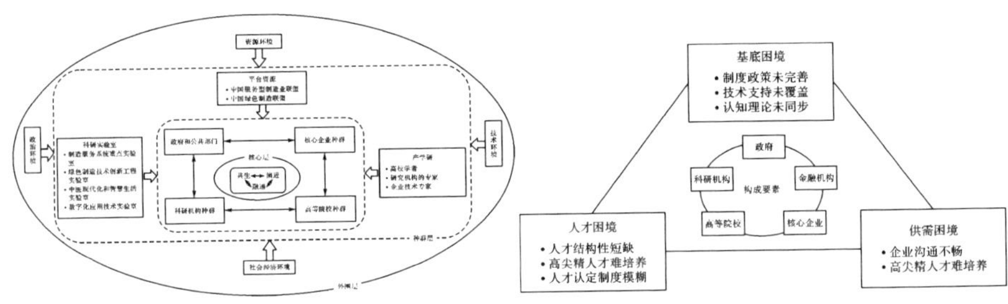

图 9　教学板书计划

(七)参考文献

[1] 杨荣. 创新生态系统的界定、特征及其构建[J]. 科学与管理,2014(3):12-17.

[2] 张锦程,方卫华. 政策变迁视角下创新生态系统演化研究:以新能源汽车产业为例[J]. 科技管理研究,2022,42(11):173-182.

[3] 李万,常静,王敏杰,等. 创新 3.0 与创新生态系统[J]. 科学学研究,2014,32(12):1761-1770.

[4] GINSBERG A, HORWITCH M, MAHAPATA S. Ecosystem strategies for complex technological innovation: the case of smart grid development [C]. Technology Management for Global Economic Growth (PICMET), 2010 Proceedings of PICMET'10:1-8.

[5] NAMBISAN S, ZAHRA S A. Entrepreneurship in global innovation

ecosystems[J]. Academy of marketing science, 2011(1):4-17.
[6] NAMBISAN S, BARON R A. Entrepreneurship in innovation ecosystems: entrepreneurs' self-regulatory processes and their implications for new venture success [J]. Entrepreneurship: theory & practice, 2013,37(5):1071-1096.
[7] ADNER R, KAPOOR R. Value creation in innovation ecosystems: how the structure of technological interdependence affects firm performance in new technology generations[J]. Strategic management journal, 2010, 31(3):306-333.
[8] 何方.社群经济与企业转型发展[J].浙江社会科学,2016(2):65-67.
[9] 毛荐其,刘娜,陈雷.技术共生机理研究:一个共生理论的解释框架[J].自然辩证法研究,2011(6):36-41.
[10] MOORE J F. Predators and prey: a new ecology of competition[J]. Harvard business review, 1993,71(3):75-83.
[11] HARRISON T M, STEPHEN T D. The electronic journal as the heart of an online scholarly community[J]. Library trends,1995,43(4):592-608.
[12] 赵康.学术组织社群网络信息交流特征及结构演变[J].图书情报工作,2017(14):99-108.
[13] 李磊,郭燕青.我国新能源汽车产业创新生态系统构建研究[J].科技管理研究,2014,34(23):59-63.

破而后立,谋定而后动:数据赋能华测精细化管理探索之路

孙　琦　马浚泳　徐维东

一、案例描述

(一)引言

华测检测认证集团(以下简称“华测”)总裁申屠献忠坐在位于深圳总部的办公室,手中的公司季度财务报表不断刺激着他的神经。近年来,华测负面新闻不断,业绩下滑、管理层内斗、检测结果造假、公众质疑等问题导致公司发展低于预期。他知道这些问题的解决刻不容缓,决定立刻召开管理层会议。

(二)方兴未艾——华测的建立与发展

1. 适逢其会,顺风扬帆

华测创立于 2003 年,目标是成为一家集校准、检测、认证、检验及技术服务于一体的第三方机构,打造属于中国的国际性检测品牌。华测与国内制造企业合作开展质量管理,目标是提高“中国制造”在国际市场中的竞争力,实现将“中国制造”销往世界的“中国梦”。

由于第三方检测行业的特殊性,华测的业务拓展受到服务半径制约。公司成立初期,华测便与地方政府合作建立测试平台,检测资质和能力同步提高。此后,华测跨地域扩张,一路高歌猛进,市场规模和体量大幅跃升。2004—2006 年,华测在全国开设 25 家办事处;2006—2009 年,华测营

业收入从6893万元增加至2.6亿元，并顺利上市。

2. 发展遇阻，多元开启

第三方检测行业涉及的多个产业相对独立，市场过于细分，顾客黏性差，容易触碰天花板。于是，华测调整公司战略，确立以外部并购为主的多元化发展方向，扩大检测范围。深圳鹏程国际认证有限公司(以下简称“鹏程”)是我国第一批国家认证的质量体系认证机构，旗下拥有CNAS[①]认证的管理体系认证和产品认证资质，主营业务为产品认证、体系认证及认证培训和进出口商品检验鉴定。近年来，鹏程在激烈的认证行业中丢失了市场份额，利润逐年下降，急需外部资金开展研发创新和开拓市场以走出困境。华测拥有前沿的检测技术、广阔的国内市场、雄厚的资金实力及专业化的管理团队，恰好可以解决鹏程的困境。双方一拍即合，立即开展合作。2010年10月25日，华测以1860万元的价格完成对鹏程的并购。并购鹏程进一步拓宽了华测的产品线，公司的检验服务向更高级的认证服务迈进。

华测的并购之路还在继续，其后收购天津津滨华测产品检测中心有限公司56%的股权，收购杭州瑞欧科技有限公司51%的股份。自此，华测形成以贸易保障、生命科学、消费品、工业测试为主营业务的多元化发展格局。

(三)多事之秋——高速发展“后遗症”显现

2009年公司上市后，华测的发展驶入快车道。2016年公司营业收入达16.56亿元，2017年公司拥有子公司88家。面对这一幅欣欣向荣的景

① 中国合格评定国家认可委员会(China National Accreditation Service for Conformity Assessment)，是根据《中华人民共和国认证认可条例》的规定，由国家认证认可监督管理委员会批准设立并授权的国家认可机构，统一负责对认证机构、实验室和检验机构等相关机构的认可工作。

象,华测上下相信已经找到那条正确的发展道路。然而华测“商业帝国”的急剧扩张,埋下不少隐患。

1.祸起萧墙,发展遇阻

(1)业绩下滑,机构臃肿。

华测上市后,通过并购拓宽检测渠道和服务产品线。2011—2017年,购建资产的开支与营业收入百分比在20.4%—31.2%之间,比国际第三方检测巨头高4—5个百分点。大范围业务扩张导致华测员工数量激增,员工薪酬占到总成本的50%,严重影响公司的盈利能力。此外,华测的业务分布散,难以发挥协同效应。

国内第三方检测市场日渐饱和,企业间的竞争由价格、服务转变为应用、技术,华测在资源分配方面同样承受压力。2018年6月,申屠献忠担任华测总裁。他试图保持华测高速发展势头,但事与愿违。华测在第三方检测市场的占有率逐步降低,利润率也逐季度下滑。

(2)管理混乱。

扩张后,公司管理问题也开始浮现。2020年6月,公司控股子公司武汉市华测检测技术有限公司(以下简称“武汉华测”)因存在篡改、造假记录和出具虚假检验检测报告等违法事实,被湖北省市场监督管理局通报并撤销检验检测机构资质认定证书。[①] 2021年12月,其全资子公司上海华测艾普医学检验所有限公司(以下简称“艾普”)因涉嫌使用未依法注册的医疗器械被上海市药品监督管理局立案调查。该公司还存在经营并使用无合格证明文件及过期、失效、淘汰的医疗器械等违法行为。[②] 同期,其控股子公司淮安市华测检测技术有限公司因环境违法行为受到行政处罚。

---

① 资料来源:湖北省市场监督管理局鄂市监认检函(2020)114号通告。

② 资料来源:上海市药品监督管理局网站公布的行政处罚决定书(沪市监黄处〔2021〕012021000547号)。

部分实验室依靠手工录入采集数据，使用纸质版或电子文件等非结构化形式传输、处理和储存数据，降低了数据的准确性、完整性和可信性。没有对完成检测后的实验数据进行分类提炼，大数据分析更是无从谈起。公司内部没有统一的数字化系统，不同机构、仪器、系统之间的数据难以兼容。

(3)高层斗争。

“内斗”事件接连发生，让华测频繁进行外部并购的举动饱受质疑。其子公司杭州华测瑞欧科技有限公司(以下简称“瑞欧”)的股东对公司发展愿景和标准管理存在分歧和争议，拒绝履行董事会和股东大会有关更换经理的决定。与此同时，华测以未获得该公司财务报告为由，将瑞欧诉之于法院。曾经并肩作战的队友，如今成了对簿公堂的“仇敌”。这一系列事件导致华测股价大跌，公司形象受损。

2. 外界攻击，祸不单行

(1)公众质疑。

作为第三方检测机构，公信力是华测立身之本。公司业绩下滑，频频被权威机构“点名批评”，华测的公信力饱受质疑。业内人士认为，华测业绩下滑与其子公司频上质量黑榜、并购战略急功近利不无关系。“急于通过并购手段切入新领域，打乱了企业管理秩序；疏于对子公司的管理，暴露了集团内部管理的混乱。”有媒体甚至撰文称，“未依法注册医疗器械被监管机构处罚，不仅让艾普丢脸，更让华测难堪。这不仅暴露了艾普的管理问题，更让人质疑华测对于子公司的管理能力”。有网友评论：检测机构问题频出，该如何让我们去相信你的检测结果呢？

(2)疫情肆虐。

新冠疫情暴发后，第三方检测行业遭受重大打击，华测未能幸免，其汽车检测单价跌破百元，环境检测领域市场占有率缩减至2.1%，贸易保障业务增长乏力。

（四）砥砺前行——精细化管理开启

申屠献忠就任总裁以来，华测负面新闻不断，股市论坛对其讨伐甚嚣尘上。处境异常艰难，改变迫在眉睫。申屠献忠决定召开公司高层会议，寻找破局良策。

“目前公司处于瓶颈期，如何解决，大家发表看法。吴总监先开个头。”申屠献忠说。

“近几年公司的净资产、净利润和营业收入都在增加，但增长趋势不明显。我认为多元化策略有待商榷。”吴总监答道。

“那该从哪方面开始思考呢？”申屠献忠继续追问。

“扩张并购后造成机构臃肿，人浮于事。实验室信息化程度低，数据壁垒明显。监管缺失，检测材料浪费严重。”吴总监回答说。

“没有好的开源方法，那就尽量节流。”王副总回答道。

申屠献忠点头认可道：“华测是时候从‘跑马圈地’进入‘精耕细作’阶段。早在10年前，华测就提出多元化发展。这些年来，华测并没有从宏观层面分析公司多元化外部并购战略利弊，这恰恰是公司陷入发展瓶颈的主要原因。”

讨论还在继续……

会议结束前，申屠献忠总结华测存在的三大主要问题：一是热衷于外部并购却疏于对并购企业的管理；二是外部并购程序缺乏系统性，并购项目没有发挥协同效应；三是数字化建设滞后导致检测事故频发。内忧外困没有吓倒申屠献忠，反而激起他的斗志，即在困难中寻找机会，在变革中寻找未来发展的信心。申屠献忠带领华测修炼内功调整发展方向，寻找新的解决方案。

1. 删繁就简，至臻至精

申屠献忠做事一向雷厉风行。高层会议结束后，他立即思考如何提高公司效益和规范公司运营，彻底解决大规模并购重组带来的后遗症；如何在公司运营中降低成本，提升效率，规范管理，改变公司的困境。高层会议中提到需要“精简”管理的提议，在申屠献忠心中种下了种子。

申屠献忠在办公桌前沉思，一夜未眠，手机上弹出“美国对华为芯片制裁”的相关新闻，打断了他的思绪。看着新闻封面上的任正非，申屠献忠想起当年华为向 IBM[①]“拜师学艺”的往事，从行业龙头身上学习管理方法，在公司内部进行全方位的集成产品开发整合，提升华为产品竞争力。申屠献忠清楚，华测与华为有本质区别，要分析具体问题，以减少不必要的消耗。申屠献忠认为，华测应该向第三方检测行业龙头企业学习，他首先想到 SGS。SGS 开展过声势浩大的精细化管理改造，并取得长足进步。查阅资料后，申屠献忠发现精细化管理是一种理念和文化，是建立在常规管理的基础上并将常规管理引向深入的基本思想和管理模式，能够最大限度地减少管理所占用的资源和降低管理成本。[②] 第二天一早，申屠献忠邀请专家小组，评估华测是否适合进行精细化管理。经过多次复杂严谨的讨论和规划，专家小组认为这是一个恰当的机会。申屠献忠不假思索，当即决定在华测内部开展精细化管理，建立科学高效的精益管理系统。

为此，申屠献忠成立专门的精细化管理改造小组，赋予极高的权限。华测学习和参考日本丰田汽车精益生产管理模式，并根据公司实际构建适合华测的精益管理体系。申屠献忠带领团队制订精益管理思想的推广计

---

① 国际商业机器公司或万国商业机器公司，(International Business Machines Corporation)，总公司在纽约州阿蒙克市。1911 年，托马斯·约翰·沃森于美国创立的 IBM，是全球最大的信息技术和业务解决方案公司，业务遍及 160 多个国家和地区。

② 资料来源：刘晖. 精细化管理的涵义及其操作[J]. 企业改革与管理，2007(4)：15-17.

划和执行方案,重构企业文化、执行系统、员工知识框架,设计研发适合检测技术应用的网络环境与数字化系统。同时,建立以盈利为导向的考核评估机制,优化资源配置;调整投资模式,注重固定资产投资收益;优化检验实验室分布,发挥协同效应。精益化管理项目的持续推进,提升了华测人均生产总值,增强了华测的核心竞争力。

2. 人才建设,激发动力

推进精细化管理的同时,申屠献忠着手人才队伍建设。他深知人才的重要性,认为加强华测人才队伍建设是十分重要且有必要的。

在以职业经理人为核心的管理梯队基础上,申屠献忠启动一系列人才队伍建设项目。实施"光华—LAP"领导力提升培训项目,提升公司中高级管理人员的战略实践、问题剖析解决、部属培养、自我领导等综合管理能力。构建"华测学习发展大厦"培训模型,多种渠道提升核心团队竞争力。针对不同层级的员工建立培养体系,建设健全科学的晋升渠道,为员工提供提升学历的渠道。[①] 截至 2021 年底,华测举办线上与线下培训累计 237028.9 小时,员工人均培训时长达 21.4 小时。

除了培养人才,还要留住人才。华测推行股权激励措施,向员工定向发行股票,以最大限度地激发一线员工的工作热情,并留住优秀的管理者和业务骨干。该举措既兼顾公司长远和短期的利益,又兼顾公司、股东和员工三方利益,为华测在激烈的市场竞争中奠定坚实基础。

(五)不负韶华——数字化助力华测精细化全面发展

精细化管理让华测尝到了甜头,但申屠献忠心里清楚这不能一劳永逸。巩固精细化管理成果,需要"厉兵秣马",让华测的管理体系更健全和

---

① 资料来源:公司官网,https://www.cti-cert.com/development/6084.html。

更完善。

1. 数字赋能，凭栏鱼跃

在夯实精细化管理和人才培养的基础后，申屠献忠着手公司内部治理数字化升级。应接不暇的新技术随着数字化大潮涌向第三方检测行业，区块链、人工智能、爬虫技术、人工智能……每一项新技术的出现，都让申屠献忠兴奋地思考该如何将其与第三方检测行业相结合。

日新月异的信息技术同样引起助理小吴的担忧："报告显示，传统制造业检测需求有所下降，中国工业增加值从 19.5 万亿元提高到 31.3 万亿元用了 10 年时间，2015 年开始，增速逐年下降。如果从细分项目看，2020 年第一季度和 2019 年的战略性新兴产业和高技术产业增加值增长率同期分别达到 31.2%和 7.1%。这个行业发展超过百年，面对新技术冲击，我们有被颠覆的可能性吗？"

爱好滑雪的申屠献忠听到后微微一笑，并用滑雪的例子给了一个意味深长的答案："滑雪，面对陡坡向下的时候，你该怎么办？人的第一反应是因为害怕而后仰，结果很可能是摔得一个四脚朝天。如果你勇敢地向前倾，陡坡就会变成你的加速器，让你前进的速度更快，从而体验更神奇和更美妙的感受。"

"你的意思是我们要积极去拥抱新技术，不惧怕改变，是吗？"小吴说道。

申屠献忠笑着点头的同时拍了拍小吴的肩膀。

申屠献忠提出华测数字化布局设想：开发顾客的数字化需求并提供数字化服务，建设属于华测的数字化系统。2020 年 12 月 23 日，华测官方自营电商平台——CTI MALL(www.ctimall.com)正式上线运营，提供包含检验、认证、审核、计量、测试、培训及技术服务在内的平台化服务事项。线上平台的构建，能够实现线上商城与线下服务的无缝对接，并依靠海量计算能力完成多终端客户一体化管理。通过自营电子商城和数字化转型，华测提供 24 小时自助下单和全球标准动态服务查询，顾客可以随时随地与全球质量专家在线互动。同时，华测也能及时为顾客定制专属解决方案，全面保障信息安全与服务品质。

此外，华测还为旗下所有实验室搭建了实验室信息管理系统（Laboratory Information Management System，LIMS）。设系统可保证检测作业环节都在线上完成，样品在系统上以代码/条形码的形式流转，以及在检测全过程中进行跟踪，各环节所涉人员都无法获得样品的实际提供者或需求客户等信息，有效防止数据篡改或结果更改等舞弊行为。所有数据/原始记录均上传至 LIMS 或被其自动保存，若生成电子格式便无法自行篡改，则各环节间无法串通进行数据造假，即便有更改行为，系统中也会有修改记录，方便发现异常，极大地提高华测对子公司及自身的检验质量和监管水平，避免出现伪造和篡改数据、出具虚假检验检测报告等影响公司形象的负面行为。针对华测 LIMS 的开发，申屠献忠专门制定了信息系统开发与变更管理制度，规范所有数字化工作事项，提高该系统的稳定性、可靠性、安全性。

除此之外，华测还提出“科技华测”概念，主导和参与了多项国际标准（ISO[①]）制定和完善工作。2021 年 8 月，华测对外发布了其主导修订的首个国际 ISO 标准——《ISO 4134：2021 肉与肉制品中谷氨酸含量的测定》，从此迈上了主导国际标准制修订工作的新高度。

2. 精细并购，策走天下

申屠献忠时刻谨记华测要从“跑马圈地”进入“精耕细作”。在 SGS 任职多年，申屠献忠深刻认识到多元化并购对于第三方检测行业的重要性。经历“跑马圈地”式并购后，申屠献忠决定制订一套完整的精细化并购管理

① 国际标准化组织（International Organization for Standardization），是标准化领域中的一个国际性非政府组织。

方案,将精细化管理理念贯穿并购全过程。

为更好地适应华测战略发展需要,申屠献忠进一步完善公司治理结构,健全投资决策程序,提高重大投资决策效益和决策质量。他联手专家教授和企业高管层,编制华测内控精细化管理制度汇编——《华测检测认证集团股份有限公司董事会战略与并购委员会工作细则》,进一步规范战略与并购委员会的工作流程(见图1)。细则明确了委员会人员组成、并购工作机制、时间安排和标的金额等事项,并根据内外环境变化如法律法规、人员调动、行业趋势等动态调整。

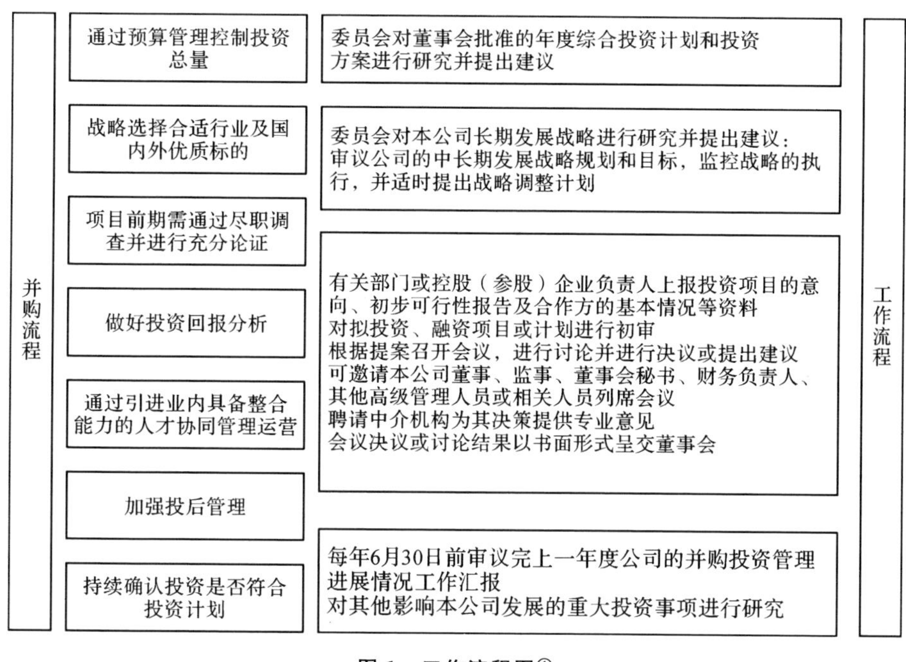

图1　工作流程图①

实践是检验真理的唯一标准。完成并购流程重塑后,申屠献忠开启华

① 资料来源:《华测检测认证集团股份有限公司董事会战略与并购委员会工作细则》,http://file. finance. sina. com. cn/211. 154. 219. 97:9494/MRGG/CNSESZ_STOCK/2021/2021-4/2021-04-21/7082142. PDF。

测的精细化并购之路。2021 年 12 月 6 日,华测并购了 IMAT-UVE GMBH(简称"德国易马公司")90%的股权。德国易马公司与世界知名车企有稳定的合作,并购为华测带来"大客户",提高其在华市场的德系客户体量。德国易马公司在相关领域耕耘多年,积累了深厚的技术与丰富的资源,并购后,其与华测国内汽车检测业务形成协同效应,实现资源的有效配置,同时也让华测在国际化道路上迈出一大步。

除此之外,华测以 1920 万元收购灏图企业管理咨询(上海)有限公司(简称"灏图品测")40%的股权,这对打通日化用品和食品领域全产业链一站式服务和提升产品研发能力具有重要发展战略意义;以 1300 万元收购北京国信天元质量测评认证中心 20%的股权,顺利进入数据中心检测领域;以 3500 万元收购迈格安(南通)汽车安全检测服务有限公司 100%的股权,增强在汽车内饰测试的技术和硬件。与开启精细化前的并购不同,华测此时的并购从集团全面布局出发,经过严谨的分析与讨论,战略与并购委员会讨论认为能形成较好的协同效应与完善的发展方案后才进行并购。此举避免了此前并购后的"放养"模式,华测在集团内部会给予资源助其发展。

申屠献忠相信在精细化管理的加持下,这次肯定能做出让公司上下及股东满意的成绩。在持续并购下,华测快速扩充检测服务类型,2021 年营业收入达到 43.29 亿元,同比增长 21.34%。

3. 数字防疫,精细统筹

新冠疫情发生后,华测各项业务均受到不同程度影响。作为全国人大代表,申屠献忠认为华测有责任为中国抗疫事业贡献一分力量。2020 年,他领导华测用最短时间完成新冠核酸检验能力验证,通过国家卫健委临检中心的室间质评。其子公司艾普积极响应政府号召,参与抗疫灭毒联合行动,先后在广东、江苏、上海、山东、河北、河南等地医学实验室开展新冠检测，积累了大量检测经验。

面对后续来势汹汹的疫情，华测提早做好精细化应急管理预案，确保检测实验室全天候运转。公司组建核酸检测专项小组，优化核酸检测程序；供应链流转组、录入组、签收组、报告组、实验组、后勤组等职能小组高效协同保障核酸检测任务。同时，引进全自动前处理系统，利用仪器设备一键自动完成样本管条码扫码、开盖、分液、闭盖、核酸提取及 PCR 体系构建等核酸检测前处理全过程，有效缓解实验检测人员的工作压力，提高核酸检测效率。

疫情期间，申屠献忠奋勇争先、担当作为，把履职尽责写在抗疫的第一线，为打赢战"疫"贡献智慧和力量。

（六）尾声

在申屠献忠的带领下，这个来自深圳尖岗山上的小实验室，一跃成为享誉海内外的第三方检测龙头企业。一步一个脚印，申屠献忠努力实现最初加入华测的梦想。"路漫漫其修远兮，吾将上下而求索。"在企业精细化管理和数字赋能路上，还有许多问题等着申屠献忠思考和解决，但他在实现"企业梦"助力"中国梦"的道路上越走越坚定。

二、案例拓展

（一）教学目的与用途

本案例主要适用于对"运营管理"课程中有关业务流程再造及服务业制造化等章节和知识点的学习使用；适合工商管理学科的本科生、企业管理的研究生、MBA 和 EMBA 等学生使用。

学习本案例旨在帮助学生了解第三方检测行业特征、发展困境，熟悉华测的发展历程，实施精细化管理与数字赋能的原因、实现途径及现实意义。通过精细化管理和数字赋能的理论知识学习启发学生分析企业如何快速克服并购带来的问题,探索华测未来发展的道路。案例的核心是让学生深刻地理解精细化理论、适用范围及实现途径。

通过学习本案例,让学生了解申屠献忠加入华测与实现“企业梦”的历程,并理解如何通过精细化管理助力国家抗击新冠疫情。

(二)启发思考题

1. 试运用PEST分析工具分析华测为什么要进行多元化并购;分析第三方检测的行业环境和行业特点,以及行业环境对华测有什么影响。

2. 精细化管理是什么?结合材料归纳华测进行精细化管理的内因和外因。

3. 华测如何通过数字赋能实现精细化管理?

4. 华测从哪些方面开启全面精细化道路?还有哪些方面可以进一步改进?

(三)分析思路

教师可以根据自己的教学目标来灵活使用本案例。这里提出本案例的分析思路(见图2),仅供参考。

本案例回顾华测的发展历程,包括确立多元化战略后,疏于管理带来的负面影响,以及进行精细化管理和数字赋能等具体措施。引导学生掌握精细化管理和数字赋能的概念、类型、驱动因素,以及精细化管理实施的关键成功因素等理论知识,让学生形成一个完整的精细化管理与数字赋能知识体系。运用相关理论知识思考企业如何在复杂多变的环境下进行战略选择和控制战略实施过程中的风险,如何通过精细化管理与数字赋能的执行,最终让华测和申屠献忠的“企业梦”越走越远。

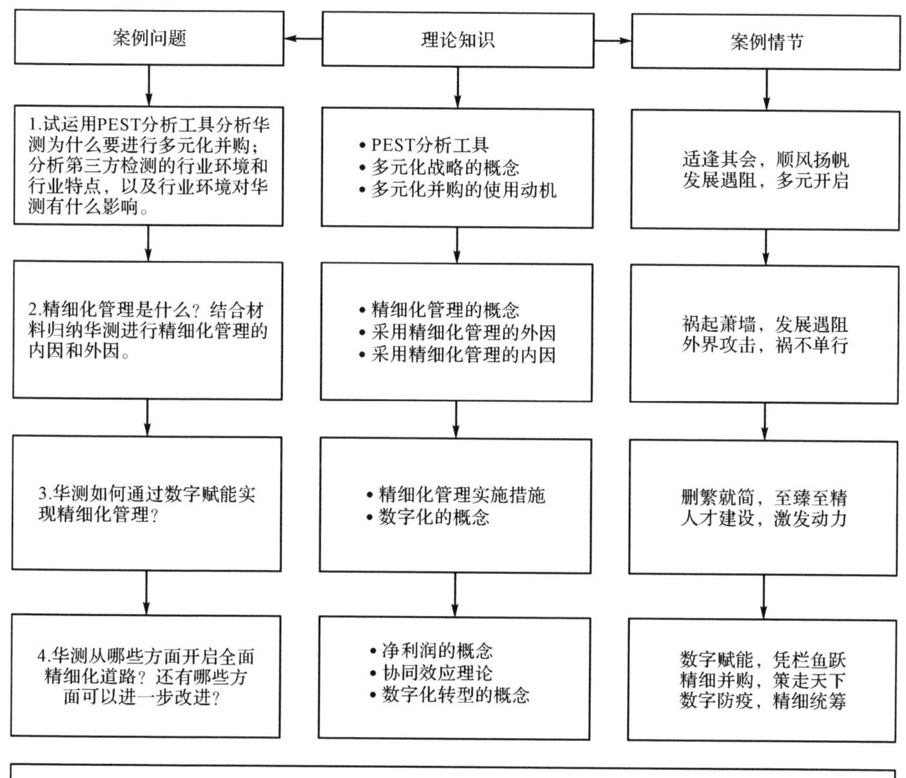

图 2　案例分析思路与步骤

本案例的特色在于，华测作为第三方检测与认证服务的开拓者和领导者，是中国检测认证行业首家上市公司，为全球客户提供一站式测试、检验、认证、计量、审核、培训及技术服务。华测从检测行业的行业特征和所处行业背景出发进行的精细化管理，为检测行业提供了有益借鉴，为第三方检测行业企业提供了战略参考。教师在案例教学过程中可引导学生围绕这一主题进行重点讨论。

（四）理论依据及分析

1. 试运用 PEST 分析工具分析华测为什么要进行多元化并购；分析第三方检测的行业环境和行业特点，以及行业环境对华测有什么影响。

【理论依据】

(1)PEST。PEST 是指对宏观环境的分析，泛指一切影响行业和企业的宏观因素，通常为政治、经济、社会和技术等外部环境因素。

政治环境包括一个国家的社会制度，执政党的性质，政府的方针、政策、法令等。不同的国家有着不同的社会性质，不同的社会制度对组织活动有着不同的限制和要求。即使社会制度不变的同一国家，在不同时期，由于执政党的不同，其政府的方针特点、政策倾向对组织活动的态度和影响也是不断变化的。

经济环境包括宏观和微观两个方面。宏观经济环境主要指一个国家的人口数量及其增长趋势，国民收入、国内生产总值及其变化情况和通过这些指标能够反映的国民经济发展水平和发展速度。微观经济环境主要指企业所在地区或所服务地区的消费者的收入水平、消费偏好、储蓄情况、就业程度等因素。

社会环境包括一个国家或地区的居民教育程度和文化水平、宗教信仰、风俗习惯、审美观点、价值观念等。

技术环境除了与企业所处领域的活动直接相关的技术手段的发展变化外，还涉及国家对科技开发的投资和支持重点，该领域技术发展动态和研究开发费用总额，技术转移和技术商品化速度，专利及其保护。

(2)多元化战略。多元化战略是指企业为了更多地占领市场或开拓新市场，避免经营单一业务的风险而选择性地进入新业务领域的战略。多元化战略是相对企业专业化经营而言的,包括产品的多元化、市场的多元化、投资区域的多元化和资本的多元化。

(3)多元化战略的使用动机。企业多元化的动机是理解多元化战略的逻辑起点。公司采取多元化战略的动机有很多,既有公司外部动机,也有内部动机。其中,外部动机有产品需求趋向停滞、市场集中程度高、市场需求的多样化和不确定性、市场容量有限、战术性发展和行业转移等,内部动机有分散经营风险、产生协同作用、培育新的利润增长点、保持稳定的收益、实现规模经济、实现范围经济、充分利用盈余现金流和企业家的个人意愿等。

【案例分析】

2003 年以来,华测一直深耕于第三方检测行业,业务涉及细分领域包括贸易保障、消费品和工业测试。公司拥有不同检测领域的专业团队,但仍有很多领域没有涉足,如认证、农业、海运等。教师可以引导学生理解多元化战略的概念,分析华测采取多元化战略的内外部动机,从而解释华测为什么要采取多元化战略。

(1)运用 PEST 模型,对华测所处行业进行宏观化环境的分析如下。

政治、法规方面:修改后《中华人民共和国进出口商品检验法》明确了行政执法性质的强制性检验检测与民事行为的检验检测。根据我国政府加入 WTO 的承诺,即允许外资独资企业进入中国的服务贸易市场。这表明,国有机构将向第三方检测机构让利,外资独资检测机构可以进入中国市场。2009 年,国内第三方检测行业市场化开始加速。国务院、国家市场监督管理总局多次出台相关政策鼓励不同所有制检测机构公平竞争,支持检验检测机构转企改制,推动检验检测行业向市场化发展。

经济方面:2008 年,我国检测市场规模达 450 亿元。随着全球化趋势和国际贸易额的快速增长,检测行业成为中国发展前景最好、增长速度最快的服务行业。根据专业机构预测,中国检测市场未来几年将保持15%以上的增长率,其中民营检测机构增长速度最快,超过30%。2006—2009年,华测营业收入从6893万元增加至2.6亿元,年均复合增速为56.4%。

社会方面:受益于我国的人口红利,第三方检测的行业规模不断扩容。随着经济水平的提高,消费者更加认可和信赖有品牌力的检测产品。

技术方面:近年来,全球技术检测市场保持年均增速15%左右,2009年市场规模为4400亿元。华测在成立初期通过CMA计量认证评审,并在后续的合作过程中不断升级更新检测技术。此外,华测还设立研究院,研发检测技术。

我国第三方检测行业整体呈现"小、散、弱"的特点。尽管我国质检行业企业数量越发增多,但国内检测机构的规模仍普遍偏小,布局分散,壁垒较多,市场集中度不高,竞争较为激烈。国内检验检测行业竞争格局现状为国有机构及外资机构在检测行业中占据主要地位,民营企业所占市场份额较小。根据对我国检验检测行业企业规模的分析,96%的检测机构都是小型机构或者微型机构,整体呈现出"小、散、弱"的特征。截至2019年底,全国检验检测服务业中上市企业数量达100家,其中上海证券交易所主板上市5家,深交所创业板上市5家,中小板3家,新三板82家,其他5家,同比增长3.1%。

(2)行业环境对华测的影响分析如下。

外部动机方面:国家政策鼓励检测机构做大做强,从分散走向集中成为大势所趋。国内市场环境越来越认可第三方检测机构的检测结果,行业由原本的国家垄断阶段逐渐进入市场竞争阶段。一些热门的第三方检测行业市场竞争激烈,出现一些公司运用远低于行业平均价格甚至低于成本的价格提供产品或服务,或使用非商业不正当手段来获取市场份额。为了维持市场份额,华测不得不降低价格,但是这不是长久之计,这时候需要寻找新的利润增长点。单一检测方式的市场容量有限，容易触及天花板。华测的检测业务过分依赖外贸，风险大。此外，经济社会发展催生多样的检测认证需求。2010年后，食品、环保、贸易行业均发布相关政策推荐建设独立的第三方检测机构，强制市场逐渐向第三方独立检测机构开放。在"简政放权"和"放管服"的政策红利的推动下，检验检测认证体制市场化改革提速，政府鼓励检测机构整合，第三方检测机构市场占有率快速提升。这就要求华测进行战略调整，保证企业的持续竞争力。

内部动机方面：华测涉及的检测业务不多，规模不大，存在系统性风险和非系统性风险。华测需要通过不同产业的投资组合，分散经营风险。品牌、公信力是第三方检测企业的生命线，客户倾向选择检测品牌知名度广、社会公信力强的检测企业来为公司产品背书。华测通过多元化战略发展，帮助公司由检测业务向更高层次的认证业务进发，进而提高品牌形象与公信力。第三方检测行业部分检测项目具有相似性，发展多元化战略能够发挥规模效应，降低成本，提高盈利水平，从而实现规模经济。经过多年发展，华测的营业收入从2006年的6893万元增长为2009年的2.6亿元，盈余的现金进行资本运作，如外部并购，提升企业竞争力。

综上所述，多元化战略有利于华测的发展壮大，必须为之。

2.精细化管理是什么？结合材料归纳华测进行精细化管理的内因和外因。

【理论依据】

精细化管理。精细化管理是指将管理责任具体化、明确化，要求每一个管理者都要到位、尽职。一个企业在确立了建设"精细管理工程"这一带有方向性的思路后，重要的就是结合企业的现状，按照"精细化"的思路，找准关键问题、薄弱环节，分阶段进行，每阶段性完成一个体系，便实时运转、完善一个体系,并牵动修改相关体系,只有这样,才能最终整合全部体系,实现精细化管理工程在企业发展中的功能、效果和作用。

企业采用精细化管理的外因有业绩下滑、竞争激烈、消费者更加严苛、投资者和公司监管机制趋于成熟、市场分工越来越细,内因有过程改进的需要、企业内外的不协调、内部管理混乱、缺乏危机感等。

【案例分析】

受时间、信息、外部条件限制,华测频繁进行多元化外部并购,投资回报存在诸多不确定因素。相比于其他第三方检测企业,华测的检测业务更为分散,多元化业务的协同效应并未形成,业绩自然会下滑。随着检测市场扩容饱和,第三方检测行业转向应用和技术竞争,华测的市场占有率受到冲击,2020 年下滑至 2.1%。上市后,华测的企业责任更大,不仅要对客户负责,还要对股东和投资者负责。因此,华测必须做细,从粗放管理向精细管理转变,形成新的管理思维和逻辑。

华测内部管理混乱,子公司屡次受罚。因存在篡改和造假记录、出具虚假检验检测报告的违法事实,武汉华测被撤销检验检测机构资质认定证书;因涉嫌使用未依法注册的医疗器械,艾普被立案,其位于淮安市的子公司也因环境违法行为被行政处罚。

通过外部并购,华测实现了高速发展,公司高层管理者沾沾自喜,失去了危机意识。但管理层没有及时总结经验,反思不足,而是盲目自信,导致后续的发展受挫。

3. 华测如何通过数字赋能实现精细化管理？

【理论依据】

(1)精细化管理的实施措施。一是转变观念，坚持长期推动。通过提升员工素质，加强企业内部控制，强化协作管理，坚持长期推动，持续改进，在整体上提升企业整体效益，从而达到“精、准、细、实”。二是关注人才，把握精细化内涵。专门成立人才工作组织机构，实施全方位、系统化、持续性管理。出台人才发展制度，搭建各类人才培养平台，使人才建设制度化、流程化、常态化、系统化。三是夯实基础，数字化保障效益。各单位部门要按照公司要求设立精细化管理机构，确保每一条精细化管理指引都有专人负责整改，各项指标数字、程序、责任得到持续改进，并能够及时固化成企业长效机制。四是精细并购，实现全面精细。科学编制并购预算，强化成本控制；任命精细控制专员，把责任落实到人；正确评估并购的正面协同效应；时刻创新并购交易方案，降低并购成本。五是践行理念，实现精细创新。健全体系，完善制度，为提升设备管理水平搭建管理平台。加强设备制度体系建设，实现设备制度的无缝隙覆盖。完善安全检测整改体系建设，努力提高设备现场检查质量。加强设备考核评价体系建设，努力提升管理队伍的岗位任职能力。

(2)数字化。数字化本身只是将模拟介质压制成比特和字节(或其他形式的0和1，如烟雾信号)的过程。在日常业务中，数字化指将发票、档案、产品等文件数字化，并用于处理、存储或共享。数字化也常被作为自动化的同义词。既可以简单地以数字方式绘制流程，又可以将流程自动化。

【案例分析】

申屠献忠接手华测后提出“有质量的增长”理念，从“以收入为核心”转变成“以利润为核心”,实行全员绩效考核与利润挂钩,发挥规模效应。同时,通过预算控制人数增长比例,推进实验室人员协同,提升人均产值;研发设备利用率监控系统,实时监控和统筹调配资源,提高设备使用效率;合理控制实验室面积,提升单位面积产出;实验室持续推行并加强流程优化,推进数字化和自动化,提高检测效率;合理布局资本开支、分红等资金的分配,提高资金的使用效率。

华测完善了培训管理体系与组织架构,制订了《华测集团培训管理手册》《集团认证讲师管理制度》《集团外派培训管理制度》《E-Learning 平台管理制度》等培训相关管理制度;构建“华测学习发展大厦”培训模型,搭建涵盖“管理层培训—职业培训—新员工培训—E-learning 平台”的人才培养体系,保障员工成长;线上学习平台 E-Learning 包含内容丰富、形式多样的课程,涵盖职业技能、通用技能、工作方法、党建团建、大咖分享等。华测所有员工可根据需求进行线上自主性学习。截至 2021 年底,华测举办线上与线下培训累计 237028.9 小时,员工人均培训时长达 21.4 小时。其中,在 E-learning 平台的学习时长累计 150729 小时,培训课程达 1539 门。

华测实施数字化转型,推出华测商城。同时,搭建实验室信息管理系统,保证检测作业环节都在线上完成,有效防止数据修改或结果篡改等舞弊行为,避免出现负面行为。

4. 华测从哪些方面开启全面精细化道路?还有哪些方面可以进一步改进?

【理论依据】

(1)净利润。企业当期利润总额减去所得税后的金额,即企业的税后利润。净利润的多寡取决于利润总额和所得税费用。净利润是衡量企业经营效益的主要指标。净利润多,企业经营效益好;反之,经营效益差。

(2)协同效应。协同效应是指多个因素，或全部人员在合作过程中相互促进、相互配合、协同合作所产生的结果优于单个因素或个人的效果。协同效应可分为外部和内部两种情况。外部协同是指一个集群中的企业由于相互协作，共享业务和特定资源；内部协同则指企业生产、营销、管理的不同环节、不同阶段、不同方面共同利用同一资源而产生的整体效应。

(3)数字化转型。其是建立在数字化转换、数字化升级的基础上，触及公司核心业务，以新建一种商业模式为目标的高层次转型。数字化转型是开发数字化技术及支持能力以新建一个富有活力的数字化商业模式。

【案例分析】

精细化管理加速了华测的数字化转型，同时推出了华测商城。华测加大对检测自动化、数字化的投入，将化学、材料、食品检测列入自动化序列；制订《华测检测认证集团股份有限公司董事会战略与并购委员会工作细则》，完善并购程序；完成对德国易马公司的并购，向国际化迈出标志性一步。华测研究院提出“科技华测”概念，主导和参与多项国际标准制定工作，推动“中国标准”和“中国制造”更好地走向国际市场。2021 年 8 月，华测发布了其主导修订的首个国际 ISO 标准——《ISO 4134:2021 肉与肉制品中谷氨酸含量的测定》，从此迈上主导国际标准制修订工作的新台阶。

与第三方检测国际企业 SGS，BV，Intertek，Eurofins 相比，华测公司营业收入规模与实验室数量还有较大提升空间。2021 年，SGS 的营业收入规模为 59.76 亿美元，而华测仅为 6.79 亿美元；SGS 有 2600 余个分支机构和实验室，BV，Intertek，Eurofins 也超过 1000 个，华测只有 150 个实验室，其中 27 个处于亏损状态。在人均产值、净资产收益水平等方面，华测同样需要努力。国外检测机构人均产值超过 7 万美元，华测只有 6.39 万美元。Intertek，Eurofins 的净资产收益率在 20%以上，SGS 更是高达

50%,华测仅有18.20%。

(五)关键要点

1.关键知识点

多元化战略及实现途径;外部并购的含义;精细化管理及实现举措;数字化的概念。

2.关键能力点

通过学习华测精细化与数字化管理战略,了解其做出这种选择的动因、战略实施所采用的措施及所需要解决的困难,提升自身分析问题、解决问题的能力。

(1)分析问题的能力。让学生理解华测选择精细化管理的原因,思考采用精细化管理时需要注意的问题或原则,分析企业精细化管理措施,形成对企业战略选择的整体把控能力。

(2)解决问题的能力。引导学生关注华测在实施多元化战略过程中遇到的挑战与通过精细化管理解决问题的思路,思考华测如何持续通过精细化管理加强数字赋能,发挥协同效应创造竞争优势,以提高学生的管理决策水平。

(六)建议课堂计划

1.时间计划

本案例可以作为专门的案例讨论课材料来使用。如下是按照时间进度提供的课堂计划建议,仅供参考。案例讨论课的课堂时间控制在90分钟内。

课前计划:教师需要制订详细的教学计划,包括案例讨论的形式、步骤及讨论点的时间划分;根据整理的知识点和讨论点及教学计划,制作PPT或者其他多媒体材料;提前2周发放案例材料,给出启发思考题,请学生在课前完成阅读,并对华测的发展历程及精细化管理与数字赋能形成初步认识，对启发思考题有所思考，为正式上课做准备。

课中计划：课中计划可以分为以下4个部分，具体如表1所示。

表1　课中计划

课中计划	教学内容	时间
课堂前言	教师开场白：大家是否了解第三方检测行业？是否知道华测这家企业呢？借此，教师简要介绍案例，带领学生回顾案例内容，展示案例启发思考题。也可以邀请学生简要介绍自己对第三方检测企业应该如何发展的看法，以及让学生讨论企业如何助力守护人民群众的安全与产品质量，实现企业的“中国梦”	5分钟
分组讨论	教师可根据课堂实际情况将学生分成小组，让每个学生在组内简要交流课前就已经形成的对案例思考题的看法。教师此时应当作为旁观者，仔细观察每个小组的讨论情况	15分钟
进行互动	教师可按照故事线、问题线、知识线分别对各个小组成员进行提问，邀请小组代表回答问题，依据讨论结果对案例进行进一步的总结和指导。下面给出每个问题建议的讨论时间：第1题14分钟；第2题16分钟；第3题16分钟；第4题14分钟。此外，教师也可以组织关于多元化战略选择的辩论，帮助学生进一步理解不同战略选择的优势与风险	60分钟
案例总结	教师借助PPT和板书，对课堂进行总结，评价小组讨论情况，并结合案例相关内容进行关联性说明，归纳总结本案例所讨论的知识点	10分钟

课后计划：如有必要，请学生采用报告形式给出更加具体的解决方案，包括具体的职责分工，为后续章节内容的学习做好铺垫。在完成作业的基础上，小组找出一家精细化管理的企业，运用通过本案例学到的理论与方法，来巩固企业实施精细化管理知识点，加强学生实践能力。

2. 课堂提问逻辑

教师可从启发性问题入手，以华测在发展阶段所遇到的不同困境为主线，

逐步引导学生对华测多元化之路展开思考。以下提问逻辑供教师参考:

(1)华测为何选择多元化发展战略?是什么条件驱使它这么做的?

(2)华测通过什么手段快速完成多元化发展布局?

(3)华测在快速发展中遇到什么困难?是什么原因造成的?

(4)申屠献忠为何加入华测?

(5)面对公司发展困境,申屠献忠选择用什么方式解决问题?

(6)在精细化管理实践中,华测如何落实?

(7)面对数字化浪潮,华测怎么做?

(8)面对新冠疫情,申屠献忠如何通过数字赋能进行精细化管理?

(9)在精细化管理的加持下,你认为华测未来应该如何发展?

3. 课堂板书设计

本案例的课堂板书如图3所示。

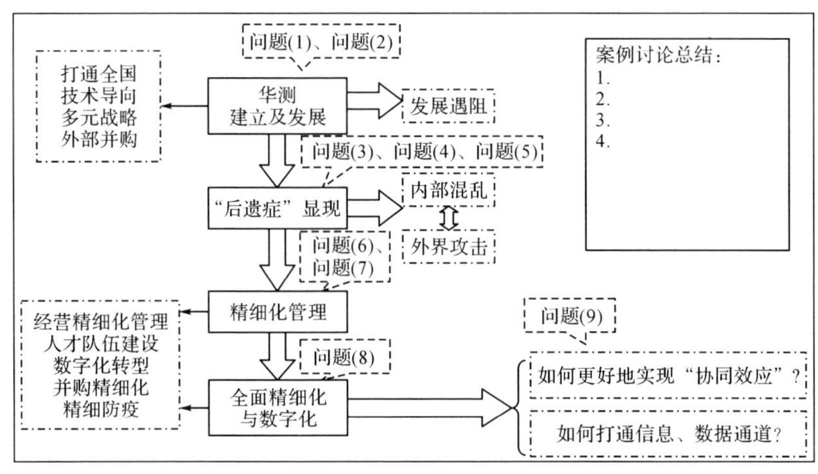

图3 黑板计划

(七)参考文献

[1] 李志学,惠晨. 民营第三方检测行业经营状况与问题分析[J]. 质量探

索,2021,18(2):97-101.

[2] 王宇.浅析民营第三方检测机构存在的问题及对策[J].经济研究导刊,2019(9):174-176.

[3] 方芳,刘月君,李艳芳,等.基于 BIM 的工程造价精细化管理研究[J].建筑经济,2014,35(6):59-62.

[4] 杨兴全,张记元.连锁股东与企业多元化经营:加速扩张还是聚焦主业[J].现代财经(天津财经大学学报),2022,42(5):36-55.

[5] 陈雷,张茂帆,刘慧伟.检验检测行业数字化转型发展的若干思考[J].质量与认证, 2021(6):50-52.

[6] 刘晖.精细化管理的涵义及其操作[J].企业改革与管理,2007(4):15-17.

[7] 衡虹,金驰华,何丽峰.管理进阶:组织精细化管理[M].北京:中国言实出版社,2014.

[8] 王德敏.企业内控精细化管理全案[M].北京:人民邮电出版社,2017.

[9] 宋寰,卫尊义,白小亮,等.检验检测机构及实验室智能化发展探索[J].石油管材与仪器,2019,5(4):91-93.